투자의 미래

포스트 코로나 시대, 어떤 기업과 기술에 투자할 것인가?

투자의 미래

김종식 지음

책들의정원

벤처 투자자들이 주목하는
디지털 생태계의 빅웨이브

빅블러 시대가 온다. 아니 우리는 이미 빅블러 시대에 살고 있다. 산업의 경계가 무너지거나 흐릿해지고 있다는 말이다. 스탠 데이비스와 크리스토퍼 메이어는 『변화의 충격 Blur^{Blur: The speed of change in the connected} economy』라는 책에서 블러의 현상과 특성을 '속도×연결성×무형적 가치'라고 표현했다.

소니는 자율 운전 기능을 갖춘 전기 자동차 '비전-S'의 프로토타입을 테스트하는 것으로 알려져 있다. 애플 또한 이런 계획을 구체화하고 있다고 알려져 있다. 이미 많은 분야에서 전통적인 기계와 전자 분야가 융복합되어가고 있듯이 소니나 애플이 축적해 온 다양한 컴퓨터 관련 기술, 광학과 센서, 모바일 연동 기술 등을 활용해 전기 자율 자동차를 만들 기술적 역량은 크다고 할 수 있다. 물론 양산을 하여 투자 대비 이익을 낼 수 있는가에 대한 사업적 결정은 또 다른 문제가 되겠지만 애플이나 소니가 자동차 부품업이나 자동차업에 진출할 수도 있다는 것은 바로 산업 간의 경계가 낮아지거나 무너지고 있다는 것을 말해주고 있다.

검색 서비스를 통해 쇼핑 정보를 제공하던 정보 포털 기업이던 네이버나 SNS의 강자 카카오가 이미 온라인 쇼핑의 강자가 되었다. 이 두 회사는 또 모바일 금융업에 진출하여 우리가 알던 기존 금융권의 판도를 바꾸어 가고 있다. 이런 테크핀 사업의 활성화로 이제 현금이나 카드 결제조차 필요 없는 사회로 진화하고 있다.

업종 간 경계가 무너지는 빅블러 현상이 가속화하고, 그런 변화는 시간이 가면서 업의 본질을 변혁시키고 있다.

빅블러는 다양한 디지털 기술이 촉매제가 된, 이미 거대한 파도와 같은 디지털 변혁의 한 현상이다. AICBM^{AI, IoT, Cloud, Big Data, Mobility}이라고 부르는 인공 지능, 사물인터넷, 클라우드, 빅데이터, 모바일 서비스를 바탕으로 온라인 쇼핑은 물론 다양한 금융 거래, 자율 주행, 원격 진단과 스마트 공장이나 스마트 팜 등 영역을 가리지 않고 우리가 사는 세상을 획기적으로 변화시키고 있다. 필자는 이런 디지털 변혁을 빅웨이브라고 부르고자 한다.

디지털 기술은 빅웨이브적 혁신을 잉태하며 빅블러 현상을 촉진하고 확대한다. 빅웨이브와 빅블러 현상은 기존의 균형과 질서의 재편을 요구하는 새로운 환경을 만들어가고 있으며 우리에게 그런 환경에 적응할 수 있는 사고와 행동의 변화를 요구하고 있다. 이렇듯 새롭고 큰 도전과 기회가 만들어지고 있는 세상에 우리가 살고 있다.

빅웨이브와 빅블러는 기업들에게 도태Shakeout, 생존Survival, 지속 가능Sustainability을 선택하도록 강요한다. 이 세 영어 단어 첫 자를 따 '3S'라고 부르자. 기업들은 3S의 사이클을 겪는다. 한때 글로벌 기업의 상징과도 같았던 코닥은 오래전 도태되었고, GE는 생존을 위한 어려운 경영 환경 속에 처해 있으며 아마존이나 텐센트, 카카오, 네이버와 같은 기업은 지속 가능한 비즈니스 성장기에 있다고 하겠다.

이 책을 집필하고 출간하는 이유는 인간이 만든 기술, 특히 디지털 기술이 우리 삶과 사회의 기존 질서나 행동 방식, 조직과 기업의 경영 전략과 운영 방식을 근본적으로 바꾸고 있기 때문이다. 디지털 기술이 기하급수적 속도와 규모로 우리 생태계 거의 모든 분야의 변화를 불러일으키면서 그 편리함과 효율성에 빠져들수록 두려움도 커지고 있다. 이런 변화는 인간이 만든 것이지만 새로운 디지털 생태계가 보여주는 변화하는 세상의 모습은 종종 낯설게 다가오기도 한다. 더구나 변화의 종착점을 상상하기 힘든 상황에서 낯섦과 혼란스러움은 가중된다. 이런 변화 속에서는 세상이 흐려져 보일 수밖에 없고 그래서 변화에 대비하라는 조언도 공허하게 들릴 수 있다.

디지털 생태계에서 어떻게 도태를 피하고 생존을 넘어 지속 가능한 비즈니스로 발전시킬 것인가에 대한 경영 전략과 역량을 알기 쉽게 분석하고 정리하여 독자들이 빅웨이브와 빅블러 환경 속에서 능동적으로 대처할 수 있게 돕고자 이 책을 준비했다. 다양한 기술 흐름에 대한 이해를 바탕으로 비즈니스의 새로운 성장 기회를 모색하고 경영 방식, 조직, 리더십의 재건축을 통한 조직의 경쟁력 확보가 가능한지를 여러 사례를 통해 모색하면서 이 책을 썼다.

이 책은 디지털 생태계에서 미래 성장성이 높은 산업과 기업을 선택하여 투자한 벤처투자자들의 관점을 중심에 두었다. 결국 기업이 성공하려면 투자자들이 매력을 느껴야 하기 때문이다. 새로운 기업 투자에 관심을 두고 있는 분들의 통찰력에 이 책이 도움이 되기를 바란다.

질문 1 이 책은 누가 읽어야 하는가?

미래 사회를 이끌어갈 젊은이들은 이 책을 통해 변화할 사회에 대한 이해를 넓힐 수 있다. 현업에 종사하는 실무자에서부터 최고 경영진들은 기존의 전략과 운영 방식, 그리고 리더십의 변환을 통해 어떻게 조직의 지속성을 유지할 수 있는가에 대한 통찰력을 얻을 수 있을 것이다. 또 미래의 변화, 특히 디지털 기술에 의한 사회와 직업, 삶의 생태계 변화에 대한 이해와 안목을 갖추어 올바른 투자 기회를 모색하는 독자들에게도 도움이 될 것이다.

질문 2 왜 이 책을 읽어야 하는가?

잘나가는 기업들이 격동의 시기를 겪고 있다. 내가 일하는 조직이나 기업이 생존을 넘어 지속 가능성을 유지할 수 있는가? 글로벌 무한 경쟁에서 무엇을 어떻게 해야 성장할 수 있는가? 이런 질문들에 대한 정답은 없다. 다만 각각의 조직이나 기업에 적절한 최적의 솔루션을 찾는 지속적인 노력과 장기적인 투자를 해야 한다. 이런 노력에는 과거와 다른 디지털 리더십과 문화의 재건축이 필요하다. 이런 기업이 투자자들의 관심의 대상이 되기 때문이다.

이 책을 통해 행복한 일터와 삶이 더 많이 만들어지기를 바란다.

2021년 3월

김종식

차례

들어가며 · **004**

1장 투자자는 위기에서 기회를 본다

1. 디지털 역량에 투자하는 기업 · **014**

2. 문 닫는 기업, 업종을 가리지 않는다 · **029**

3. 디지털 혁신, 생존의 돌파구가 된다 · **034**

2장 혼란스런 세상, 어떤 기업에 투자해야 할까?

1. 빅블러^{Big Blur} 시대: 산업의 경계가 흐릿해지는 세상 · **048**

2. 디지털 시대의 경쟁 프레임: 기술보다 업^業의 본질 · **056**

3. 디지털 시대의 경쟁력: 역량 있는 회사의 5가지 성공 디지털 DNA · **064**

4. 디지털 시대의 가치 창출: 가치는 영원하다 · **086**

5. 디지털 비즈니스 모델: 디지털 비즈니스 모델로 새로운 기회 창출 · **092**

3장 기업과 투자의 지속 성장의 길

1. 업스킬링^{Upskilling}과 리스킬링^{Reskilling}으로 일자리를 되찾는다 · **98**

2. 코로나19 시대, 리더십 재건축으로 극복한다 · **107**

3. 당신이 투자하는 기업에는 4개의 키스톤이 있는가? · **122**

4. ESG는 지속 가능 기업의 컴퍼스 · **164**

4장 벤처 투자자들의 관심 대상 기술과 기업

1. AI: AI는 만병통치약인가? · **178**

2. 디지털 헬스케어: 장수보다 건강한 삶을 위하여 · **206**

3. 사이버 보안: 모두가 사이버 범죄 타깃이다 · **218**

4. 일반 소비재: 소비자의 입맛이 변화했다 · **232**

5. 핀테크/테크핀: 핀테크인가 테크핀인가? · **239**

6. 가상 비서Virtual assistant: 당신의 가상 비서는? · **245**

7. 증강 분석과 비즈니스 인텔리전스BI: BI는 기업의 AI · **250**

8. 5G: 데이터 아우토반 · **257**

9. 빅데이터와 분석: 잠재 고객을 찾아서 · **264**

10. 로봇: 로봇 외투를 입다 · **269**

11. 양자 컴퓨팅Quantum Computing: 양자 컴퓨터, 불가능을 뛰어넘다 · **274**

12. 클라우드, XaaS: 정보 저수지, 클라우드 · **278**

참고 자료 및 출처 · **290**

1장

투자자는
위기에서
기회를 본다

1. 디지털 역량에 투자하는 기업

코로나19 사태로 쇼핑몰, 백화점, 아웃렛, 극장, 외식업체, 놀이 공원, 호텔 등은 개점휴업 상태를 겪고 있다. 특히 영세 자영업의 경우 2020년 1월에서 5월 사이에만 9만 7,000여 개 업소가 휴업하고 2만 3,000여 개 업소가 폐업한 것으로 나타났다고 한다.[1] 언론 보도에 따르면 서울 시내 교통량도 큰 폭으로 감소했고 기차 이용객 수와 고속도로 통행량도 모두 감소했다. 골프장만 호황으로 사람들이 넘치고 그 외 대부분 업종은 힘든 시간을 보내고 있다. 아시아나 항공이나 두산중공업 쌍용자동차 등 규모가 큰 국내 기업들이 자금난에 처해 채권단과 회생 방안을 놓고 논의와 협상을 했거나 진행 중에 있다.

2020년 5월 미국 렌터카를 대표하는 허츠가 법원에 파산 보호 신청을 했다. 법원은 회사의 부채와 현금 흐름과 같은 재무 상태나 시장 상황 등을 고려해 법정 관리를 할 것인지 청산을 할 것인지 결정하게 된다. 코로나

19 사태가 장기화하면서 출장자와 여행자들이 급감하니 그전부터 여러 이유로 높은 부채율에 기업 건강 상태가 나빴던 허츠와 같은 기업이 이제는 정상적인 운영을 할 수 없게 된 것이다. 또 다른 미국의 대표적인 리테일 업체 J.C.페니도 같은 길을 선택할 수밖에 없었다. 한때 미국 쇼핑몰의 간판이었던 시어스와 케이마트는 독자적인 운영이 어려워 급기야 합병을 통한 원가 절감과 유통망 시너지 전략을 추구하면서 부활을 꿈꾸었으나 결국 2019년 파산 보호 신청의 길을 갔다.

2008~2009년 미국 금융 위기는 미국 금융업과 부동산 등 관련 산업군

2020년 미국 산업 파산 보호 신청 기업 수

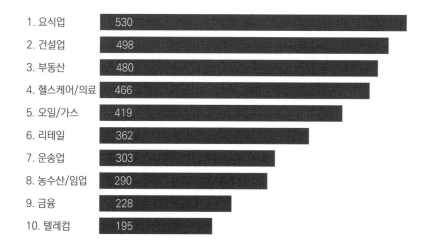

1. 요식업	530
2. 건설업	498
3. 부동산	480
4. 헬스케어/의료	466
5. 오일/가스	419
6. 리테일	362
7. 운송업	303
8. 농수산/임업	290
9. 금융	228
10. 텔레컴	195

출처: The 20 biggest companies that have filed for bankruptcy because of the coronavirus pandemic June 29 2020 Fortune and BankrupcyData

에 직접적인 영향을 주었다. 하지만 코로나19 사태는 전 세계 대부분 산업에 영향을 주고 있다. 그만큼 광범위한 충격파를 체험하는 기업들의 숫자가 늘고 있다. 허츠와 같이 코로나19 사태 이전부터 부채가 지나치게 많거나 J.C.페니와 같이 시장과 고객 기대치의 변화에 선제적으로 대응하지 못하면서 정체성을 상실한 기업들이 코로나19 사태라는 급격한 충격파에 그 허약함이 짧은 시간에 노출된 셈이다. 앞 페이지 표를 보면 코로나19 사태가 거의 모든 산업에 부정적이고 큰 영향을 끼치고 있는 것을 볼 수 있다.

– 리테일 업계의 셰이크 아웃

롯데쇼핑은 최근 백화점과 롯데마트, 롯데슈퍼 등 운영 중인 오프라인 매장 700여 개 중 실적이 부진한 점포 200여 곳의 문을 3~5년 이내에 닫는다고 발표했다. 전체 점포의 30%를 폐점하는 회사 최초의 대규모 구조 조정이다. 이런 어려운 결정의 배경에는 여러 기업 경영 환경 변화가 있지만, 무엇보다도 가장 근본적인 이유는 너무나 많은 고객이 온라인 구매로 대이동을 했기 때문이다. 이런 결과로 롯데 쇼핑의 2019년 매출은 2018년 대비 비슷하지만, 영업이익은 2018년보다 무려 28.3%나 줄었다. 롯데는 오프라인 매장을 줄이고, 호텔 사업 확장으로 그룹 수익성 악화를 개선하며, 2023년까지 20조 원을 국내외 화학 산업에 투자하고, 인수 · 합병으로 석유화학 분야의 사업 확장 계획을 추진할 것이라고 밝혔다. 규모가 큰 기업 전략의 수정도 어렵지만 새로운 전략을 잘 집행해 나가는 길은 더욱 어럽다.

미국 백화점의 대표적인 브랜드인 메이시는 125개 매장의 문을 닫는 결정을 롯데의 구조 조정 발표와 거의 비슷한 시점인 2020년 2월 초 발표했다. 이미 실적이 나빠 폐쇄한 30개 매장을 포함하면 전체 600개 매장의 25%가 문을 닫게 된다. 2020년 상반기에만 총 5,900명의 직원을 해고했다. 미국에서는 2019년 9,300개 리테일 소매 매장이 문을 닫았다.[2]

이런 전통 산업의 도태를 유발한 가장 큰 원인과 영향의 진원지는 바로 아마존, 쿠팡, 카카오, 네이버와 같은 전자상거래 플랫폼 기업들이다. 전자상거래는 2020년 2분기에 전년도 같은 기간 대비 약 44.5% 증가했다. 미국에서 온라인 구매는 전체 구매의 16% 정도를 차지하고 있지만 우리나라는 2020년 2월 기준 약 30%가 온라인 구매를 하는 것으로 알려져 있다. 코로나19 사태는 온라인 구매율 증가를 계속 촉진할 것으로 보인다. 이런 변혁은 빅웨이브처럼 리테일 업계의 판도를 덮치고 있다.

2019년도 추수감사절과 크리스마스가 있던 4분기 아마존의 이익은 무려 36조 원으로 사상 최고의 4분기 실적을 기록했다. 미국 내 온라인 쇼핑은 2019년 블랙 프라이데이 하루에 8조 원대 실적을 달성했다. 이런 기록적 실적과는 대조적으로 오프라인 매장의 실적은 6% 감소했다. 특히 메이시 같은 대형 백화점의 실적은 25% 정도 하락했다.

블랙 프라이데이는 11월 넷째 주 금요일을 말하는데 미국 추수감사절 주 목요일에 가족들이 모여 칠면조 요리를 배불리 먹고 다음 날 쇼핑하러

나가는 것이 오랜 전통이다. 이때는 대부분 매장에서 할인판매를 해서 사람들은 이날을 기다려 바겐세일 헌팅을 즐긴다. 소매업체의 경우 연 매출의 70% 정도가 이날 이루어진다고 한다. 문제는 이런 블랙 프라이데이 쇼핑이 전통적인 쇼핑몰에서 온라인 쇼핑으로 대체되어 가고 있다는 점이다. 물건을 집으로 배달까지 해 주는데, 엄청난 교통 체증을 감내하고 주차장 찾기도 힘든 교외에 있는 쇼핑몰을 찾아갈 이유가 없어진 것이다. 스마트폰을 몇 번 터치하는 것만으로 원하는 물건을 쇼핑할 수 있는 것이 전자상거래 쇼핑 스페이스라는 놀이터다. 매장을 걸어 다니거나 줄을 설 필요 없이 원하는 물건을 찾고 비교하고 댓글로 구매자들의 평가를 보면서 구매 결정에 대한 안심을 할 수 있다. 더구나 시간에 제한 없이 한밤중에도 쇼핑하는 즐거움을 느낄 수 있으니 어찌 보면 온라인 쇼핑으로의 전환은 당연한 현상이기도 하다.

이렇게 리테일을 선두로 소비자들의 선택 패턴 환경이 급변하고 있다. 미국의 아마존과 월마트, 중국의 알리바바가 운영하는 티몰과 텐센트가 운영하는 JD.Com, 한국의 쿠팡 같은 온라인 쇼핑 플랫폼을 구축한 업체들은 협력 업체와 물류의 지능화, 그리고 강력한 네트워크의 힘으로 그야말로 소수의 승자 독식을 향해 달려가고 있다.

국내에서도 이베이코리아나 11번가, 위메프, 티몬과 같은 전통적인 온라인 쇼핑 업체 외에도 카카오, 신세계, 롯데 등 자금력이 풍부한 메이저급 업체들이 급격히 성장하는 온라인 시장에서 치열한 경쟁을 벌이고 있다.

이런 변화로 오프라인 리테일 업체들이나 상대적으로 규모가 작은 온라인 업체들은 시장에서 밀려나거나 도태되는 산업의 셰이크 아웃Shakeout을 경험하고 있다.

– 자동차 업계의 셰이크 아웃

자동차 업계의 마케팅 영업에도 큰 변화가 요구되고 있다. 전통적으로 자동차 마케팅과 영업 모델은 딜러가 매장을 멋지게 꾸미고 단정한 정장을 한 영업 사원을 채용하여 손님을 기다리는 수동적인 것이었다. 하지만 대부분 자동차 판매장을 방문하는 고객들은 이미 어떤 차 모델을 구매할 것인가를 고심했거나 결심한 사람들이다. 한 컨설팅 회사의 조사에 의하면 미국에서는 자동차를 구매하기 전에 80%가 관심 회사의 웹사이트를 방문하며 평균 10개 사의 사이트를 방문한다고 한다.[3] 매장에 가서 어떤 모델을 살까를 결정하는 것보다 사려고 마음먹은 모델을 확인하거나 테스트 운전을 해 보기 위해 매장을 방문하는 것이다. 물론 영업 사원의 능력에 따라 때로는 사려고 마음먹었던 모델보다 비싼 모델을 사기도 한다.

영국의 한 조사에 의하면 2027년까지 5명 중 1명은 온라인으로 차를 구매할 것이라고 한다. 옷이나 물건은 온라인에서 구입하고 사이즈, 색상, 디자인 등을 확인하고자 백화점에 가는 고객들처럼 자동차 구매도 온라인으로 진화 중이다. 따라서 자동차 마케팅도 매장에서 온라인 사이트로 옮

겨가고 있다. 코로나19 사태는 이런 변화를 지역에 따라 가속화할 것으로 보인다. 자동차 회사 사이트에서 차량의 정보를 얻는 수준이 아니라 고객이 차량 작동과 운전을 체험할 수 있는 가상현실 기술이 적절히 적용된다면 이런 진화와 변화에 앞설 수 있을 것이다.

최근 글로벌 자동차 업계의 미래 사업 화두는 ACES^{Autonomous,} ^{Connected, Electrified, Shared}다. 즉 자율자동차, 커넥티드 차, 전기차, 그리고 공유 차량이라는 전략적 방향에 공감대가 형성되었다고 할 수 있다. 커넥티드 차는 차량에 사물인터넷 환경을 구축해 운전자와 승객을 위한 다양한 서비스를 제공하는 인포테인먼트^{Infotainment}를 넘어 궁극적으로 완전한 자율 주행을 가능하게 하는 기술적 기반이 된다. 사실 이런 기능의 차량을 기획하고 디지털 기술적 투자와 역량을 갖추며 시스템을 구축한다는 것은 어느 회사에도 힘겨운 과제다. 기존 수익구조에 최적화된 사업 모델을 뒤로하고 새로운 기술개발과 투자를 진행한다는 것은 당연히 위험 부담이 커지게 되기 때문이다.

우리나라 자동차 기업들에게도 이런 부담은 크다. 중국이나 미국, 유럽과 달리 국내 시장은 4개 업체가 공생하기에는 너무 작다고 할 수 있다. 그동안 수출이나 현지 조립이나 합작 등으로 해외 생산과 판매 비중을 늘리는 방안도 열심히 모색해 왔지만, 이 또한 많은 투자와 역량 있고 믿을 만한 현지 파트너가 요구된다. 결과적으로 모든 업체가 적당한 몫의 점유율을 유지하며 나름 차별화된 디자인으로 사업을 유지하던 기존의 비즈니스 모델이 이제는 유효하지 않게 되었다.

이런 비즈니스 모델의 한계는 국내 자동차 업계의 양극화 현상을 보면 분명히 드러난다. 2019년 현대기아차의 국내 자동차 점유율은 70%를 상회했다. 2017년 67% 수준에서 계속 증가하고 있다. 70% 수준의 시장 점유율은 어느 산업이나 기업에서도 보기 드문 압도적인 숫자다. 독과점 수준의 위치를 점하고 있다. 수입 자동차 점유율 14%를 빼고 나면 쌍용자동차, 르노삼성, 그리고 한국GM의 몫은 다 합쳐도 15.6% 수준이다.[4]

어떤 사업적, 투자적 전략이 구상되고 있는지는 미지수이나 현대기아차를 제외한 국내 자동차 3개 업체가 업계의 셰이크 아웃을 피하려면 적극적인 제품 개발과 기술투자, 고객과 시장 전략, 운영의 리더십과 효율성이 필요하다. 현대기아차를 제외하고 한국의 여러 자동차 기업들의 경영 상태는 생산성 문제와 고비용 구조에 노사 대립의 난제를 안고 있어 이를 극복하지 않으면 낙관적인 미래를 점치기 어려운 상황이다.

글로벌 자동차 업계의 강자 메르세데스-벤츠와 같은 회사도 2019년 매출은 증가했지만 이익이 2018년에 비해 절반 수준밖에 되지 않는 저조한 실적을 기록했다. 그 주요 이유는 수많은 모델의 전기화와 자율 주행 기능 등에 요구되는 기술 개발 비용의 증가와 과거 디젤엔진의 배기가스 규제법 위반 관련 비용 때문이다. 결국 벤츠와 같은 규모와 역량을 가진 기업도 이런 환경 변화에 대응하기 위해 막대한 비용 증가의 압박을 받고 있다. 더구나 친환경 자동차 판매량이 아직은 상대적으로 작아서 발생하는 적자나 저수익 구조가 수익성을 압박하고 있다.

2019년 프랑스의 푸조자동차 회사와 이탈리아 미국 회사인 피아트크라이슬러 자동차와의 50 대 50 합병 결정도 변화하는 환경 속에서 생존하기 위한 전략이다. 합병을 통해 870만 대 수준의 판매 역량을 갖추어 글로벌 4대 업체 규모를 갖지 않으면 독자적인 생존이 힘들다고 판단한 것이다. 피아트크라이슬러는 2014년 이탈리아의 피아트 자동차 회사와 미국의 크라이슬러 자동차 회사가 합병하여 탄생한 회사다. 결국 생존하기 위해 미국 이탈리아 프랑스의 다국적 기업이 탄생한 것이다. 1999년 프랑스의 르노 자동차 회사가 일본의 닛산과 전략적 지분 제휴를 통해 규모의 경제를 구축한 전략과 그 맥락을 같이한다.

지금까지 화석 연료 기반의 엔진에 멋진 디자인, 그리고 주요 타깃 고객층들이 만족할 만한 품질과 성능으로 자동차를 만들어 브랜드에 힘입어 팔리기를 기대하던 사업 모델은 지각 변동을 겪고 있다. 전기차와 자율 주행, 커넥티드카에 막대한 기술 역량과 투자를 해야 하기 때문이다. 또 테슬라와 같은 신생 업체들은 딜러를 두지 않고 회사 직영 판매 서비스망에서 소비자에게 직접 연결되는 비즈니스 모델을 구축했다. 이런 모델은 기존 딜러망을 중간 매개체로 두고 판매와 서비스를 하던 기존 업체들에게도 장기적으로 변화를 시사하게 한다. 딜러들이 취하는 마진 우선 정책과 대고객 서비스에 대한 투자 압력을 테슬라는 직접 판매망으로 해결했다고 볼 수 있다. 이런 미래의 제품과 서비스에 대한 개발 역량과 투자, 그리고 비즈니스 모델의 변화 없이 향후 자동차 산업에서 장기적으로 생존^{Survival}한다는 것은 매우 힘들다.

- 에너지 산업의 셰이크 아웃

전통적인 에너지 산업이 셰이크 아웃을 겪고 있다. 코로나19 사태의 장기화로 세계 경제 에너지가 고갈된 현실은 에너지 산업계에 큰 시련을 주고 있다. 원유를 탐지하고 추출하는 유전 서비스업체인 슐룸베르거는 최근 약 20%인 21,000명의 직원을 해고하는 결정을 내렸다. 메이저 에너지 기업인 쉐브론과 BP는 각각 45,000명과 10,000명 수준의 감원을 진행할 것이라고 발표했다. 심지어 오일 가스 메이저 업체 간의 인수 합병을 모색하고 있다고 알려져 있다. 컨설팅 업체 액센추어의 추산에 의하면 2020년 3월부터 6월까지 미국의 오일 가스 업계는 전체 종사자의 20%인 10만 명 이상을 해고했다고 한다.[5]

이렇게 해고된 직원들은 많은 경우 에너지 산업을 떠나 새로운 산업으로 전직하게 된다. 기존 전통적인 화석 에너지 업계는 새로운 재생에너지나 친환경 에너지로의 전환에 필요한 젊은 인재들을 구하는 것이 힘들어지고 있다고 한다. 인재들이 전통적인 산업에서 매력을 느끼지 못하고 미래의 희망도 보지 못하고 있기 때문이다. 컨설팅 업체 언스트&영의 2017년 조사에 따르면 미국의 20~35세 중 44%는 오일과 가스 업계에 매력을 느끼지 못하고 있고 16~19세 3명 중 2명이 같은 반응을 보였다고 한다. 오일과 가스는 젊은 세대들에게 낡은 산업으로 인식되고 있기 때문이다.

전통적으로 석유 화학업은 미국에서 대학 졸업 후 가장 급료가 높은 직종 중 하나로 꼽혔다. 25~59세까지 이 직종의 종사자들 평균 급료가 14만 달러 정도다. 중동의 유전에서 파견 근무하는 직원들은 20만 달러가 넘는 수준의 급료를 받을 수 있다. 우리나라에서도 70년대 중동 건설 현장에서 몇 년 근무하면 집을 한 채 마련할 수 있는 수준의 급료를 받고 저축을 할 수 있었다. 에너지 산업은 도심과 떨어진 외진 환경에서 일하는 어려움에도 고소득을 올릴 수 있는 괜찮은 직업 중 하나였다. 하지만 그동안 지속된 저유가와 효율성 증가 그리고 디지털화와 자동화에 따른 인원 감소와 신재생 에너지에 대한 사회적인 압력 등으로 젊은 인재들이 이제는 매력을 느끼지 못하는 과거의 산업이 되어가고 있다. 오일 가스 업체들은 대량 해고를 시행하면서도 한편으로 디지털 사업 관련 직원들은 신규 채용하고 있다. 하지만 디지털 분야의 전문성을 가진 젊은 인재들이 에너지 산업에 매력을 느끼지 못하기에 인재 채용에 어려움을 겪고 있다고 한다.

미국 유전 서비스에 대한 투자는 2019년 대비 약 50% 감소할 것으로 예상한다. 원유 가격은 2020년 4월 한때 마이너스를 기록하기도 했다. 원유 가격은 유전 개발 서비스업체의 수익성에 직접적인 영향을 준다. 에너지 업체들은 이런 시국을 신규 투자의 유보나 직원 해고 등의 비용 절감으로 버텨나가고 있다.

미국이 세계 최대 산유국으로 등극하는 데 결정적으로 이바지했던 셰일 혁명의 대표 주자 중 하나인 체사피크 에너지는 유가와 가스 가격의 하락으로 파산 보호 신청을 했다. 전문가들은 관련 업체 약 200개가 이와 비슷한 상황에 부닥칠 것으로 예측한다.6 그동안 셰일 혁명의 흐름에 참여했던 투자가들과 연관 기업들이 저유가와 코로나19 사태로 인한 에너지 소비 감소와 경기 침체로 갑작스러운 셰이크 아웃을 겪고 있다.

– 브리태니커 백과사전의 생존과 지속 경영

2012년 발표된 한 기업의 결정 과정은 비유를 하자면 구약 성경의 출애굽기와 흡사하다. 한 기업이 도태의 위협을 간신히 피하고 생존을 위해 험난한 길을 찾아 헤매다가 지속 가능Sustainability의 축복의 땅으로 이주한 이야기라 하겠다. 바로 브리태니커 백과사전 이야기다.

역사와 전통에 빛나는 브리태니커는 무려 244년간 지속되던 32권 백과사전의 종이 책 전집 출판을 2012년에 종료했다. 그런데도 기업의 정체성과 뿌리를 뒤엎는 이 어려운 결정을 뒤로하고 브리태니커 회사는 지속해서 성장하고 있다. 스코틀랜드에서 창업된 이 회사는 이제는 법정 관리에 들어가 있는 미국 기업 시어스가 인수해 1935년부터 미국의 법인이 되었다. 한때 브리태니커 백과사전 전집은 많은 가정의 책꽂이 중앙에 화려한 모습으로 자리하여 집주인의 지적 수준을 나타내는 상징적인 소장품이기도 했다.

1990년 브리태니커 백과사전은 역사상 최고 기록인 10만 권 판매를 달성한다. 1991년부터 컴퓨터에 CD 드라이버가 장착되어 출시되기 시작하면서 CD에 각종 지식 정보를 담아 파는 업체들이 등장한다. 여기에 대응하여 브리태니커는 1994년부터 CD판을 판매 개시한다. 비슷한 시점에 마이크로소프트가 만든 백과사전인 엔카르타 프로그램이 컴퓨터에 무료로 설치되어 판매되기 시작했다. 그 당시 1,200달러라는 높은 가격으로 판매한 브리태니커 CD가 팔리지 않은 것은 놀라운 일이 아니다. 그래서 출시된 것이 온라인 인사이클로피디아 브리태니커다. 그러는 동안 종이 책 백과사전의 판매는 1990년 10만 권에서 1996년에는 그 10%인 1만 권 수준으로 급감했다. 온라인 디지털 버전의 판매 증가율은 아주 더디게 진행되었으니 브리태니커의 도태 시기가 왔다고 할 만한 상황이었다.

이 무렵, 브리태니커는 스위스의 투자가 제이콥 사프라 가문에 매각되어 개인회사로 바뀌었다. 그리고 생존을 위한 변혁적이고 전 사적인 노력이 시작된다. 가장 중요한 전략적 결정은 그동안 종이 책 백과사전을 팔기 위해 가정이나 직장으로 판매원이 방문하던 핵심 비즈니스 모델을 바꾼 일이다. 그리고 1,200달러로 책정되어 있던 CD 버전의 가격을 결국 100달러 수준으로 내린 결정이 뒤따랐다. 하지만 CD 버전으로 버는 수익은 매우 낮았고 종이 책 판매는 급감하게 되어 브리태니커는 그야말로 셰이크 아웃 위기에 내몰렸다.

2001년 위키피디아의 등장으로 브리태니커는 결정적으로 위기를 맞이

했다고 예상되었다. 하지만 위키피디아의 등장은 오히려 브리태니커의 회생 기회가 된다. 위키피디아는 무료 서비스와 쉬운 접속으로 환영을 받았지만, 브리태니커와는 내용의 질에서 비교가 되지 않는 수준의 지식을 제공하는 포털로 인식되었기 때문이다.

2003년부터 브리태니커는 그동안 참고 도서로서의 포지션을 바꾸어 고등학생까지 배워야 하는 디지털 러닝 시스템으로 변신하게 된다. 즉 학년마다 배워야 하는 과목이나 과정을 학교나 집에서 학습할 수 있도록 도와주고 개개인의 학습 진도를 평가하는 학습 도우미로 거듭난 것이다. 회사 경영이 어려웠던 기간에도 브리태니커는 분야별 최고 수준의 학자, 편집자들과 관계를 유지해 왔고 이런 수준 높은 집필진이 구축한 수준 높은 러닝 시스템은 브리태니커 성장에 결정적인 역할을 했다. 바로 콘텐츠의 깊이와 학습 기능이 브리태니커 차별화의 핵심이다.

이런 차별화 전략으로 2007~2012년까지 브리태니커의 디지털 교육 서비스 사업 부문 매출은 연 17%의 실적으로 이어졌고 고객의 서비스 연장률은 95%에 이르게 된다. 2013년 기준으로 브리태니커를 구독하는 회원 수는 약 50만 명 정도이고 미국에서는 약 50% 이상의 학생들과 선생님들이 브리태니커 서비스를 이용하는 것으로 알려져 있다. 이런 결과 브리태니커의 매출, 이익, 직원 수, 콘텐츠 등이 지속해서 성장하고 있다.[7]

위키피디아의 등장이라는 도전을 브리태니커는 초등학교, 중고등학교 과정의 학습에 초점을 맞춘 수준 높은 온라인 러닝 시스템으로 트랜스포메이션 함으로써 극복하고 오히려 새로운 차별화의 기회로 만들었다. 시장에서 도태될 것으로 예상되었던 브리태니커는 생존 단계를 넘어 디지털 시대에서 지속적인 성장을 위한 혁신적인 솔루션과 콘텐츠를 개발하고 있다.

2. 문 닫는 기업,
업종을 가리지 않는다

앞서 예를 든 기업 중 시어스와 케이마트는 비교적 짧은 기간에 빅웨이브와 같은 엄청난 파괴력을 가진 전자상거래 시대에 대응을 못 한 사례로 꼽힌다. 한때 초일류 기업이던 GE, 인텔, IBM 조차도 새로운 비즈니스 환경에서 경쟁력을 확보하는 과정에서 어려운 시간을 보내고 있다. 국내 오프라인 매장을 운영하는 기업들도 이와 비슷한 상황이다. 캐나다의 블랙베리 휴대폰이나 핀란드의 노키아 스마트폰의 몰락, 미국 필름 회사 코닥의 도태처럼 변화한 환경에 적응하지 못하고 역사의 뒤안길로 사라지거나 인수 합병이 되거나 과거 주력 사업을 버리고 일부 사업에만 집중하는 기업으로 변화된 기업들은 그 수가 적지 않다.

앞서 언급한 것처럼 미국이 세계 최대 산유국으로 등극하는 데 일조했던 수많은 셰일 드릴 에너지 기업들도 최근 문을 닫고 있다. 그중 하나인 체사피크 에너지는 최근 코로나19 사태로 오일과 가스 가격이 하락하면서

2020년 6월 법원에 법정 관리 신청을 했다.

체사피크 에너지는 지하 셰일 암반층에 저장된 천연가스를 고압으로 물을 주입하여 추출하는 프래킹 기술의 선구 기업 중 하나로 대표적인 에너지 기업이다. 1989년 설립된 이 회사는 한때 184억 평 정도의 땅을 소유하거나 리스하여 가스 채굴을 진행해 왔다. 이런 성장 전략으로 체사피크는 미국에서 셰일 가스 생산 규모 2위의 기업이 되었다. 그 과정에서 많은 투자를 하다보니 부채가 높아졌다. 그리고 가스보다 수익성이 좋은 오일 생산으로의 프래킹 기술 전환이 늦어졌다. 최근 코로나19 사태로 미국의 경제가 급격히 나빠지면서 결국 이 회사는 셰이크 아웃이 된 것이다.

왜 수많은 기업이 생존을 못 하고 시장에서 도태되는가에 대한 답은 다양하고 복잡하다. 미국의 상장 기업 29,688개 기업을 대상으로 한 연구 결과는 이 질문에 대한 시사점을 말해준다. 이 연구 결과에 의하면 1970년 이전에 미국 상장 기업들이 향후 5년 동안 존속할 확률은 92%였다고 한다. 2000~2009년까지 상장된 기업은 62%로 낮아졌다.[8]

2000년 이후 기업들의 주류가 디지털 기반의 제품이나 서비스 비즈니스이기 때문에 이 결과는 그리 놀라운 것이 아니다. 이런 신생 기업들은 새로운 아이디어를 기반으로 상대적으로 작은 조직으로 제품이나 서비스를 출시할 수 있다. 제품 개발 과정조차도 많은 부분 외부 파트너들과 협업을 하기 때문에 기업의 몸집이 가볍고 몰입 비용도 적다. 몸집이 가벼우니 시장과 고객에 대한 기회 포착이나 대응 능력이 빠르다.

2000년 이후의 기업 그룹들은 1970년대 기업 그룹보다 조직 자본에 2배 이상을 투자했다고 한다. 여기에서 말하는 조직 자본이란 인적 자원, 지적 재산, 연구 개발 역량 등의 자본을 의미한다. 두 그룹의 또 다른 점은 공장이나 설비 등의 물리적 자본에 대한 투자인데 후자 그룹들은 전자 그룹의 약 절반 정도로 조사되었다.

전통적인 산업만 시장에서 도전을 받는 것은 아니다. 디지털 DNA를 갖고 혁신적인 아이디어로 탄생한 기업들도 역량 있는 새로운 경쟁자들이 포식자처럼 시장에 뛰어들면서 도태되기도 한다.

예를 들면 넷스케이프는 구글 크롬에 의해 도태되었고, 한때 PC를 제외한 상용 컴퓨터의 운영 시스템이던 유닉스는 리눅스에 의해 교체되었다. 전자수첩, 전자메모 시장을 열었던 에버노트는 마이크로소프트 원노트의 경쟁력에 도전을 받고 있고, 클라우드 데이터 저장의 선구자였던 드롭박스와 같은 기업은 마이크로소프트, 구글, 아마존 등 대기업의 유사한 서비스에 시장을 잠식당하거나 차별화의 갭이 줄어들고 있다. 한때 전자수첩, 전자메모 분야의 선도자이던 에버노트는 시장에서 제품의 편의성과 지원 등에 대한 좋은 평가를 받지 못하고 경쟁력을 상실해 가고 있다. 드롭박스는 매출, 즉 유료 서비스 구독자들이 꾸준히 증가하고 있지만, 아직도 적자를 면치 못하고 있어 수익성 향상의 압박을 받고 있다.

따라서 전통적인 기업이나 신생 디지털 기업의 도전 과제는 동일하고 간단하다. 간단하다는 의미는 무엇을 어떻게 해야 기업이 디지털 환경에서 존속할 수 있는지에 관한 질문이 그렇다는 말이다. 이 질문에 대한 답은 당연히 간단하지 않다. 기업 환경, 업종, 창업 정신과 뿌리, 조직 역량과 문화, 최고 경영진의 리더십 등 다양한 요소들이 혼합된 기업들을 간단한 수식이나 모델로 분석하여 존속 레시피를 제시한다는 것은 매우 어렵고 위험한 일이기 때문이다. 혈액형이라는 잣대로 어떤 사람이 이러이러한 성향이라고 평가 판단하는 것과 비슷한 오류가 발생할 수 있다. 혈액형은 태생적인 요소일 뿐이며 인간은 성장 환경, 가족과의 유대감, 교육, 사회생활의 경험과 체험 등 후천적인 다양한 요소에 의해 가치관과 행동양식이 형성되기 때문이다. 기업도 역사가 쌓이면서 복잡한 유기체로 진화한다는 점에서 사람과 같다.

무엇을 어떻게 해야 디지털 환경에서 기업이 존속할 수 있는지 이 질문에 대한 해법으로 일부 전문가들은 디지털과 물리적인 자산이나 역량의 혼합형 모델을 제시한다. 예를 들면 쿠팡이나 아마존은 모두 그 시작이 온라인 거래 모델을 바탕으로 디지털 생태계를 구축하는 것으로 출발했지만 그들이 구축한 방대한 물리적 물류센터 네트워크나 역량은 경쟁자가 흉내 내기에는 너무나 벽이 높은 물리적이고 조직적인 자산이 되었다.

하지만 이런 물리적 역량을 갖추기까지 투자한 막대한 자원을 고려한다면 일반 기업들이 이런 모델을 채택한다는 것은 현실적으로 힘들고 많은 시간이 걸리는 일이다. 이런 전략을 추구하려면 특히 장기적인 투자와 방향성이 요구된다. 요즘같이 기술 변화가 기하급수적인 생태계에서 최고경영자가 단기적인 수익과 성과를 바라는 주주들의 기대를 뒤로하고 장기적인 투자와 방향성을 가지고 기업을 운영한다는 것은 결코 쉬운 일이 아니다.

또 다른 전략적 선택 옵션은 플랫폼 모델을 만들어가는 것이다. 플랫폼 모델은 참여자가 어느 수준 이상에 오르면 매우 강력한 네트워크의 힘을 발휘하게 한다. 쿠팡, 네이버, 유튜브, 페이스북, 카카오, 배달의 민족 등이 이런 플랫폼 모델의 예로 많이 거론된다. 이 모델 또한 긴 시간 투자와 적자의 과정을 거쳐 경쟁력을 갖춘 경우가 대부분이라 일반 기업들에서 이런 모델을 주문한다는 것은 어려운 일이다. 다음 장에서 이 문제를 좀 더 논의해 보기로 하자.

3. 디지털 혁신,
생존의 돌파구가 된다

디지털 혁신은 업계에 위협이 될 수도 있고 기회가 되기도 한다. 아마존이라는 거대 기업의 경쟁력에 많은 오프라인 리테일 업체들이 압박을 받게 되었지만 월마트는 이런 압박을 이겨내고 있다. 월마트는 재고 관리에서부터 운영 시스템의 자동화에 일찍부터 많은 투자를 해 온 기업이기도 하고 수년간 온라인 판매 역량을 키워왔다. 2020년 월마트의 온라인 판매 매출은 2019년 대비 37% 성장했다.

월마트는 코로나 사태 이후 온라인 주문과 배달 시스템을 구축해 월마트 주차장에서 주문한 제품을 픽업하는 서비스로 고객에게 편리성을 제공한다. 월마트는 1,500대의 로봇을 매장에 설치한다는 계획을 발표했다. 1962년 첫 매장을 개장한 월마트는 이제 매장과 물류 관리의 자동화뿐만 아니라 고객 서비스의 디지털 혁신을 사업의 핵심 전략으로 채택해 아마존 같은 기업과 경쟁을 하고 있다. 아마존과 같은 디지털 뿌리를 가진 기업도 2017년 홀 푸드 마켓을 인수하여 O2O^online to offline, 즉 온라인과 오프라인 비즈니스를 결합하는 전략을 채택했다. 아마존과 월마트는 창립의 토양은 온라인 책 판매와 오프라인 잡화점으로 매우 다르지만 두 회사 모두 온라인과 오프라인 비즈니스 역량을 결합하고 그 경계를 무너뜨려 한 차원 높은 고객 서비스를 제공하는 전략을 추구한다는 점에서 유사하다. 바로 온라인과 오프라인의 경계가 흐려지는 빅블러 현상이 일어나고 있다.

각 산업별 디지털화의 진행 현황은 컨설팅 기업 맥킨지의 조사에 의하면 다음 표와 같다.

산업별 디지털화 침투 현황 (응답자 비율)

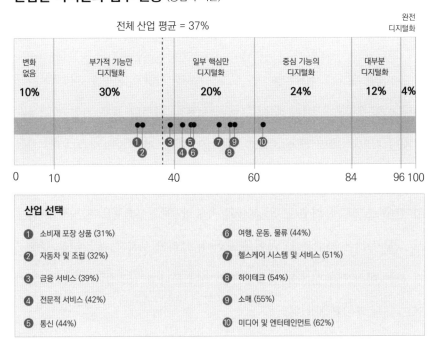

출처: The case for digital invention McKinsey 2017

선도 그룹 기업들의 디지털 전략적 접근(응답자: %)

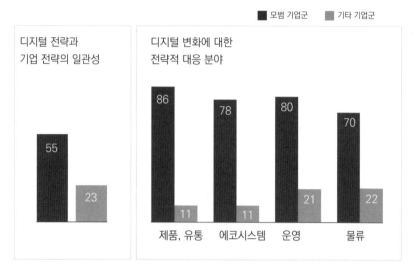

출처: The case for digital invention McKinsey 2017

디지털 선도 그룹 기업들은 그렇지 않은 기업과 분명한 디지털 접근 전략의 차이점을 보인다. 위의 표에서 보듯이 디지털 선도 그룹 기업들은 디지털 전략이 기업 전체 전략과 일관성을 갖는 것을 중요시한다. 즉 기업 전략과 디지털 전략이 독립적으로 운영되지 않고 디지털 전략이 기업 전략의 한 부분으로 운영된다. 또 제품과 유통망, 에코시스템의 디지털 역량에서 그렇지 않은 기업과 큰 차이를 보인다. 그리고 부서 간의 장벽을 낮추고자 하는 마인드와 행동을 중요시하는 조직 문화에서도 선두 그룹과 타 기업 그룹은 차이를 보인다.

조직과 문화의 도전 과제(응답자: %)

출처: The case for digital invention McKinsey 2017

기업들의 디지털 전략 분야(응답자: %)

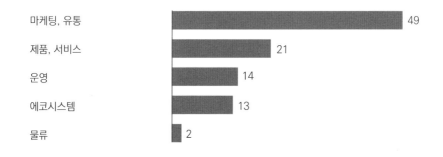

출처: The case for digital invention McKinsey 2017

　기업들은 마케팅과 유통 분야에 디지털화를 가장 많이 적용했다. 판매 증가를 위한 노력에 디지털화를 활용하는 것은 당연한 결과다. 그다음으로 제품과 서비스 분야가 자리하고 있다. 집에 있는 에어컨이나 히터 등의 가전제품들을 스마트폰으로 외부에서 켜거나 온도 조절을 할 수 있는 원격

디지털화의 매출과 이익에 대한 영향

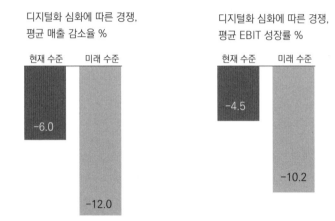

디지털화 심화에 따른 경쟁,
평균 매출 감소율 %

현재 수준   미래 수준

-6.0

-12.0

디지털화 심화에 따른 경쟁,
평균 EBIT 성장률 %

현재 수준   미래 수준

-4.5

-10.2

출처: The case for digital invention McKinsey 2017

제어 기능 등이 바로 이런 분야에서의 디지털화의 한 예다. 고객에게 제품에 대한 원격 제어 기능을 부여함으로써 공간의 한계를 뛰어넘는 편의성과 경제성을 제공하는 예라 할 수 있다.

그러나 디지털화가 위협이 되기도 한다. 디지털화로 유발된 경쟁은 많은 기업의 매출과 이익에 큰 압박 요인이 된다. 위의 표에서 보듯이 많은 기업은 디지털화로 인한 경쟁으로 매출과 이익이 감소할 것으로 조사되었다. 이 수치는 평균치이기 때문에 당연히 디지털화로 인한 매출과 이익이 증가하는 선도 기업과 그렇지 못한 기업으로 나뉜다. 앞서 언급한 월마트와 같은 기업은 디지털화에 대한 지속적인 투자로 매출과 이익의 성장을 실현하고 있지만 같은 업종 기업인 시어스나 케이마트는 상대적으로 이런

디지털화의 투자와 투자 대비 이익의 불균형

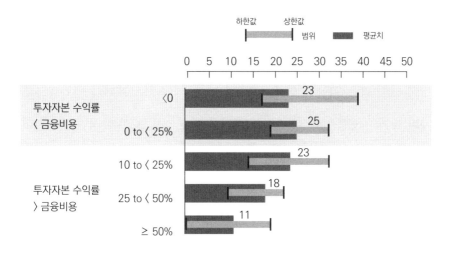

출처: The case for digital invention McKinsey 2017

압력으로 경쟁력을 상실한 경우다.

위의 표에서 보는 것처럼 디지털화 과정에서도 산업별 기업들은 비대
칭적 분포를 보여준다. 투자 금융 비용에도 못 미치는 수익 성과를 낸 기업
들은 투자의 방향을 잘못 잡았다고 할 수 있다. 동시에 모든 산업별로 좋은
투자 이익을 거둔 기업이 있다는 것은 제대로 된 투자 방향과 전략의 중요
성을 다시 한 번 확인시켜준다.

디지털 변혁의 환경에서는 크게 세 가지 유형의 기업이 공존한다. 태생
적으로 디지털 DNA를 갖고 창업한 카카오, 네이버, 애플, 아마존, 페이스
북, 인스타그램 같은 기업들이 있고, 뿌리는 디지털 기업이 아니지만, 디지

털 시류를 기업의 전략에 잘 반영하여 변혁에 성공한 스타벅스, 이케아, 나이키, 베스트바이, 타겟, 후지필름, 브리태니커, 월마트 같은 기업이 있다. 그리고 디지털 기업들에게 경쟁력을 상실해 셰이크 아웃이 되었거나 그 과정에 있는 많은 회사가 있다. 코닥, 시어스, 케이마트, 메이시 백화점, J.C. 페니 등의 기업들이다. 이마트, 롯데마트 등도 이런 도전과 시련의 과정에 있다. 그 외 친환경, 자율 주행 기능의 기술력과 투자 여력이 없고 상대적으로 역량이나 규모가 작은 자동차 회사들을 포함 많은 기업이 생존을 위해 전략적 돌파구를 찾기 위해 고심하고 있다.

이런 고민에 대응하는 기업들의 반응 또한 다양하다. 후지필름의 오랜 파트너로 복사기와 사무 자동화 그리고 문서 솔루션을 주업으로 하는 제록스는 후지제록스 합작 관계를 청산하고 회사를 두 개의 사업부로 나누어 지금은 주로 하드웨어 비즈니스를 하는 기업이 되었다. 2019년 원가 절감 등의 노력으로 수익성이 좋아지면서 제록스의 주가는 많이 올랐다. 하지만 계속 독자적으로 존속할 수 있을지에 대해 일부 전문가들은 의구심을 갖고 있다. 제록스는 2020년 HP 회사 주식을 40조 원이 넘는 가치로 100% 인수하겠다는 적대적 인수안을 발표했다. 이는 HP 이사회가 제록스의 인수 합병 제의를 거부한 직후에 나온 제안이다. 제록스는 독자적으로 생존하기 힘든 기업이고, HP는 독자적으로 존속을 할 수 있는 기업이라는 일부 전문가들의 평가는 이런 인수 제안의 배경이 될 수 있다. 제록스는 자신의 역량을 넘어선 공격적인 인수 합병이라는 고위험 부담을 안고 이런 전략을 추

환경 변화에 따른 일반적인 기업의 반응

	위협	관망	기회
사업 전략	수성 전략		핵심 사업 수성 전략 연관 산업 공성 전략
고객, 시장	기존 고객 유지 핵심 사업 보호		기존고객 유지 핵심 사업 연관 사업 확장 신규 고객 개발
조직 운영	운영, 결정 탑다운 강화		사업 조직, 현장 조직의 자율성 지원 보호
재무 관리	비용, 인원 획일적 삭감, 리스트럭처링 비용		인원의 선별적 삭감, 재배치
투자	신규 투자 중단 또는 역량을 넘는 대규모 투자의 양극화		역량 내 신규 투자

진했지만 HP의 거부로 성공하지 못했다. 위의 표에서 정리했듯이 환경 변화를 위협적으로 받아들이는가, 기회로 받아들이는가에 따라 기업의 반응과 전략은 크게 달라진다.

사람이나 기업 생태계나 위협에 직면하면 대부분은 방어적으로 되고 그 반응도 이성적인 것보다 감정적이거나 과잉적인 것이 되기 쉽다. 위협의 신호를 감지하여 시간을 갖고 차분히 반응하는 것과 그런 신호를 오랫동안 무시하거나 관망하다가 급기야 핵심 사업의 존속에 위협을 느꼈을 때의 반응은 다를 수밖에 없다. 이런 상황에 부닥치게 되면 많은 기업 경영진들은 종종 과잉 반응을 보인다.

- 노키아와 웨이즈 이야기

노키아의 휴대폰 시장에서의 도태 스토리도 이런 맥락에서 교훈이 된다. 2007년 노키아의 전체 기업 가치는 160조 원 수준이었다. 이 기업이 2014년 마이크로소프트에 불과 7조 5천억 원이라는 헐값에 인수되었다. 그리고 노키아 휴대폰은 결국 시장에서 사라지게 된다. 놀라운 일이다.

이 매각 시점 7년 전인 2007년 노키아는 무려 9조 원에 가까운 거액을 주고 나브텍이라는 회사를 인수한다. 모바일 디지털 시장에서 핵심 역량이던 도로 지도와 교통량 측정 센서와 시스템 기술을 가진 회사가 바로 나브텍이다. 유럽 전역에 차량의 통행량을 측정할 수 있는 송수신 타워 등 물리적 자산과 인프라를 보유한 그 당시 독보적인 역량의 기업이었다. 노키아는 이런 기술과 인프라를 가진 나브텍을 인수함으로써 구글과 애플의 증가하는 모바일과 온라인에서의 지도와 위치 정보 기반 경쟁력에 대항하려 했다.

2008년 이스라엘에서 창업한 웨이즈라는 스타트업 기업은 노키아의 이런 결정이 잘못되었음을 보여준다. 웨이즈는 노키아와 나브텍에게는 그야말로 빅웨이브였다. 웨이즈는 신생 디지털 생태계가 얼마나 빨리 변화하는지를 잘 보여주었기 때문이다.

웨이즈는 '어떻게 하면 교통 체증에서 벗어날 수 있는 교통 정보를 운전자들과 공유할 수 있을까?'라는 질문을 바탕으로 창업되었다. 운전자들이 사용하는 휴대폰의 GPS 센서 신호 기반으로 교통량을 측정하는 클라우드 소스 위치 정보를 수집하는 사용자 참여형의 사업 모델로 출발했다. 스마트폰 사용자들은 웨이즈 앱으로 교통 및 도로 정보를 다른 사람들과 공유할 수 있다. 웨이즈는 창업 2년 만에 나브텍의 도로 센서가 수집하는 교통량 데이터와 비슷한 양의 데이터를 수집하게 되었고 4년 만에 나브텍이 수집하는 데이터의 무려 10배에 해당하는 데이터를 수집하게 된다.

바로 플랫폼의 기하급수적 네트워크 효과다. 그런 성장은 사용자의 휴대폰이라는 자산을 활용해서 이루었다. 웨이즈 시스템은 사용자 추가나 시스템 업그레이드 비용이 거의 없어 원가가 올라가지 않는다. 디지털 생태계 특징 중 하나인 한계 비용제품 생산 시 추가 물량에 대해 추가되는 변동 비용 - 저자주이 거의 '0'에 가까운 특성 때문이다. 이에 반해 나브텍 시스템은 업그레이드에 큰 비용이 들게 된다.

노키아가 나브텍을 인수하고 5년 후인 2012년경에 나브텍은 연 11조 원 수준의 적자를 내게 된다. 노키아의 기업 가치는 2012년에 9조 원 수준을 기록했다. 2007년 노키아의 기업 가치가 160조 원 수준이었으니 나브텍 인수 후 5년 동안 노키아는 기업 가치의 94%인 120조 원이 감소한 것이다. 가히 천문학적인 가치가 증발했다. 이런 상태에서 기업이 독자적으로 생존한다는 것은 불가능하다. 결국 노키아 모바일 사업은 2014년 마이크로소프트에 매각된다.

노키아와 나브텍의 기업 와해와 도태에 결정타를 날린 웨이즈는 2013년 1조 2천억 원에 한 기업에 인수된다. 인수 기업은 바로 구글이다. 당시 웨이즈가 가지고 있던 핵심 자산에는 하드웨어나 인프라는 없었고 직원 수도 100명 정도였다. 대신 웨이즈가 가지고 있던 핵심 자산은 바로 웨이즈 앱을 휴대폰에 설치한 5천만 명 정도의 사용자였다. 물론 이 사용자 수는 전 세계적으로 매년 기하급수로 늘어난다. 지금은 전 세계 100여 개국에서 4억 명 정도가 웨이즈 앱을 사용하고 있다. 우리나라에서도 차량용 웨이즈 내비게이션 앱이 작동된다. 웨이즈는 유대 왕 다비드로, 노키아와 나브텍은 거인 골리앗으로 비유할 수 있다.

규모의 경제는 더 이상 유형 자산으로 결정되지 않는다. 디지털 네트워크가 창출하는 규모의 경제는 기하급수적으로 늘어간다. 즉 비플랫폼 기업이 플랫폼 기업과의 싸움이 힘든 이유가 여기에 있다. 노키아는 모바일 사업 매각 자금으로 알카텔루슨트란 회사를 인수하여 통신장비, 특히 5G 시장에서 승부를 거는 기업으로 변신했다.

2장

혼란스런 세상,
어떤 기업에
투자해야 할까?

1. 빅블러Big Blur 시대: 산업의 경계가 흐릿해지는 세상

요즈음 운전자에게 자동차의 정체성이 애매해지고 있다. 자동차의 여러 기능을 조작하기 위해서는 운전석 앞의 스크린을 터치하여 메뉴를 선택해야 한다. 과거 누르거나 돌리던 스위치가 거의 없어지고 터치스크린을 통해서 자동차의 주요 장치들이 조정된다. 최신 모델에는 대부분 반자동 수준 이상의 자율 주행 기능이 설치되어 있어 고속도로 등에서는 운전자가 예전처럼 운전대를 적극적으로 조작하지 않아도 안전 주행에 큰 문제가 없다. 운전자에게 이제 자동차를 운전한다는 것은 컴퓨터나 스마트폰과 같은 전자 기기를 조작하는 것과 별 차이가 없게 되었다.

자동차를 기계 산업이라고 분류하는 방식은 이런 관점에서 틀린 방식이라 할 수 있다. 자동차를 전기, 전자 산업에 분류하는 것도 맞다고 할 수 없다. 향후 자동차는 전자와 기계, 그리고 화학의 융복합적 속성을 가진 산업으로 자리매김할 것이다. 이렇게 전통적인 산업의 분류나 경계가 모호해지고 있다.

카카오나 네이버는 과거 SNS와 디지털 지식 산업의 플랫폼화로 강력한 고객 네트워크를 구축한 하이테크 기업이다. 하지만 이 기업들은 특히 테크핀의 대표 주자로 기존 은행과 차별화된 서비스로 전통 금융업의 재편을 주도하고 있다. 또 강력한 고객 네트워크로 기존 전자상거래업체들과 경쟁을 하고 있다. 역시 산업 간의 경계가 모호해지고 어느 한쪽으로 구분할 수 없는 융복합적 비즈니스로 진화하고 있는 예다. 초^{超}경계 시대가 다가오고 있다.

앞서 언급한 대로 소니는 2020년 미국 라스베이거스에서 열린 소비자 가전 전시회에서 비전-S라고 부르는 콘셉트카를 선보였다. 소니는 이 차량의 시제품을 만들어 공공 도로 주행을 시행할 것이라고 발표했다. 애플은 현대기아차와 자동차 생산 협력 관계를 구축할 것이라고 보도되기도 했다.

애플이나 소니가 자동차 부품이나 자동차를 만든다고 하면 과거에는 이상하게 들릴 수 있었겠지만 사실 미래 자동차의 특성을 보면 이런 시도가 현실적으로 불가능한 일이 아니다. 미래 자동차의 기본은 전기 자율 자동차다. 운전자의 안전은 물론, 차내에서 외부 환경과 연결된 편의성과 엔터테인먼트 공간을 구성하여 승객이 가장 편하게 느끼는 환경을 제공하게 된다. 전기차의 성능에 직접적인 영향을 주는 배터리나 모터, 타이어 등의 부품 전문 업체들은 이미 생산업체의 다양한 주문 사양에 맞추어 공급할 수 있는 역량을 갖추고 있다.

미래에는 이런 성능 요소 외에 자동차의 두뇌라고 할 수 있는 각종 센서와 광학, 전기, 전자 제어 소프트웨어와 시스템이 더욱 중요한 요소가 된다. 전문가들은 미래 모빌리티 사업의 핵심 기술과 역량은 AI, 5G, 클라우드라고 믿는다. 1914년 미국의 발명가 에디슨이 미래의 자동차와 상용차가 전기 모터로 구동될 것이라고 예상한 지 106년이 지난 시점에서 소니와 애플이 전기 자율 자동차 시장에 관심을 두는 것은 매우 흥미롭다. 물론 양산을 하여 투자 대비 이익을 낼 수 있는가에 대한 사업적 결정은 또 다른 문제다. 하지만 애플이나 소니가 자동차 부품업이나 자동차업에 진출할 수도 있다는 생각을 가능하게 한 요인은 바로 산업 간의 경계가 낮아지거나 무너지고 있다는 것을 말해주고 있다.

이런 두 가지 예를 통해 보듯이 산업의 경계가 모호해지는 현상을 '블러Blur'라고 한다. 이 용어는 스탠 데이비스와 크리스토퍼 메이어가 『블러: 연결 경제에서의 변화의 속도』라는 책에서 사용했다.[9]

교육계에서는 이미 원격 수업이 보편화되어 가고 있다. 원격이나 온라인 수업은 담임선생이나 담당 교수가 아니어도 진행할 수 있다. 과목의 특성과 수강생 수준에 따라 다르겠지만 이미 유튜브나 온라인 콘텐츠 전문 업체들이 다양한 강의를 제공한다. 한꺼번에 여러 학생이 최고의 강사로부터 원하는 강의를 온라인으로 수강할 수 있어서 각 학교에 전공별 교사나 교수가 많이 있을 필요가 없게 될 수도 있다. 물론 온라인이 모든 교육의 솔루션이 될 수는 없다. 하지만 대규모 강의실에서 교사나 교수마다 본인의 스타일에 따라 가르치는 시대는 가고 각 분야 최고 전문가의 온라인 강의를 국내나 해외에서 동시에 접속하여 수강할 수 있게 되었다.

이런 변화가 가속화한다면 학교에서 전통적인 역할인 지식 전달에 중점을 두던 교사나 교수보다는 학업이나 학생 생활, 진로 등에 대해 학생들과 상담을 하거나 코칭을 해 주는 역할을 중점적으로 할 수 있는 상담 코칭 전문가나 예체능 분야의 전문가가 필요하게 될 것이다. 교육자와 코칭 전문가나 예체능 전문가의 경계가 낮아지는 현상이 예상된다. 이는 진정한 교육의 본질을 회복할 기회가 될 수도 있다.

앞서 언급한 월마트와 아마존의 경쟁 구조에서도 빅블러 현상을 볼 수 있다. 두 기업이 출발선은 다르지만, 온라인 기능과 오프라인 매장을 결합하여 다양한 고객 서비스를 통해 경쟁력을 극대화한다는 공동의 목표와 전략은 같다고 하겠다. 월마트는 오래전부터 매장, 물류, 재고 관리의 자동화에 지속적인 투자를 해온 기업이다. 앞서 언급한 대로 고객 서비스를 위해 1,500대의 로봇을 매장에 설치한다고 발표했다. 이런 다양한 디지털 혁신으로 고객의 충성도를 높이고 경쟁력을 키워나가면서 아마존과 같은 전자상거래 기업과 경쟁을 하고 있다.

이와 대비해 전자상거래의 상징인 아마존이 미국에서 유기농 식료품 마트로 잘 알려진 홀 푸드 마켓을 2017년 무려 15조 원 이상을 주고 인수하여 운영하는 것은 흥미롭다. 이미 거의 모든 공산품을 취급하는 아마존 입장에서 지금까지 보여 준 것 같은 성장을 지속할 것이라는 기대치는 달성하기 어려운 일이다. 홀 푸드 마켓을 인수한 가장 중요한 전략적 가치 중 하나는 식료품의 온라인 주문과 배달이 향후 성장 사업이 될 수 있다고 믿는 점이다. 한국의 마켓컬리 서비스처럼 미국에서도 고객들이 식료품을 배달받는 숫자가 증가하고 있다.

전통적으로 과일, 야채, 고기류 등은 신선도가 중요하기 때문에 매장에 직접 가서 구매하는 것이 당연시되었다. 하지만 신선 식품도 별문제 없이 배달이 가능한 요즘 여러 이유로 매장까지 가는 것이 힘든 사람들은 집까지 신선 식품을 배달해주는 서비스를 선호하는 추세에 있다. 더구나 코로나19 사태는 이런 추세를 가속화하고 있다. 홀 푸드 마켓의 오프라인 고객을 온라인화하고 아마존 프라임과 같은 멤버십을 도입해 식료품의 온라인망을 구축한다는 전략을 추구하고 있는 것으로 알려져 있다. 아마존이 홀 푸드 마켓을 인수한 또 다른 전략적 가치는 미국 요충지역이나 도시에 있는 431개 매장을 아마존의 거대한 물류 배달 시스템의 기지로 활용할 수 있다는 점이다. 결국 플랫폼 비즈니스에서도 효율적이고 최적화된 물류망을 운영하기 위한 물리적인 네트워크가 요구되기 때문이다.

O2O online to offline라고 부르는 온라인과 오프라인 비즈니스의 융합이나 결합이 아마존과 월마트라는 공룡 기업들을 선두로 가속화하고 있다.

고객을 위한 최적화된 서비스를 통해 지속적인 성장을 하고자 하는 기업의 속성이 이런 현상을 가속한다. 따라서 온라인과 오프라인은 이제는 대립하는 개념이 아니기 때문에 이런 분류와 구분은 이제 옳지 않다. 온라인과 오프라인의 경계가 흐려지는 빅블러 현상이 신선 식품업에서 일어나고 있다.

'서비스로의 제품Product as a Service'이라는 말이 있다. 제품을 서비스화한다는 뜻이다. 예를 들면 자동차 장기 렌트나 리스를 하게 되면 자동차를 구입하는 것이 아니라 자동차를 사용할 수 있는 권리를 계약 기간 동안 갖는 것을 말한다. 컴퓨터 프로그램이나 클라우드 데이터 사용도 필요한 만큼 쓰고 사용료를 내면 되는 것이 기본 요금제다. 바로 온 디맨드 서비스고 구독 경제다. 제품 판매는 한 번의 거래로 이익을 취하지만 매달 사용료를 받는 사업 모델은 지속적인 수입원이 되어 판매자 입장에서는 안정적이고 예측 가능한 현금 흐름을 제공한다. 사용자 또한 작은 사용료로 원하는 기간만큼 쓸 수 있는 장점이 있다. 비용이 많이 드는 산업 장비는 많은 경우 이런 방식으로 장기 임대나 리스를 한다.

과거 분명히 구분되던 제품과 서비스의 경계가 흐려지고 있다. 스타벅스는 커피라는 제품을 판매하는 비즈니스를 좋은 커피와 쾌적하고 모던한 분위기와 특별한 감성을 느끼게 하는 공간 제공 서비스와 결합했다. 스마트폰으로 손쉽게 주고받을 수 있는 기프트 카드는 이런 서비스가 제품과 상호 보완적인 토탈 오퍼링Offering으로 고객의 충성도를 높인다. 단지 좋은 커피라는 제품을 파는 매장과 차별화를 이룬다.

고속도로를 달리는 상용차의 예를 들어보자. 상용차 고객들이 가장 관심을 두는 분야는 다운타임이다. 고가의 차량이 정시에 화물을 배송해야 하는 속성상 타이어 손상으로 차량이 작동을 멈추는 다운타임은 곧 경제적 손실로 이어지기 때문이다. 미쉐린타이어는 에피타이어^{EffiTires}라고 부르는 텔레메틱스 시스템을 상용 고객에게 제공하고 있다. 타이어에 각종 센서를 설치하여 원격으로 온도, 압력, 운행 속도나 충격 등 타이어 손상이나 수명에 영향을 주는 요소들을 실시간으로 측정하고 이런 정보를 고객 운영 담당자와 공유하고 소통하는 서비스를 제공한다. 또 매주 기술 지원팀이 현장 방문을 통해 타이어의 마모 등 상태를 점검하는 디지털과 물리적인 서비스를 제공한다. 이 서비스 계약을 체결한 한 상용차 운행 기업은 미쉐린 에피타이어 시스템을 채택한 후 타이어 관련 다운타임이 첫 12개월 동안 한 건도 없었다고 한다. 미쉐린이 이 업체와 약속한 50% 다운타임 절감 목표를 훨씬 상회한 결과다. 고객에게 타이어는 더 이상 제품이 아니라 제품과 서비스의 결합체다.

구글의 크롬을 선택하는 순간 크롬에 최적화된 다양한 구글 서비스가 제공된다. 안드로이드 기반 스마트폰을 구매한 사용자가 아이폰으로 기기를 바꾸기 쉽지 않다. 반대로 아이폰 사용자도 비슷한 상황에 처한다. 그이유는 하드웨어 구매에 따라오는 다양한 서비스 시스템에 고객이 최적화되기 때문이다. 결국 제품과 서비스의 경계가 블러리하게 변하고 있기 때

문에 제품과 서비스를 하나의 고객 솔루션으로 보는 시각이 개발자에게 요

구된다.

2. 디지털 시대의 경쟁 프레임: 기술보다 업業의 본질

　빅블러 시대의 경쟁 프레임은 무엇보다도 디지털 경쟁 프레임에서 시작된다. 디지털 경쟁은 전방위적으로 기존 산업의 경계를 넘어오고 있기 때문이다. 기존 산업의 생존과 지속 경영을 위해서는 디지털 트랜스포메이션과 같은 디지털 혁신으로의 전략과 노력이 필요하다. 새로운 생태계에서 경쟁력을 갖추기 위해서는 디지털 시대의 경쟁 프레임을 이해하는 것이 중요한 일이다.

　디지털 시대의 비즈니스 환경은 과거 전통적인 것과 여러 면에서 차이점이 있다. 3,300명을 대상으로 진행한 한 조사 결과에 의하면 다음과 같은 특징이 있다. [10]

비즈니스 변화 속도 : 우리가 경험하듯이 제품과 서비스 주기가 점점 짧아지고 있다. 스마트폰, 자동차, 가전, 패션, 전자 기기와 같은 제품과 새로운 프로그램이나 앱 같은 서비스가 끊임없이 출시되어 소비자들의 관심을 유발한다. 따라서 특정 제품이나 서비스에 대한 고객의 충성도는 상대적으로 짧아진다. 심지어 노브랜드 제품도 고객의 관심을 끌고 있다. 이런 기업 생태계 변화로 비즈니스 변화 속도가 높아진다. 많은 스타트업 기업들은 일반적으로 이런 변화에 따른 기회 포착으로 시작하는 경우가 많다. 그리고 몸집이 작다 보니 비교적 쉽게 변화에 적응할 수 있다. 전통적인 기업들이라고 이런 변화 속도에 늦다고 말할 수는 없다. 하지만 과거 투자에 대한 매몰 비용이 크고 브랜드 인지도가 높으며 제품과 서비스에 대해 익숙해진 고객이 많은 전통적인 기업의 변화 속도는 느릴 수 있다.

조직 문화와 마인드 : 조직은 혁신적인 제품과 서비스를 지속해서 개발하고 출시해야 한다. 혁신의 비교 대상은 경쟁사뿐만 아니라 바로 자신의 조직이다. 즉 현재 판매하는 제품이나 서비스보다 월등한 후속 제품과 서비스를 개발하고 출시하여 대체해야 한다. 이런 혁신은 단지 제품과 서비스를 업그레이드 할 수 있는 기술력만으로 되는 것이 아니다. 기업 문화와 조직원들의 마인드가 혁신적이어야 한다. 국내에서는 삼성전자나 카카오, 네이버 등이 대표적으로 이런 혁신을 주도하고 있고 해외에서는 스타벅스, 애플, 구글, 테슬라, 그리고 샤오미, 텐센트, 알리바바 등의 기업들이 이런 혁신에 앞선 기업으로 알려져 있다.

하지만 실제로 이런 역량을 가진 조직이나 기업은 많지 않다. 왜냐하면 출시한 제품이나 서비스에 대한 투자 회수 기간을 고려해야 하기 때문이다. 제품과 서비스를 개발해 출시한 조직원들과 팀의 높은 자부심에 고객의 반응도 좋다면 이런 성공을 뒤로하고 후속 제품이나 서비스를 지속해서 출시한다는 일은 쉽지 않게 된다. 이런 요인들이 혁신적인 조직의 걸림돌이 될 수 있다. 지속해서 혁신을 추구해야 하는 조직 문화와 임직원들의 마인드를 구축하고 유지하는 일은 그래서 결코 쉬운 일이 아니다. 스티브 잡스가 말한 것처럼 "Stay hungry항상 배고프고 부족한 상태라는 표현 – 저자 주"라는 혁신에 대한 갈망이 문화로 자리 잡은 기업은 찾기 힘들다. 다양한 배경과 생각을 하는 사람들이 모인 현대 조직에서 이런 정신을 조직 문화로 정착하는 것은 점점 힘든 일이 되고 있다.

유연성과 일의 분산 : 스포츠 전문가들은 어떤 운동에서나 몸의 근력도 중요하지만, 유연성을 강조한다. 조직도 마찬가지다. 근력을 조직력이라고 한다면 유연성은 운영 시스템이다. 디지털 조직의 운영에서 규칙과 기준은 필요하지만, 운영 시스템을 이런 기준이나 규칙의 프레임에 너무 좁게 집어넣어 운영하게 되면 마치 제조업의 조립 공정처럼 기계적으로 움직이게 된다. 이런 환경에서 유연성이란 품질과 타협하는 결과를 초래할 수 있다.

하지만 디지털 생태계를 기획하고 설계하는 과정에서 이런 유연성이 반드시 요구된다. 유연성은 애자일 조직이 되기 위한 중요한 요소이기 때문이다. 일의 분산은 애자일 조직의 또 다른 요소다. 자동차의 부품이 많아도 서로 역할이 잘 연결되고 통제되어 안전과 편리함 그리고 즐거움을 연출하듯이 조직에서도 일의 적절한 분산과 유연한 운영은 반드시 필요하다.

일이 분산되면 팀원들에게 다양한 경험과 역량을 키울 기회도 생기게 되고 건강한 경쟁도 유발하게 되고 위험 관리에 도움이 될 수도 있다. 문제는 일의 분산 정도에 따라 권한 위임도 함께 이루어져야 한다는 점이다. 결정할 권한이 없는 위임이란 일을 타인에게 전가하는 것일 뿐이다. 권한을 주지 않고 혁신적이거나 창의적인 마인드로 즐겁게 일하기를 기대하는 것은 인간 본능을 무시하는 기대다.

– 후지필름과 코닥의 선택

후지필름은 디지털 빅웨이브에 휩쓸리지 않고 생존하여 지속해서 성장하고 있는 기업 중 하나다. 비슷한 도전적 상황에서 2012년 파산 보호 신청을 하고 시장에서 사라진 미국 기업 코닥과 비교가 된다. 후지필름의 디지털 도전 극복 이야기를 하기 위해서는 코닥의 이야기를 정리하는 것이 도움이 된다.

코닥 이야기를 하는 또 다른 이유는 일부 사람들이 코닥의 몰락 원인을 잘못 이해하고 있기 때문이다. 많은 사람들이 당시 디지털 변화에 대해 코닥 경영진들이 제대로 인지를 못 하고 대응을 너무 늦게 했기 때문에 몰락했다고 알고 있다.

이런 잘못된 이해와는 반대로 코닥은 1970년대부터 디지털 사진 기술이 향후 필름 기반 시장에 변화를 가져올 것이라고 인지하고 있었다. 디지털 기술의 변화가 그렇게 짧은 시간에 빨리 진행될지는 몰랐겠지만 시장 변화에 대비해 디지털 사진 기술에 대한 제품 개발과 대규모 투자에 집중한 것이 사실이다. 역설적으로 코닥의 셰이크 아웃의 가장 큰 원인은 디지털 기술에 대한 너무 과도한 투자가 이루어졌기 때문이라고 보아야 한다. 디지털 사진과 이미징 사업에 대한 시장의 흐름과 방향이 그들의 예상과 달리 진행되어 이런 큰 투자는 오히려 감당하기 힘든 손실로 귀결된 것이다.

1990년대를 거쳐 2000년대를 지나는 동안 디지털 생태계의 대표적인 세 가지 변곡점이 생겼다. 1991년 미국의 코닥 회사가 디지털카메라 DSC 100을 출시하면서 디지털카메라 시대가 시작된 것, 2005년 페이스북이 창업하면서 SNS로 소통하는 시대가 열린 것, 2007년 아이폰의 등장으로 스마트폰 시대가 열린 것이 바로 세 가지 변곡점 이벤트이다. 물론 DSC가 1.3메가픽셀의 해상도에 무려 초기 1만 3천 달러 이상의 가격표를 달고 나왔을 때 시장 반응은 대부분 무관심 자체였고 페이스북도 초기에 주로 대학생층의 커뮤니티를 중심으로 그 가치를 인정받았으며 아이폰도 혁신적인 제품이었지만 기존 전화 통신 기능에 최적화된 휴대폰과의 물량 싸움에서는 틈새 제품으로 인식되었다.

디지털카메라는 1990년대 중순부터 시장에 본격적으로 보급되기 시작하였으며 2007년부터 2010년 말이 되면 필름 카메라는 디지털카메라로 대부분 대체되었다. 이 기간에 코닥은 디지털 이미징 기업으로 변신하기 위해 디지털카메라와 프린터 사업 등에 수십억 달러를 투자했다. 나중에 등장하는 인스타그램의 초기 버전이라 할 만한 사진 공유 사이트인 오포토란 회사를 인수하기도 했다. 코닥은 1만 개의 디지털 키오스크를 사업 파트너들의 매장에 설치하는 등 디지털 이미징 사업에 지속해서 대규모 자원을 투자한다.

하지만 이런 탈 필름화, 디지털 이미징 비즈니스화 올인 전략은 실패하게 된다. 우리 모두 잘 기억하듯이 2010년대 초 대부분 스마트폰에는 디지털카메라가 장착되었고 디지털카메라는 2011년 최대 판매를 기록하고 지속해서 감소했기 때문이다. 게다가 소니, 캐논, 파나소닉, 올림푸스 등 축적된 광학 기술과 원가 경쟁력으로 무장한 일본 디지털카메라 업체들과의 경쟁 싸움에 밀려 코닥은 결국 2012년 법정 관리 신청을 하게 된다.

즉 코닥은 디지털카메라의 등장과 디지털 이미징 환경 변화에 위협을 느끼며 대응 전략으로 대규모 투자를 했지만, 디지털 이미징 산업의 흐름과 방향 예측에 실패했다. 디지털 이미징 사업은 애플 아이폰과 페이스북 그리고 인스타그램 등에 의해 휴대폰으로 사진을 찍어 스토리를 만들고 친구들과 디지털 놀이터에서 공유하는 것으로 진화되었기 때문이다. 코닥이 거액을 투자한 디지털 이미징 생태계와는 다른 방향으로 흘러간 것이다. 따라서 코닥의 디지털 투자는 실망스러운 성과로 나타났고 이런 투자 재원을 뒷받침해 주던 기존 핵심 필름 기반 매출도 급격히 줄어들어 이중고로 심각한 적자 상황을 겪게 된 것이다.

비슷한 상황에 부닥쳐 있던 일본의 후지필름은 코닥과는 다른 길을 가는 전략을 추진한다. 비슷한 업종의 두 기업이라도 거시적인 분석을 통해 왜 한 기업은 존속하고 다른 기업은 몰락했는지에 대한 차이점을 명확하게 집어내기는 쉽지 않다. 1992년에서 2011년 사이 코닥의 매출은 70%, 이익은 11억 달러 흑자에서 7억 6천만 달러의 적자로, 그리고 직원 수는 87%가 감소했다. 같은 시기 후지필름의 경우 매출은 300%, 수익은 거의 140%, 직원 수는 40% 정도가 증가했다.

후지필름도 디지털화에 대한 대응적 전략을 수립하고 그에 따른 투자를 적극적으로 시도했다. 후지도 코닥처럼 기존의 핵심 필름 사업에서 최대한 수익을 확보하여 신규 투자의 재원으로 활용했다. 후지는 광학과 화학 기술을 바탕으로 테이프 광학 및 비디오테이프와 같은 제품을 만들어 핵심 사업의 인접 사업을 확충해 나갔다. 또 사무실 자동화와 문서 솔루션 사업을 수행하는 후지제록스 합작 법인을 중심으로 이 분야에 대한 경쟁력 확보와 투자도 지속했다. 후지제록스의 뛰어난 경쟁력은 후지필름이 생존하는 데 큰 역할을 한다.

후지제록스는 심지어 복사기의 원조인 제록스 회사 전체를 합작 법인인 후지제록스에 합병하는 새로운 합작 법인화를 2018년 발표했다. 제록스 주주들의 반대로 이 합병 제안은 실현되지는 못하고 2019년 후지제록스의 지분을 후지가 100% 인수하는 것으로 결말이 났지만, 문서 솔루션과 사무실 자동화 분야에서 후지의 뛰어난 역량을 잘 보여주는 한 예다.

2018년 후지의 주요 사업부는 문서 솔루션 사업부와 건강, 소재 사업부가 주력으로 후지 전체 수익의 85%를 기여한다. 후지의 이미징 사업부 비중은 불과 15% 수준이다. 코닥이 전략적으로 추구했던 '필름메이커에서 디지털 이미징 솔루션 기업으로의 변신'의 종착점이라 할 수 있는 이미징 사업은 역량 있는 후지에게도 이제 부차적인 사업이 되었다. 결국 디지털 카메라의 등장에서 스마트폰으로의 진화가 진행된 20년간의 기간은 상용 디지털카메라를 개발하고 출시하는 데 대규모 투자를 했던 코닥 같은 기업을 몰락시킨 변혁의 시기였다.

디지털 생존은 어떤 디지털 기술을 개발하거나 시장에 적용하는 결정으로 이루어지는 것이 아니다. 환경 변화에 따른 기존 업에 대한 재정의와 기존 역량을 비교적 쉽게 활용할 수 있는 인접 사업을 작게 시작하면서 시행착오를 겪으면서도 꾸준히 배움의 커브를 타고 확대해 나가야 한다.

따라서 기업에서 디지털 혁신에 대한 전략 수립과 투자를 하기 전에 다음과 같은 중요한 질문을 해야 한다. 지금 우리 회사나 조직의 업은 무엇인가? 기술, 제품, 서비스가 그 답이 되는 순간 우리는 코닥 같은 길을 갈 수 있다. 이 질문에 대한 정답은 없다. 하지만 그 답의 시작은 '우리 제품이나 서비스를 사용하게 될 고객이 겪는 불편한 점, 즉 고객의 페인 포인트pain point에 대한 해결책을 찾고 고객이 만족을 넘어 감동할 수 있는 터치 포인트touch point를 찾는 것'이다.

3. 디지털 시대의 경쟁력: 역량 있는 회사의 5가지 성공 디지털 DNA

많은 기업이 성장을 위한 비즈니스 포트폴리오 확대 전략으로부터 잘할 수 있는 분야에 선택과 집중을 하는 경영 전략으로 전환하고 있다.

GE는 2018년 111년 만에 미국 다우지수 30대 기업에서 퇴출당하였다. 지난 몇 년 동안 GE는 새로운 사업 방향을 찾기 위해 최고 경영진을 교체하고 대대적인 구조 조정을 했다. 생존을 위한 노력이다. 오일 가스 서비스 비즈니스의 축이었던 자회사 베이커 휴스의 지분 일부를 매각하고 헬스케어 비즈니스는 별도 독립회사로 분사하기도 했다. 생명 과학과 기관차 비즈니스 등도 매각하여 GE는 비행기 제트엔진, 발전소 비즈니스, 그리고 신재생에너지 사업에 집중하는 전략으로 그룹을 재편하고 있는 과정이다.

한때 기업들을 인수하여 몸집을 키우고 성장을 지속하려던 GE의 공성 전략은 이제 수성 전략으로 바뀌어 많은 사업부와 자회사를 매각하여 대규모 부채를 감소시키고 현금 확보를 위한 거대한 그룹 재편 노력이 진행 중이다. GE는 2015년에 프랑스의 알스톰을 11조 원에 인수하고 2017년에는 베이커 휴스 회사를 80조가 넘는 가격으로 인수하여 기존 GE의 오일 가스 사업부와 합병하는 결정을 내렸었다. 이 회사 지분을 인수한 지 2년도 안되어 매각하게 된 것이다. 이 과정에서 GE는 총 130억 원 정도를 손실 처리해야 한다고 알려졌다.[11]

과거 '디지털 기업'과 '소프트웨어 기업'으로 디지털 트랜스포메이션의 방점을 찍었던 GE는 GE 디지털 사업부 일부의 매각 과정을 거쳐 독립 법인화했다. GE 디지털 트랜스포메이션의 중심이었던 프레딕스라는 산업 운영 데이터를 수집 처리하는 사물인터넷 기반 플랫폼도 분사했다. 프레딕스는 센서가 달린 산업용 장비에서 수집한 데이터를 활용할 수 있는 표준적인 방법을 기업에 제공하는 시스템으로 생산 설비의 신뢰를 높이고 관리를 자동화하며 문제가 발생하면 원인 추적도 가능하다.

GE는 2014년 프레딕스를 중심으로 하는 소프트웨어 솔루션 사업이 10억 달러 매출을 달성했다고 발표했다. 2015년에 소프트 사업을 발전시켜 GE 디지털 사업부를 만들었다. 하지만 이런 발표와는 달리 디지털 사업부의 전신이던 GE 소프트웨어의 활동과 매출은 그룹 내 여러 사업부가 추진하는 디지털 프로젝트와 IT 기능을 지원하는 일종의 내부 조직으로 자리하게 된다. 이런 문제를 극복하고 외부 고객 확보와 매출을 올리려는 목적으로 GE 디지털이 독립적인 사업부로 출범했다. 하지만 여느 사업부처럼 분기별 실적을 평가하는 그룹 시스템의 한 조직으로 GE 디지털은 고객의 문제점을 장기적으로 해결하는 혁신적 사업보다는 단기 실적에 집중하는 관리적 조직이 되어 갔다.

　GE는 프레딕스를 다양한 산업과 다양한 고객을 위한 범용 플랫폼으로 구축하고자 했고 방대한 산업 데이터를 프레딕스 클라우드에 저장하는 전략을 택했다. 이런 범용 플랫폼 구축 전략은 특화된 분야에 선택과 집중하는 전략에 비해 방대한 자원과 투자가 요구된다. 자체 클라우드를 구축한다는 전략 또한 클라우드의 골리앗과 같은 아마존이나 마이크로소프트와 협력 관계가 아닌 경쟁 관계를 의미했다. 일부 전문가들은 또 GE가 제품적 접근 방식에서 서비스 접근 방식으로의 전환에 실패했다고 말한다. 즉 기존의 비즈니스 모델에서 벗어나지 못하고 대기업 문화의 한계를 극복하지 못했다고 볼 수 있다.

　기존의 비즈니스 모델을 바꾸지 않고 디지털 기술과 소프트웨어 옷을 입히는 것이 디지털 트랜스포메이션이 될 수는 없다. 결과적으로 GE의 경영 위기로 GE 디지털 사업부는 독립 법인이 되었다. GE 디지털은 독자 생존을 위한 미지의 땅으로 가는 여정을 시작해야 한다. 결론적으로 지금까지 GE의 디지털 트랜스포메이션 노력은 실제로 성공했다고 보기 힘들다.

　미국의 대표적인 기업 중 하나인 P&G는 100개 정도의 브랜드를 보유했었다. 그중 43개 브랜드를 2015년 매각했다. 그 당시 레플리 회장은 매각 후 남은 65개의 브랜드가 그룹이 집중해야 할 핵심 사업이라고 했다. 이 65개 브랜드를 10개 사업부로 나누어 관리하고 성장시키겠다는 전략으로 이런 대규모 브랜드 정리와 매각을 결정한 것이다. 2019년 P&G는 10개 사업부를 다시 6개 부문 비즈니스 사업부로 단순화하고 이 사업부의 책임자들을 각 사업부 최고경영자로 임명해 제품 개발에서부터 브랜드 관리, 영업에 이르기까지 모든 기능을 책임지도록 했다.

타타그룹은 한때 100여 개가 넘는 사업부를 보유하고 1,000여 개의 법인을 운영하는 그룹이었다. 지금은 그룹의 여러 사업 포트폴리오를 재구성하고 있는 과정에 있다. 차드라세카란 회장은 과거 경영진이 해외 기업 인수를 바탕으로 국제화와 성장을 추진하던 전략을 인도 시장에 더 집중하면서 핵심 사업 중심 전략으로 그룹을 축소 재편하고 있다. 신임 회장으로 그룹을 지속적으로 성장시키기 위해서는 과감하게 수많은 사업의 가지치기가 필요하다는 인식에서다. 인도 재벌 기업의 대표 격인 타타그룹도 이제는 연관성이나 시너지가 없는 수많은 사업을 지속적인 성과를 내면서 운영하기 어렵다는 사실에 직면해 있다.

기업의 생존 전략이 사업을 늘려나가는 성장 모델에서 선택과 집중으로 전환되고 있다. 디지털화의 가속은 많은 기업의 전통적인 경쟁 구도를 바꾸고 있다. 기존 사업의 디지털 트랜스포메이션은 시간이 오래 걸리고 성공하기 쉽지 않다. 따라서 기존의 사업을 재편하고 역량이 부족한 사업은 매각하여 잘할 수 있는 분야에 모든 역량을 집중하는 전략이 필요하다.

한 연구 결과에 의하면 90%의 최고경영자들이 그들의 비즈니스가 디지털 비즈니스 모델에 의해 구조적이고 파괴적인 영향을 받게 될 것이라고 믿는다고 한다. 그런데 단 30%만이 본인들 조직이 이런 도전과 새로운 환경에 대응하기 위한 스킬, 리더, 그리고 기업 운영구조를 갖추고 있다고 답했다.[12] 이 조사는 131개국 27개 산업군 1,000명 이상의 최고경영자들을 대상으로 했기 때문에 대부분 산업과 기업의 도전 과제라 할 수 있다.

기업의 최고 경영진뿐만 아니라 많은 사람이 디지털 혁신이나 디지털 트랜스포메이션에 대해 혼란과 위협을 느끼고 있다. 이런 느낌의 기저에는 디지털 트랜스포메이션의 종착점이 어떤 모습으로 어떻게 귀결될 것인지에 대한 상상력의 한계가 있기 때문이다. 디지털 트랜스포메이션은 진행형이기 때문이기도 하다. 그래서 디지털 트랜스포메이션은 달성해야 할 목표가 아니라 기존 비즈니스 모델을 재건축하여 조직의 경쟁력을 높이는 과정이라고 할 수 있다.

800개 글로벌 기업의 IT 부서 담당 매니저와 책임자급을 대상으로 진행된 2019년 한 조사 결과에 의하면 조직의 IT 핵심 임무 97%가 디지털 트랜스포메이션에 관련된 일이라고 한다.[13] 또 73%의 기업에서 향후 12개월 이내에 디지털 트랜스포메이션 과제들이 제때 수행되지 않는다면 매출에 부정적인 영향을 줄 것이라고 예상한다고 한다. 이런 조사 결과는 디지털 트랜스포메이션의 성공 여부가 향후 기업의 성장과 성과에 큰 영향을 미칠 것이라는 견해를 반영한다.

특히 기업에서 통합적 시스템을 구축하는 것이 디지털 트랜스포메이션의 핵심 과제 중 하나로 손꼽힌다. 많은 조직에서 데이터 사일로, 즉 각 부서나 개인이 데이터를 가지고 있으면서 전 사적으로 공유되어 있지 않기 때문이다. 이 조사 결과에 의하면 한 기업당 평균 900개의 시스템이 있는 데 이는 오랜 세월 동안 구축되고 기업 운영상 필요에 따라 더해진 결과다. 한번 생겨난 기업의 시스템은 법령처럼 만들기는 쉬워도 없애기는 힘들기에 이런 현상이 발생한다. 이런 방대한 시스템을 통합하는 일은 인력과 비용을 수반하는 큰 작업이 된다. 약 23% 기업에서만 이런 통합 작업이 이루어졌다고 조사되었다.

데이터를 전달하는 도로망이 서로 연결되어 있지 않으니 정보라는 교통망이 원활하게 움직이지 못하게 된다. 이런 문제를 해결하지 않고 여러 디지털 기술을 도입한들 기대한 효과를 실현할 수 없게 된다. 결국 디지털 트랜스포메이션의 시작은 각 기업과 조직의 데이터를 통합하는 시스템을 갖추는 작업이 선결 과제라 할 수 있다.

컨설팅 회사 딜로이트는 조직의 디지털 DNA라는 개념을 제시한다. 이 개념은 현재 상태와 디지털 성숙도를 대비해 조직이나 기업이 어떻게 전략적 역량을 확대할 수 있는지를 진단하는 데 도움이 될 수 있다. 딜로이트는 전략과 리더십, 고객 참여, 제품과 서비스, 조직과 인재, 디지털 운영이라는 다섯 가지 요소를 조직이 갖추어야 할 전략적 역량으로 제시했다. 이 다섯 가지 역량은 다음 페이지의 표와 같다.

1. 조직이 디지털에 대한 제대로 된 비전과 전략을 마련하고 있고 이를

조직의 다섯 가지 디지털 DNA

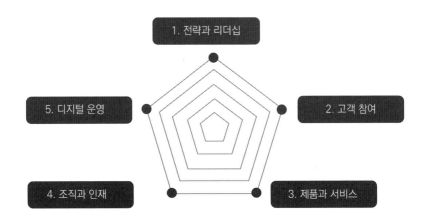

출처: Building your digital DNA by Deloitte

전 조직에 소통하고 공유하고 있는가?

2. 고객과의 이해와 소통을 통해 디지털 환경에서 성공할 접근 방식을 채택하고 있는가?

3. 제대로 된 제품과 서비스를 갖추고 있고, 그것을 개발, 관리, 제공할 효과적인 능력을 갖추고 있는가?

4. 비전과 제품, 서비스를 제대로 제공할 임직원, 재능, 스킬, 지식을 갖추고 있는가?

5. 조직의 운영을 지원할 수 있는 프로세스와 관리 시스템, 그리고 디지털 기술 역량을 갖추고 있는가?

이 다섯 가지 항목에서 중요한 점은 '제대로 된'이다. 즉 고객과 시장이 공감하거나 흥분할 만한 제품과 서비스가 기획되고 개발되어 출시되기 위한 전 과정에서 디지털 역량이 중요하다는 말이다. 이런 평가는 현재 조직에서 부족한 역량을 파악하는 데 도움이 될 것이다.

다음에 소개하는 다섯 가지 조직의 역량은 이런 디지털 역량을 갖추기 위한 좀 더 구체적인 방법이라 할 수 있다. 즉 조직의 문화와 소프트 스킬이라 할 수 있다.

디지털 조직 역량 - 소프트 스킬과 문화

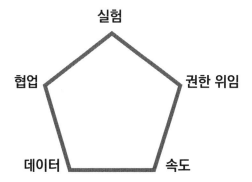

출처: Digital Leadership Is Not an Optional Part of Being a CEO Josh Bersin 2016 HBR

권한 위임

많은 일을 위임하고 싶어 하는 매니저나 상사는 많다. 그러나 권한을 위임하고자 하는 매니저나 상사는 상대적으로 많지 않다. 상사들이 권한 위임을 못 하는 가장 큰 이유로 직원들의 역량과 경험 부족을 꼽는다. 일면 논리가 없다고는 할 수 없지만 이런 상사에게서 역량과 경험이 충분하다고 인정받기까지 기다리는 일은 힘들다. 그런 상사 밑에서 그때가 오기를 인내심을 가지고 기다리는 능력 있는 직원은 많지 않다.

다국적 기업 시스코에서는 팀의 소통과 성과 관리를 위해 전통적인 과제 리포트를 제출하는 대신에 팀원들이 일주일에 한 번 다음 두 가지 질문에 대한 답을 팀장에게 보낸다고 한다. "금주에 해야 할 우선순위는 무엇인가요, 그리고 팀장인 내가 어떻게 도우면 될까요?"라는 질문이다. 이런 소통과 성과 관리를 통해 팀장은 팀원들이 무엇을 어떻게 진행하는지를 알 수 있고 필요할 때 팀원들을 돕기 위한 가치 있는 일을 할 수 있다. 이런 경우 팀장이 팀원들의 리포트에 응답이 없다면 팀원들은 이제는 이런 질문에 답하는 것에 의미를 두지 않을 것이다. 시스코는 팀원들이 보내는 이런 주간 체크인 보고서에 대해 팀장들이 일주일 내 응답하는 기대치를 80%로 설정했다. 현재 팀장들의 응답률은 92% 수준으로 알려져 있다. [14]

팀원들과 팀장의 이런 효과적인 소통 과정을 통해 일에 대한 몰입도를 높이고 높아진 몰입도는 더 나은 성과를 달성하게 한다. 그리고 이런 시스템은 팀장들이 팀원에게 권한을 위임하는 동기 부여를 더 잘할 수 있게 만든다. 약 15,000개 정도의 시스코 내 팀들이 이렇게 운영되고 있다.

디지털 환경에서의 경쟁력은 시스템이 하나로 통합되어 공유된 데이터와 정보를 통해 실시간 결정을 내리고 고객의 피드백을 받는 생태계를 기반으로 형성된다. 이런 경쟁력의 원천은 바로 결정 권한을 최대한 다운 스트림, 즉 현장과 고객에 가까운 조직에 두는 것에서 시작된다. 이제 상사들에게 보고하고 지시를 받는 방식으로 과제를 수행해서는 디지털 생태계에서 가치 창출을 하거나 경쟁력을 유지할 수 없다. 위에서 아래로 전달되는 워터폴Waterfall 조직에서 상하좌우의 애자일 조직으로 바뀌고 있다. 일부 기업에서는 애자일 조직화를 위해 모바일 정보 시스템을 채택하고 있다. 이런 시스템으로 회사의 중요 정보, 예를 들면 회사의 성과 지표, 프로젝트 진행 상황, 신규 고객 개발, 고객과 직원 만족도 등을 실시간으로 공유하고 점검할 수 있다.

권한의 위임은 상사의 개인 재량과 팀원의 재량에 맡겨 두는 것보다 제도적이고 명시적으로 만들 필요가 있다. 특히 창업주라는 개념이 뚜렷하고 그 주변 소수의 임원에 결정 권한이 몰려 있는 종적인 문화가 강한 우리 사회에서는 더욱 이런 시스템이 필요하다. 최근 일부 우리 기업들도 이런 조직 문화의 필요성을 느끼고 권한 위임에 적극적으로 대응하는 변화가 보이고 있다.

이런 시스템을 잘 활용하면 실무나 현장의 팀원들에게 권한 위임이 활성화되는 데 도움이 되고 일에 대한 책임 의식도 높아지게 된다. 여기에 자동화 기능이 추가되니 당연히 상사가 관리할 영역이 줄어들어 권한 위임이 자연스럽게 이루어지기도 한다.

이미 일부 기업에서 중간 관리자 조직을 통폐합하여 경량화하려는 움직임은 향후 더 커질 것으로 보인다. 호칭의 단순화나 직급의 슬림화뿐만 아니라 장기적으로 중간 관리자나 임원들의 역할이 점점 줄어들고 있기 때문이다. 이제는 조직의 관리나 감독을 해야 할 영역이 줄어들고 있는 상황에서 조직의 소통과 활성화를 비대한 중간 관리자들이 막고 있다는 인식이 커지고 있기 때문이다.

실험

페이스북의 CEO 마크 저커버그는 "가장 큰 위험은 위험을 감수하지 않는 것이다. 급격히 변화하는 세상에서 확실하게 실패하는 전략은 위험을 감수하지 않는 것이다."라고 말했다. 혁신은 그야말로 위험을 감수하지 않고 실현되지 않는다. 새로운 아이디어를 제시하는 것 자체가 어느 정도의 위험을 감수하는 것이다. 보수적인 조직에서는 직원들이 새로운 아이디어를 내는 것보다 상사가 준 업무를 충실히 잘 수행하는 것을 덕목으로 삼는 경우가 많다.

하물며 혁신적인 아이디어를 실험하여 그 가치를 증명하거나 시장에 출시해 성공할 확신을 증명해야 하는 일은 상당한 위험을 감수하지 않으면 실행 불가하다. 한 조사 결과에 의하면 위험 회피 문화가 혁신의 걸림돌이 되는 주요 원인 중 하나라고 한다.[15]

하버드대학의 클레이튼 크리스텐슨 교수의 연구에 의하면 95%의 제품 혁신 노력은 실패한다고 한다. 맥킨지의 조사에 따르면 평균적으로 대규모 IT 프로젝트는 각각 45%와 7% 정도의 예산과 예상 시간을 초과한다고 한다. 그리고 예상치보다 56% 적은 가치를 달성한다고 한다.[16] 이처럼 혁신을 위한 조직의 노력과 투자는 그리 좋은 성과를 올리지 못한다. 그만큼 미래는 예측하기 힘든 불확실 요소가 많고 분명한 것이 없기 때문이다.

디지털 투자 등에 대한 중요한 결정을 내리는 것은 불확실한 미래 생태계에 대한 가설을 바탕으로 조직이나 기업을 담보하는 행동이다. 따라서 이런 큰 투자 등에 대한 큰 결정 대신 작은 실험이나 시험을 통해 배우며 역량을 쌓고 조직에 최적화된 방향성을 찾아가는 짧고 작은 규모의 결정을 내리는 것이 효과적이고 현명한 방법이 될 수 있다. 디지털 시대의 모든 제품과 서비스 주기가 짧아지고 있기 때문이다. 그리고 고객은 과거와 달리 다양한 정보와 선택권을 갖고 있다. 따라서 기대치는 올라가고 브랜드나 특정 제품과 서비스에 대한 충성도는 낮아지고 있다. 고객의 충성도 변화 주기도 빨라지고 있다.

새로운 아이디어는 제품이나 서비스 출시 과정을 거쳐 고객이 만족하여 구매하는 과정에 이르기까지 여러 번의 내부와 외부의 검증 작업을 거치게 된다. 당연히 신속한 실험과 짧은 개발 기간은 비용과 원가에 큰 영향을 준다. 마이크로소프트, 아마존, 페이스북 같은 회사들은 각각 연 1만 건 정도의 혁신적 아이디어에 대해 크고 작은 실험을 한다고 한다. 이런 기업들의 경쟁력은 다양한 실험 정신과 운영의 시스템에서 나온다고 할 수 있다. 실험하기 위해서는 새로운 아이디어를 배양하는 기업 문화와 시스템이 뒷받침되어야 한다.

2012년 마이크로소프트의 한 직원은 서치 엔진 빙Bing의 광고 헤드라인을 보여주는 방식을 변경하면 좋겠다고 생각하게 된다. 변경 작업은 기술자의 자원을 며칠 투입하면 완성될 아주 작은 규모의 프로젝트였다. 하지만 프로젝트 매니저는 이 제안을 별로 중요하지 않다고 판단해 6개월 동안 자원을 투입하지 않았다. 한 엔지니어가 이 새로운 제안의 코드 작업을 온라인상에서 실험적으로 시도해 보기로 했다. 놀랍게도 이 간단한 실험으로 광고 헤드라인 수정된 불과 몇 시간 만에 온라인 광고 수입이 비정상적으로 높아졌다. 마이크로소프트는 이 작은 실험이 구버전과 비교해 12% 높은 수입을 유도했고 미국에서만 연간 1억 달러 정도의 추가 광고 수입을 달성했다고 분석했다. 이런 작은 실험을 통해 이루어지는 의미 있는 개선과 혁신으로 마이크로소프트는 2009년 8% 수준의 빙 시장 점유율을 23% 정도로 끌어올렸다.[17]

이런 실험을 A/B 테스트라고 부른다. 두 개의 변형 A와 B를 사용하는 종합 대조 실험을 해야 올바른 결과를 도출할 수 있다. 웹 디자인이나 사용자 경험 디자인과 같은 온라인 영역에서 A/B 테스트의 목표는 관심 분야에 관한 결과를 늘리거나 극대화할 수 있는 웹 페이지의 변경 사항이 무엇인지를 규명하는 것이다.

한때 혁신의 도구로 일본의 카이젠 기법을 많은 기업이 도입했다. 또

한때는 식스 시그마가 기업의 경쟁력이라고 하여 기술과 경영 혁신의 도구로 채택되었다. 지금은 온라인 디지털 실험을 통해 많은 기업이 급변하는 디지털 시대 경쟁력을 강화하는 노력을 하고 있다.

협업

협업은 항상 조직 경쟁력의 한 축으로 여겨졌다. 디지털 시대 협업 관계를 구축한다는 것은 경쟁력을 넘어서 생존과 존속의 역량이다. 협업은 외부 협력 업체들과의 관계를 설정하거나 내부적으로 팀들 간의 유기적인 소통과 팀워크로 나눌 수 있다. 전자는 조직의 전략적인 성격이 강하고 후자는 조직의 문화와 관련이 있다.

애플은 핵심 기술 개발은 애플 내부에서, 생산은 협력 업체인 중국 기업 폭스콘이, 그리고 여기에 수많은 앱 개발자들이 애플 생태계를 형성하는 전략을 구축하여 장기간 성공을 한 예로 꼽는다. 홍콩 기업 리앤펑은 글로벌 디지털 공급망과 물류 관리의 마스터라 할 만하다. 이 회사는 연 20억 벌 정도의 각종 의류를 생산 공급한다. 그런데 이 회사는 생산 공장을 운영하지 않는다. 모두 아웃소싱을 하기 때문이다. 약 1만 8천 개의 협력 업체들이 그야말로 오케스트라처럼 일사불란하게 분업과 협업으로 2018년 약 13조 원의 매출을 올린 의류 시장의 강자다.

전통적인 사업이나 디지털 기반 사업에서의 나 홀로 전략은 급변하는 디지털 시장에서 대응 속도나 기술 진보에서 경쟁하기 힘들다. 자동차 업계도 이와 비슷한 사정이다. 자동차 회사들이 과거 벤더라고 부르던 협력 업체들과의 협업 없이 특히 전기 자동차나 자율자동차를 개발하는 것은 개발 비용과 기간을 고려할 때 경쟁력 없는 선택이 될 수 있다. 첨단 기술 역량을 가진 협력 업체들은 하청업체가 아니라 오히려 선행 기술을 보유한 필요한 파트너의 입지를 구축했기 때문이다.

국내 기업들은 오랫동안 협력 업체를 하청업체라는 개념으로 관계 설정을 해 왔다. 가격, 원가, 품질, 납기 등에 대해 일방적인 입장을 협력 업체들에서 강요하던 사례는 대기업, 중견 기업을 불문하고 흔한 일이었다. 이런 종적인 관계 설정에서 발전적인 변화를 보이는 기업들이 많아지고 있다는 사실은 고무적이다. 하지만 이런 변화의 동기가 대기업의 상생 활동이라는 프레임을 넘어서야 할 것이다. 이제 협력 관계는 수요와 공급의 종적인 관계에서 디지털 시대의 변화에 공동 대응하는 동맹 관계가 되어야 한다.

외부적 협력 관계는 구체적인 관계 설정에 대한 조건이 계약서에 명시되어 법적인 효력을 갖는 강제성이 있다. 내부적 협업은 외부적 협업 관계보다 형성하기 더 어렵다. 물론 여러 팀과 협업 프로젝트를 진행할 때 공동의 기대치나 달성해야 할 목표와 지원 사항 등을 명시하여 프로젝트 관리를 시스템화하기도 한다. 또 많은 조직에서 성과 관리 항목에 동료들과의 협업 역량을 넣어 평가하기도 한다. 즉 어느 정도 협업에 강제성을 부여하는 것이다. 하지만 애자일하고 지속적이며 혁신적인 아이디어를 실험해야 하는 조직에서 팀들의 협업 사항을 매번 계약화하거나 성과 평가의 대상

항목화하여 관리하는 것은 장기적으로 조직의 관료화를 만들고 동료들의 피드백에 대한 객관성과 신뢰도를 감소시키는 요인이 될 수 있다.

그렇다면 왜 내부 협업을 하기 힘든 것인가? 조직에서 일하는 대부분 직원은 본인들의 급여와 승진 등에 직접적인 영향을 주는 본연의 임무에만 관심을 두게 된다. 그리고 보다 현실적이고 근본적인 문제는 너무나 바쁘게 일한다고 생각한다. 또 실제로 그렇기도 하다. 상사가 팀원들을 평가할 때 관심을 두는 핵심 성과 목표에 민감하게 되는 것은 당연하다. 회사의 경영진이 협업이나 팀워크의 문화를 강조한다고 해서 고유 업무가 아닌 부수적인 업무라고 생각하는 프로젝트나 과제에 시간을 할애하는 것을 좋아하는 직원은 별로 없다. 따라서 협업이 보조 업무가 아닌 주 업무의 한 부분이라는 인식 전환과 평가 시스템이 조직적으로 필요하다. 협업과 팀워크가 조직의 문화로 자리 잡으려면 그것이 평가 항목이나 대상이 되는 것도 중요하지만 경영진의 칭찬이나 인정 대상이 되는 것이 더 효과적일 수 있다.

데이터

지금은 데이터, 아니 빅데이터 시대다. 28개국에 2만 개의 매장을 운영하는 월마트는 매시간 약 2.5페타바이트의 데이터를 수집하는 것으로 알려져 있다. 페타바이트는 10의 15승이니 우리에게 익숙한 10의 9승인 기가바이트의 1백만 배의 크기다. 이런 천문학적 데이터를 처리하기 위해 기업으로는 최대 규모의 클라우드 망을 구축하고 있다. 이런 데이터를 처리하여 유효한 정보화를 위해 월마트는 데이터카페라는 최첨단 애널리틱스 허브를 본사에 만들었다. 이 허브의 역할은 내부와 외부의 다양한 소스와 포맷 데이터를 신속하게 모델링하고 처리하여 시각화하는 데 있다. 월마트 담당자는 "일주일이나 한 달 기간의 판매 데이터 분석을 기다려 판매 정책을 수립해야 한다면 그 기간만큼 기회 손실을 보는 것"이라고 말한다.

한 기업이 이런 규모로 자료를 수집 처리 분석해야 한다면 미국 포춘 500대 기업이 일 년 동안 수집 처리해야 하는 빅데이터는 상상조차 하기 힘든 수준이 될 것이다. 빅데이터 자체가 기업의 문제를 해결해주는 솔루션은 아니다. 사실 대부분 조직에는 다양한 데이터가 많이 산재하여 있다. 광산업에서는 겨우 1% 정도의 데이터만 활용된다고 한다. 즉 데이터 대부분은 수집만 되고 수집된 데이터의 효율성은 아주 미미하다는 점은 기업에 오히려 매우 좋은 기회라 할 수 있다.

앞서 이야기한 대로 데이터 사일로에서 데이터의 변환, 통합, 공유 시스템을 만들어 데이터 흐름의 동맥 경화 현상을 해결해야 한다. 각 부서나 개인이 데이터를 가지고 있으면서 전 사적으로 공유되어 있지 않은 데이터를 연결하여 유효하고 신속한 결정을 내릴 수 있는 근거와 확신을 주는 시스템을 구축하는 것이 우선 순위라고 할 수 있다. 한 조사에 따르면 10명의 IT 담당자 중 9명 정도는 데이터 사일로가 디지털 트랜스포메이션을 추진하는 데 걸림돌이 되고 있다고 한다.

데이터는 3가지 기본적인 속성을 가지고 있다. 속도, 볼륨, 다양성이다.

영어로 3V라고 표현한다. Velocity^{속도}, Volume^{크기}, Variety^{다양성}의 첫 자를 따서 그리 부른다. 쉽게 말해 속도는 실시간의 데이터를 말하고 크기는 월 마트의 예처럼 대규모 수준의 데이터를 말한다. 다양성은 비디오, 사진, 그림, 문자 등 아주 다른 형태의 데이터를 말한다. 이런 다양한 형태와 포맷의 데이터를 디지털화하는 변환 기술이 필요하다. 일부 전문가들은 이 3가지 속성에 Variability^{가변성}, Veracity^{진실성}, Validity^{정확성}, Value^{가치}를 추가해 7V라고 부르기도 한다.

효과적인 데이터 시스템을 구축한다면 원가 절감뿐만 아니라 운영 시간의 단축, 신제품과 서비스의 최적화, 스마트한 결정 등을 내릴 수 있다. 데이터에 애널리틱스 기능을 결합하면 거의 실시간으로 고객이나 제품 서비스 문제의 원인에서부터 해결책까지도 제시할 수 있다. 우리가 흔히 이용하는 자동차 내비게이션 앱 중에 티맵이나 카카오맵은 축적된 방대한 교통 데이터로 원하는 날과 시간의 교통량을 예측하여 목적지까지의 시간을 알려준다. 물론 시간대와 실제 교통량에 따라 예측 모델의 정확도는 떨어지기도 하지만 이런 데이터 활용으로 수많은 사람이 좀 더 편리하고 예측 가능한 교통 정보를 받는다는 것은 디지털 시대에 사는 혜택 중 하나다. 미국의 330개 기업을 대상으로 조사한 한 연구에 의하면 데이터에 의한 의사 결정과 경영을 하는 기업들은 그렇지 않은 기업들에 비해 6% 정도로 재무 실적이 좋다고 보고되었다.[18]

빅데이터의 중요성은 두말할 필요가 없다. 하지만 빅데이터 생태계에도 함정이 있다. 즉 빅데이터가 항상 옳은 것이 아니다. 한 예를 보자. 요즘 코로나바이러스, 즉 코비드19 사태로 국민은 긴장되고 위축된 시간을 보내고 있다. 이 질병이 인플루엔자처럼 나라별로 지역별로 향후 되풀이될지는 미지수다. 코로나바이러스와 같은 유행 질병의 발생 가능성에 대한 예측 모델을 통해 의료 당국이 조기에 대응할 수 있다면 많은 인명을 구하고 선제 대응책을 마련할 시간을 확보하게 될 것이다.

　과거 인플루엔자라고도 불리는 유행성 독감, 즉 플루 발생 예측 모델을 만든 사례가 있다. 구글은 2008년 구글 플루 트렌드라는 사이트를 개설해 이런 유행성 질병의 발생 동향을 빅데이터로 분석하고 예측하는 사이트를 개설했다. 구글 플루 트렌드는 사람들이 구글 서치를 방문해 찾아본 기침, 열 등 독감에 관련된 45개 항목을 빅데이터로 분석했다. 하지만 2015년 이 사이트는 폐쇄되었다. 그 이유는 구글이 개발한 빅데이터 알고리즘의 예측 편차가 실제 데이터와 비교해 너무나 컸기 때문이다. 2011년에서 2012년 미국의 독감 감염자 예측치는 미국 질병통제예방센터가 보고한 실제 숫자보다 무려 50% 정도 높게 계산되었다. 2013년에서 2014년 사이의 예측치는 구글의 개선된 알고리즘에도 불구하고 30% 정도 차이를 보였다.[19]

　그래서 구글은 2015년에 이 사이트 폐쇄 결정을 내린다. 구글 플루 트렌드는 빅데이터가 얼마나 효과적이고 정확한 예측치를 만들어 내는지 파워를 가진 예로 보고되고 소개되기도 했다. 하지만 사람들이 구글 서치에서 찾아본 플루 관련 단어에 의존하는 알고리즘만으로 이런 예측을 한다는 시도의 한계를 보여준 예가 되었다. 빅데이터는 우리에게 정보를 제공하고 인사이트를 준다. 다만 빅데이터는 정답을 가르쳐 주는 것이 아니라 데이터에 기반한 확률을 제시해 주기 때문에 데이터를 활용하는 데 사람들의 축적된 경험치 또한 고려해야 한다.

속도

한때 일부 기업들은 24시간 규정을 만들어 조직의 소통과 의사 결정 속도를 올리려고 노력했었다. 이메일을 받으면 24시간 내로 상대방에게 답신하라는 것이다. 너무나 많은 이메일의 홍수 속에 종종 요청이나 승인 사항에 대한 답을 하지 않아 대내외 고객들의 불만을 사는 경우가 있었기 때문이다. 이메일 전송은 빠르지만, 이메일을 읽고 정보를 찾아 상대가 원하는 답을 만들어 회신하는 과정은 아무리 부지런한 사람에게도 시간이 걸린다.

디지털 시대의 가장 중요한 속성이 속도다. 데이터는 실시간으로 수집되고 분석되며 빠른 결정을 내리기 위한 의미 있는 정보를 제공해야 한다. 전통적인 기업 경영은 과거의 데이터에 의존하여 경영진의 경험과 감각으로 미래의 비즈니스나 변화를 예측했다. 우리는 이런 방식에 익숙하고 또 많은 경우 이런 방식으로 기업이 발전하고 성공해 왔다. 그러나 디지털 시대의 경쟁력은 실시간 정보에서 결정되는 실시간 결정에서 나온다.

다음 페이지 표에서 보듯이 고성과 선두 그룹 기업들의 특성은 고객의 필요와 욕구를 충족하기 위해 다양한 소스의 데이터를 활용하는 속도 역량

고성과 선두 기업들의 경영 속도

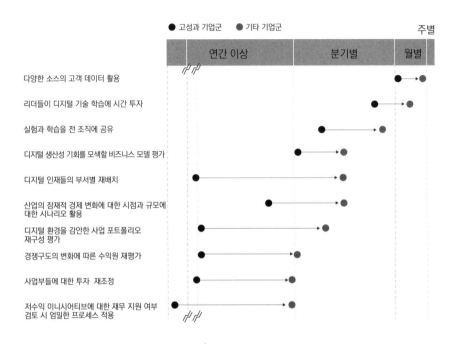

출처: Just how fast is the speed of digital? Now we know by Tanguy Catlin McKinsey & Company 2019

을 가지고 있다는 점이다. 그들은 평균 격주 단위로 이런 데이터를 활용한다. 그렇지 못한 기업들의 평균 속도가 1달 정도이니 두 배 이상의 속도 역량을 가지고 있다. 경쟁자들보다 한발 앞서가는 것이 아니라 두 배 이상 속도로 앞서가는 것이다. 고객의 불만 사항 해결에서부터 기대치나 잠재적인 욕구를 충족시키는 정보 제공에 이르기까지 이런 속도는 경쟁력의 원천이 된다.

또 고성과 그룹 기업들은 조직 내 사업부나 스텝 조직 내 디지털 지원 역량을 필요와 우선순위 등 상황에 따라 재분배하고 재조정하는 결정의 주기가 네 배 정도 빠른 것으로 나타났다. 즉 민첩한 애자일 조직이라는 뜻이다. 선두 그룹의 또 다른 특징은 디지털 기회에 따라 사업 포트폴리오를 재편하는 주기가 상대적으로 빠르다는 점이다. 상황에 따라서 사업을 확장하거나 축소 또는 매각하는 결정을 신속하게 하는 속도와 주기가 빠르다는 것이다. 많은 기업들은 이런 어려운 전략적 결정을 내리는 것을 주저하거나 피하는 경향을 보인다. 경영 상황이 나빠져 더 이상 지속 경영이 불가하다고 판단될 때나 재무적으로 한계 상황에 몰릴 때 이런 구조 조정을 하게 되면서 결국 직원들과 지역 사회가 더 큰 피해를 보는 경우가 있다. 사업의 확장, 축소 또는 매각 결정의 속도와 주기가 빠른 시스템을 구축하는 것은 고성과 기업군의 특징이기도 하지만 사회적인 책임을 다하는 기업이 되기 위해서도 필요한 일이다.

4. 디지털 시대의 가치 창출: 가치는 영원하다

우리는 제품이나 서비스를 구매할 것인가 말 것인가를 결정할 때 가치라고 부르는 판단의 잣대를 이용한다. 일부 학자들은 수많은 가치를 네 그룹으로 구분한다.[20]

가장 기본적인 가치는 기능이다. 예를 들어 자동차를 구매할 때 품질에 대한 소문이나 평가를 고려하고 서비스 센터가 거주지에서 멀지 않은 위치에 있는지를 확인하는 이유가 바로 제품의 기능적인 가치가 구매 결정의 중요한 한 부분이기 때문이다. 자동차가 전통적인 세단에서 SUV로 구매 패턴이 바뀐 이유도 가족들과 함께 이동하거나 다양한 야외 활동에 더욱 편리함을 제공하기 때문이다. 이런 기능적 가치에는 품질 외에도 시간을 절약해 주고 생산성을 높여 주거나 안전을 보장해주고 위험을 줄여주는 요소들이 있다.

두 번째 그룹의 가치들은 정서적인 것들이다. 스타벅스나 애플사의 제품들을 구매할 때 우리는 단지 기능적인 면만 고려하지 않는다. 스타벅스의 커피 맛이나 애플사의 제품 품질이나 성능에 대한 경험적 믿음이 깔려 있다. 고객들은 스타벅스나 애플 제품을 통해 행복과 만족감을 느끼기 때문에 충성도가 높아지고 이런 기업들의 성장을 뒷받침해 올 수 있었다. 스타벅스는 고급 커피를 마시며 넓고 현대적인 매장에서 배터리를 충전하며 랩톱 등으로 일을 할 수 있는 편안하고 세련된 공간으로 고객에게 어필한다. 스타벅스라는 제삼의 공간을 집과 사무실처럼 편안하게 느끼도록 만들기 위한 분위기를 조성한다. 스마트폰으로 음료를 사전에 주문하여 줄 서서 기다리지 않아도 되고 보상 프로그램과 선물 쿠폰을 쉽게 만들어 고객 충성도를 높이고 있다.

세 번째 그룹은 라이프 스타일을 변화시켜주는 가치다. 테슬라는 환경 친화적이며 자율 기능을 갖춘 멋진 디자인의 전기 자동차와 일론 머스크라는 혁신적인 인물의 이미지를 가치로 시장의 호응을 끌어낸 경우다. 테슬라 자동차는 연료비를 절약할 수 있고 반자율 운전 기능을 갖추고 있으며 정부 보조금도 받을 수 있다는 기능적, 경제적 가치 외에도 친환경적 라이프 스타일의 실현이라는 가치를 제공해 준다. 일론 머스크와 테슬라는 미래 지향적이고 혁신적인 제품에 외부 생태계의 참여를 유도하기 위해 특허를 외부에 공개했다. 특히 충전 시스템 등의 지적 자산을 공유함으로써 외부 생태계의 판을 키우는 전략이다. 외부 생태계는 고객이나 판매 대리점, 부품 조달 업체 또는 소프트웨어 개발과 운영 업체들을 포함한다. 이런 가치 창출 과정은 고객을 포함한 외부 파트너들과의 효과적인 협업이 큰 역할을 한다. 이런 선택이 오히려 디지털 생태계의 급격한 변화에 대한 대처를 빠르고 경쟁력 있게 만들 수 있기 때문이다. 협업은 디지털 시대의 핵심 경쟁력이고 가치 창출의 원동력이다.

야외 의류 전문 업체인 파타고니아는 "우리는 우리의 터전, 지구를 되살리기 위해 사업을 합니다."라는 미션을 분명히 하여 사회적으로 책임 있는 기업으로 라이프 스타일을 중요시하는 충성 고객들을 확보해 나간다. 요즘 많은 관심을 끌고 있는 환경, 사회, 기업 지배구조Environment, Social, Governance, ESG에 매우 충실한 기업이다. 이런 기업은 투자가뿐만 아니라 환경과 사회의 지속성에 관심이 많은 고객층을 확대해 나가고 있다.

고급 시계의 상징이라 할 수 있는 파텍필립은 "당신은 파텍필립 시계를 소유하는 것이 아닙니다. 단지 당신의 다음 세대에게 물려주기 위해 돌보는 것입니다."라는 마케팅 모티브를 14년 동안 유지했다. 진정한 명품 시계의 가치로 부모가 아이들에게 물려주어야 하는 가보와 헤리티지 정신을 강조한 것이다. 단지 부유한 사람들이 비싼 시계를 사는 것이 아니라 이런 시계를 통해 부의 의미와 가족의 유대를 상기시켜 주는 유산과 같은 상징성을 가치로 부각한다.

네 번째 그룹의 가치는 사회에 임팩트를 주는 가치다. 탐스슈즈는 이런 사회적인 임팩트의 선구 기업이다. 책을 읽는 독자 중에는 수십 년 전 우리 경제가 일천하던 시절 새 신발을 신었을 때의 행복감을 기억할 것이다.

탐스슈즈의 창업자 블레이크 마이코스키는 신발 첫 1만 켤레 판매 달성 후 아르헨티나의 가정 형편이 어려운 아이들에게 1만 켤레 신발을 기부하기로 결정했다. '한 켤레를 팔면 한 켤레를 기부' 정책을 회사의 미션으로 지속해서 실행하며 2019년에는 167개 파트너와 함께 9천 5백만 켤레의 신발을 기부했다. 이 회사는 신발 외에도 여러 국가에 건강한 식수 공급을 지원하며 시력 회복 센터 등을 건립하여 사회에 임팩트를 주는 역할을 수행하고 있다. 이 회사에는 최고 기부 임원Chief Giving Officer이라는 직책의 중역이 이런 사회 활동을 회사의 핵심 미션과 전략으로 추진하고 있다. 고객들은 민간 기업이지만 이런 사회적 활동에 투자하는 탐스슈즈의 제품 구매에 의미와 가치를 느낀다.

컨설팅 기업 맥킨지가 45개국의 소비자들을 대상으로 한 조사 결과에 의하면 코로나19 시대, 대다수 소비자들은 가치를 선택과 구매의 가장 주요한 요인으로 꼽았다. 이들은 또 향후 온라인 쇼핑을 더 하게 될 것이라고 응답했다. 결국 코로나19 시대가 장기화하면서 온라인 구매나 판매는 전 세계적으로 뉴노멀이 되었고 구매의 가장 중요한 결정 요인은 가치라 할 수 있다.

가치는 기능적이고 감성적이며 사회적이거나 삶을 변화시키는 요소들이 있으므로 가치의 인식은 주관적인 면이 강하다. 고소득층 그룹에게는 가격보다 희귀성이나 독창성이 가치의 기준일 수도 있고 저소득층에는 가격이 무엇보다 중요한 요소가 될 수 있다. 환경이나 기업의 사회적 책임을 중요시하는 사람들은 제품 자체보다 제품을 만드는 사람들이나 기업의 사회적 활동과 미션에 비중을 둔다. 우리가 일반적으로 말하는 가치는 가성비가 높은 서비스나 제품처럼 다수가 공감하는 공통분모적 속성을 말한다. 원하는 기능적 요구를 만족시키고 감성적으로 호감을 느끼게 하면서도 가격이 적당하다면 우리는 가성비가 높다고 판단한다.

디지털 시대의 가치도 이와 근본적으로 다르지 않다. 디지털 가치에는 스마트함, 편리함, 빠름, 정교함, 효율성, 맞춤형 등이 포함된다. AI나 빅데이터에서부터 원격 진단이나 자율 운전 등에 이르기까지 소비자들은 기술이나 알고리즘에 대한 이해보다는 이런 가치를 통해 안도감이나 편함, 만족감, 행복함을 얻고자 한다.

기업 입장에서 가치 창출은 다음과 같은 속성을 가지고 있다고 할 수 있다. 자원의 생산성 향상, 외부 생태계의 데이터와 연결성, 그리고 가치를 창출하고 만드는 과정에 대한 운영 활동이다. 기업의 자원은 직원들과 생산 시설 등을 포함한다. 직원들은 디지털 시스템을 활용해 적은 인력이나 시간으로 좀 더 많은 그리고 의미 있는 성과를 이룰 수 있다. 스마트 공장처럼 작업 기기와 설비 간의 실시간 소통을 통해 많은 일을 자동화할 수 있다. 자동화는 작업자들을 노동에서 벗어나게 하기도 하고 품질과 납기를 향상하거나 원가를 절감할 수 있다.

쿠팡은 심지어 당일 배송까지도 포함하는 총알 배송을 전략적 가치로 내세우고 투자하여, 기다리기 싫어하는 한국 고객에게 어필했다. 마켓컬리는 전날 밤에 주문을 받아도 아침 먹거리를 배달해주는 시스템을 구축하여 바쁜 직장인들의 음식 준비 시간을 절약해 주는 가치를 제공한다. 티맵이나 카카오맵은 빅데이터를 활용하여 고객이 원하는 날짜와 시간에 목적지까지의 예상 시간을 알려주는 서비스를 가치화한다.

가치는 이렇게 다양한 형태를 가진다. 어떤 형태의 가치라도 고객이 원하거나 기대하는 기능이나 디자인을 기본으로 갖추어야 한다. 고객이 기대하지도 않았는데 고객의 욕구를 만족하는 가치가 가장 강력한 가치가 된다.

5. 디지털 비즈니스 모델:
디지털 비즈니스 모델로 새로운 기회 창출

비즈니스 모델에 대한 정의는 다양하다. 조안 마그레타Joan Magretta에 의하면 비즈니스 모델은 기업이 어떻게 운영되는지에 관한 이야기다. 사업을 영위하는 데 있어서 고객은 누구인가, 고객을 위한 가치를 어떻게 창출하여 수익을 낼 것인가에 대한 이야기다.[21]

비즈니스 모델은 결국 제품과 서비스를 고객들에게 어떻게 제공하여 매출과 수익을 창출할 것인가에 대한 계획 또는 사업 아이디어를 말한다. 이익을 추구하는 기업을 운영하든 비영리 단체를 운영하든 고객과 고객의 가치는 비즈니스 모델의 핵심이다.

알렉산더 오스터왈더Alexander Osterwalder와 예스 피그누어Yves Pigneur 는 비즈니스 모델을 구체화하는 방법론으로 비즈니스 모델 캔버스를 제시했다. 이 캔버스에는 비즈니스 모델에 중요한 9개의 요소가 자리하고 있다. 이 9블록 캔버스는 특정 비즈니스 모델이 어떻게 가치를 창출하고 이를 고

비즈니스 모델 캔버스의 9가지 구성 요소

핵심파트너	핵심활동	가치제안	고객관계	고객세그먼트
비즈니스모델을 원활히 작동시켜줄 수 있는 '공급자-파트너' 간의 네트워크	비즈니스를 원활히 수행하기 위해 가장 중요한 활동	특정한 고객세그먼트가 필요로 하는 가치를 창출하기 위한 상품·서비스의 조합	특정한 고객세그먼트와 맺는 관계의 형태	상이한 유형의 사람들이나 조직 중에서 선정한 하나 또는 복수의 목표고객
	핵심자원 비즈니스를 원활히 수행하기 위해 가장 필요한 자원	**구성 요소의 상승 효과와 상충 방지가 중요**	**마케팅채널** 고객세그먼트에게 가치를 제안하기 위해 커뮤니케이션하고 상품·서비스를 전달하는 방법	

비용구조	수익흐름
· 비즈니스모델을 운영하는 과정에서 발생하는 모든 비용을 의미 · 자금조달(Funding)을 포함	· 각 고객세그먼트로부터 창출하는 현금(=수입·비용)을 의미 · 가격책정(Pricing)을 포함

출처: 김종식 박민재 양경란, 디지털 트랜스포메이션 전략, 지식플랫폼, 2019(출판사의 허락하에 인용)

객에게 전달하는가를 설명하는 데 도움이 된다.

디지털 기술에 의한 비즈니스 모델의 혁신은 일반적으로 세 가지 축으로 이루어지는데 기업이 제공하는 가치 제공, 즉 제품이나 서비스의 혁신과 기업 운영 및 프로세스의 혁신, 그리고 고객에게 제공하는 새로운 체험이나 경험의 혁신이다. 비즈니스 모델 캔버스의 9가지 구성 요소들과 정의를 정리하면 다음 페이지 표와 같다.

비즈니스 모델 캔버스를 구성하는 9개 블록의 정의

1	고객 세그먼트 (Segment)	기업이 겨냥하는 상이한 유형의 사람들 혹은 조직을 규정 -누구를 위해서 가치를 창조해야 하는가? -누가 우리의 가장 중요한 고객인가?
2	가치 제안	특정한 고객 세그먼트(Segment)가 필요로 하는 가치를 창조하기 위한 상품이나 서비스의 조합 -고객에게 어떤 가치를 전달할 것인가? -우리가 제공하는 가치가 고객이 처한 문제점을 해결해주는가?
3	마케팅 채널	기업이 고객 세그먼트에게 가치를 제안하기 위해 커뮤니케이션을 하고, 상품이나 서비스를 전달하는 방법 -각각의 고객 세그먼트들은 어떤 채널(Channel)을 통해서 자신에게 가치가 전달되기를 원하는가? -우리는 고객들에게 어떻게 다가가는가?
4	고객 관계	특정한 고객 세그먼트와 어떤 형태의 관계를 맺을 것인가를 의미 -각각의 고객 세그먼트들은 어떤 방식의 고객 관계가 만들어지고 유지되기를 원하는가? -우리는 어떤 고객 관계를 확립했는가?
5	수익 흐름	기업이 각 고객 세그먼트로부터 창출하는 매출 수익을 의미 -고객들은 어떤 가치를 위해 기꺼이 돈을 지불하는가? -현재 무엇을 위해 돈을 지불하고 있으며, 어떻게 지불하고 있는가?
6	핵심 자원	비즈니스를 원활히 진행하는 데 가장 필요한 중요 자산 -가치 제안은 어떤 핵심 자원을 필요로 하는가? -공급 채널, 고객 관계, 매출 수익원을 위해 어떤 자원이 필요한가? 　예: 물적 자원, 지적 자산, 인적 자원, 재무 자원
7	핵심 활동	기업이 비즈니스를 제대로 영위해 나가기 위해서 꼭 해야 하는 중요한 활동 -가치 제안은 어떤 핵심 자원을 필요로 하는가? -공급 채널, 고객 관계, 매출 수익원을 위해 어떤 자원이 필요한가? 　예: 생산, 문제해결, 플랫폼, 네트워크
8	핵심 파트너	비즈니스 모델을 원활히 작동시켜 줄 수 있는 공급자-파트너 네트워크 -누가 핵심 파트너인가? -우리의 핵심 공급자는 누구인가?
9	비용 구조	비즈니스 모델을 운영하는 데 발생하는 모든 비용 -우리의 비즈니스 모델이 수반하는 가장 중요한 비용은 무엇인가?

출처: 김종식 박민재 양경란, 디지털 트랜스포메이션 전략, 지식플랫폼, 2019(출판사의 하락하에 인용)

디지털 비즈니스 모델 프레임으로 분석한 존 디어 사례

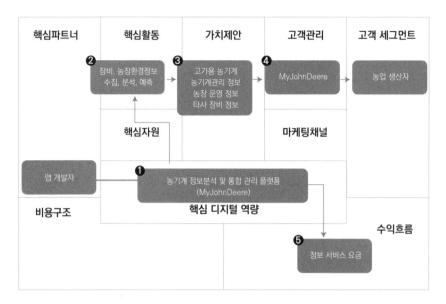

출처: 김종식 박민재 양경란, 디지털 트랜스포메이션 전략, 지식플랫폼, 2019(출판사의 허락하에 인용)

미국의 글로벌 농산업 장비 메이커인 존 디어는 농기계에 센서를 부착하여 장비와 작업 환경에 대한 데이터를 수집할 수 있는 분석 솔루션을 개발했다. 이를 기반으로 농장주들에게 장비의 정비에 필요한 정보 및 농사를 짓는 데 필요한 정보를 통합적으로 관리할 수 있는 솔루션 서비스를 제공하고, 경쟁사와의 차별화된 고객 가치를 제공한다. 또한 MyJohnDeere 솔루션이라는 개방형 플랫폼을 구현하여 타 농기계 장비들이나 농업과 관련된 다른 정보들도 이 플랫폼에 연결할 수 있도록 했다. 이런 정보서비스는 존 디어의 추가적인 수익에 도움을 준다. [22]

3장

기업과
투자의
지속 성장의 길

1. 업스킬링Upskilling과 리스킬링Reskilling 으로 일자리를 되찾는다

- 자동화와 일터

디지털 시대가 열렸다. 자동화와 AI 없이 우리 세상은 더 움직이지 못한다. 작게는 내비게이션 앱 없이 서울이나 뉴욕과 같은 도시, 지방의 작은 마을에 사는 지인을 방문하거나 에어비앤비 숙소를 찾아간다는 것은 대부분의 사람들에게 매우 난감한 일이다.

고객관리에서부터 세일즈, 인사, 재무, 공장 운영, 공급망과 물류망의 관리, 서비스 관리 등 거의 전 분야에 걸쳐 수많은 센서나 카메라 등이 방대한 양의 데이터를 모으고 분석하며 결정을 내리는 데 자동화와 AI 같은 디지털 기술이 활용되고 있다. 이런 시스템은 대부분 사람들의 눈에 보이지 않지만 24시간 쉬지 않고 작동되고 있다.

자동화와 AI가 사람들의 일터를 대체하고 있다. 적어도 다수는 그렇게 생각한다.

컨설팅 업체 Edelman의 설문 조사에 의하면 83%의 직장인들은 현재의 일을 하지 못할 가능성에 대해 걱정을 한다. 53%의 직장인들은 자동화가 그들의 일을 대체할 수 있다고 생각하기 때문에 걱정을 하는 것이다. 한국의 직장인들은 63%가 이런 영향에 대한 우려를 가지고 있다. 인도의 77%를 제외하면 매우 높은 편이다. 경제 불황이나 업무 스킬 부족으로 지금 하고 있는 일을 하지 못할지 걱정하는 비율은 각각 60%, 58%이다. 또 61%의 응답자들은 기술 변화가 너무 급격하다고 생각한다. 66%는 기술의 발전으로 우리가 보고 듣는 것들이 사실인지 아닌지 분간하기 힘들다고 생각한다. 61%는 정부가 이런 새로운 기술을 제대로 이해하지 못하기 때문에 효율적으로 그런 기술을 규제하지 못한다고 답했다.[23]

이 온라인 조사에 의하면 84%가 최고경영자는 미래를 위해 직원들의 업무 훈련을 적극적으로 고려해야 한다고 답했고, 81%는 자동화가 일에 미치는 영향에 대해 논의하고 소통해야 한다고 응답했다. 또 81%는 기술의 윤리적 문제에 대해서도 최고경영자의 입장 표명을 듣고 싶어 한다. 즉 다수의 임직원들은 조직의 리더로부터 자동화에 따른 재훈련을 기대하고 있으며 이를 통해 일터를 잃지 않기를 희망하고 있다.

또 AI나 로봇 등의 기술이 만들어 내는 다양한 윤리적인 이슈들과 문제점에 대한 리더들의 분명한 입장과 방향성에 대한 이해와 동의를 원한다. 30%의 응답자만이 기업이 자동화 같은 기술 혁신으로 영향을 받을 직원들을 해고하지 않고 유지할 것이라고 믿는다. 79%의 응답자들은 이런 환경에서도 직원들을 유지하는 것이 기업의 책임이라고 생각한다. 잠재적 일터 상실에 대한 우려는 대다수 사람들에게 현실적으로 다가온다는 이야기다.

-일터가 사라지고 있다

최근 코로나19 사태는 기업들이나 자영업자들에게 큰 시련을 주고 있다. 일터를 잃었거나 새로 구하는 사람들 또한 시련을 겪고 있다. 코로나19 사태가 장기화되면서 이런 안타까운 현상이 가속화하고 있다. 우리나라의 2020년 10월 취업자 수는 전년도에 비해 42만 명가량 줄어든 것으로 발표되었다.

1964년 미국에서 시가 총액 가치가 가장 높았던 기업은 AT&T였고 직원 수는 759,000명 수준이었다. 현재 시가 총액이 가장 높은 기업 애플의 직원 수는 약 137,000명 정도다. 한 연구 결과에 의하면 미국에서 1990년부터 2007년까지 17년 동안 약 400,000개의 일자리가 공장 자동화로 없어졌다고 한다. 이에 비해 코로나19가 가장 심할 때 기준으로 약 4천만 개의 일자리가 불과 몇 달 사이에 없어졌다고 한다.[24] 많은 기업들이 코로나19 사태가 장기화되면서 비용을 절감하기 위해 자동화를 포함한 디지털 혁신을 적극적으로 수용하면서 일자리 감소가 가속화하였다. 따라서 4천만 개의 일자리 중 상당수는 코로나19 사태가 완화되거나 종식되어도 되돌릴 수 없는 일자리가 될 것이라고 한다.

이 조사 결과에 따르면 자동화 등의 영향으로 약 42%의 일자리가 사라질 것이라고 예측한다. 로봇은 2025년까지 약 2백만 개의 일자리를 대체할 것으로 예측한다. 이미 널리 활용되고 있는 나이트스코프와 같은 로봇은 카메라와 각종 센서 그리고 배터리 파워로 무장해 낮이나 밤에 경비 업무를 수행하고 있다. 청소나 출입자들의 체온을 측정하는 일들은 로봇이나 기계가 사람보다도 더 충실히 잘하는 분야가 되고 있다.

일부 호텔에서는 룸서비스를 요청하면 직원 대신 자비스라 부르는 로봇이 식사나 음료를 방 입구까지 보내준다. 2016년 페이스북 최고경영자 마크 저커버그가 만들었다고 해 유명해진 개인 서비스 로봇이다. 대학이나 병원에서는 Chowbotics라는 기업이 만든 샐리라는 로봇이 코로나19의 감염 가능성을 줄이기 위해 카페테리아의 음식을 사람 대신 서브한다. 우아한형제들은 음식점 서빙 로봇 '딜리플레이트'를 출시해 1년 만에 전국 186개 식당에 241대 도입했다고 한다. 챗봇은 이미 많은 기업에서 고객의 질문이나 요청 사항에 대응하는 용도로 활용되어 왔지만 코로나19 사태로 기업들이 콜센터를 폐쇄하면서 챗봇 사용은 크게 증가했다. 물론 챗봇이 사람처럼 고객의 질문에 정확하고 유연하게 응대하지 못하지만 기술의 발전은 이런 한계를 극복할 것이다.

기업은 항상 효율적 경영을 위해 최소 인원으로 운영을 해 왔다. 자동화 도입으로 특정 부서의 인원 감축이 이루어지기도 했지만 전체적으로 회사의 효율성이 좋아지면서 매출과 생산 볼륨이 늘어나게 되고 이에 따라 다른 부서 직원들의 고용 확대나 창출로 이어지곤 했다.

새로운 디지털 주도 경제 구조에서는 이런 점진적인 인원 감소 현상이 더 이상 적용되지 않는다. 디지털 경제를 주도하는 구글, 마이크로소프트, 넷플릭스, 페이스북, 애플 등의 기업은 많은 수의 직원을 필요로 하지 않는다. 앞서 언급한 것처럼 AT&T는 한때 거의 76만 명의 직원을 고용했으나 애플의 총 직원 수는 불과 137,000명밖에 되지 않는다는 사실은 기업들의 사업 모델과 운영 방식이 근본적으로 달라진 결과다.

J.P.Morgan이 활용하는 AI 프로그램 COIN은 과거 변호사들이 약 36만 시간을 들여 검토하던 기업 융자 계약서 작성 작업을 불과 몇 초 만에 완료한다고 한다. 마이크로소프트가 운영하는 MSN의 기자들이 코로나19 사태로 해고되고 그 자리에 뉴스거리를 찾고 작업을 수행하는 AI를 도입했다고 한다.

자원 재활용 설비에서 일하던 작업자를 로봇이 대신하고 있다. AMP 로보틱스라는 기업이 개발한 이 로봇은 종이, 플라스틱, 유리병 등을 분류하는 작업을 한다. 이런 로봇을 설치하여 운영하는 재활용 업체는 작업자들의 최저 임금이나 휴식 시간, 휴가 등의 문제에서 벗어나게 되어 만족한다고 한다. 관리와 유지 보수만 해 주면 되는 로봇이 사람보다 효율성이 높은 것은 놀라운 일이 아니다.

콜센터에서 사람과 대화를 하는 것이 점점 힘들어지고 있다. 한때 1,000명이 일하던 한 콜센터에서는 100명의 사람과 챗봇으로 고객 응대를 대신한다고 한다. Liveperson이란 소프트웨어 기업이 이런 시스템을 제공하여 사람 의존도를 대폭 줄이고 있다. 이 회사의 챗봇은 코로나19 상황에서 여러 비즈니스에서 채택되고 있다.

예를 들면 약 300개 매장을 가진 한 웨딩드레스 전문 숍은 코로나19 사태로 많은 매장이 정상적으로 운영되지 못하자 Zoey라는 이름의 챗봇을 이용해 매장을 방문하지 못하는 고객들의 문의에 대응한다고 한다. 전화로 연결되는 콜센터 응대는 35%가 줄었고 챗봇으로 상담하는 고객들은 약 3배가 늘었다고 한다.

머지않아 전화 상담의 대부분은 챗봇이 사람을 대신하게 될 것이다. 매장 직원이 줄게 되면서 증가하는 고객들의 온라인 상담도 이제 사람 대신 챗봇이 하게 되면서 사람들의 일자리는 점점 줄어들 수밖에 없다.

– 업스킬링Upskilling과 리스킬링Reskilling

AI와 데이터 과학 그리고 프로그래밍 등의 온라인 과정을 제공하는 유다시티의 최고경영자는 "AI로 향후 10년 동안 10억 명의 사람들이 일자리를 잃게 될 것이다. 코로나19로 약 9년 정도가 앞당겨지게 되었다."라고 했다. 그는 또 "대학 시스템에서 10억 명의 사람들을 재훈련하려고 하면 대학 시스템은 감당하지 못할 것이다."라고 말했다.

과거에는 자동화 기술들이 일반적으로 부분적 또는 점진적으로 적용되었다. 코로나19 사태 이후 기업들은 이런 기술들을 아주 짧은 시간에 광범위하게 적용하기 시작했다. 기업들은 이런 기술을 적용하지 않으면 생존과 지속성을 위협받을 수 있다는 경영 환경의 압력을 받고 있기 때문이다.

결국 자동화로의 가속적인 진행은 많은 일자리에 영향을 주고 있다. 하지만 해고된 직원들의 지식과 스킬을 한 단계 높여 전에 하던 일보다 더 큰 가치를 창출하는 업스킬링이나 기존의 업무와는 다른 새로운 분야에 취업을 하고자 이루어지는 리스킬링에 대한 기업이나 정부의 투자는 매우 소극적이다.

이런 도전적 상황에서 대학 등 기존 교육 기관보다 온라인 전문 교육 기관들의 중요성이 높아지고 있다. 온라인 교육 기관 코세라는 6개월 업스킬링 교육 과정을 80달러 미만으로 제공하고 수료증을 준다. 이 교육을 마치고 새 분야에 취업을 하게 되면 일하면서 온라인으로 해당 분야의 대학 과정을 마칠 수도 있게 된다. 즉 전통적인 방식인 학위를 취득하고 취직을 하는 방식을 특정 분야의 스킬 훈련을 받고 일단 취업을 한 후 일하면서 온라인으로 대학 졸업증을 취득하는 방식으로 전환한다는 것이다. 코세라는 코로나19 사태로 일자리를 잃은 정부 기관 직원들의 재취업 등을 돕는 기관을 상대로 2020년 9월부터 수강 신청을 받아 2020년 말까지 완료하는 과정을 제공한다. 일자리 회복Workforce Recovery 이니시어티브다. 약 3,800 과목과 400개의 특정 분야에 대한 교육을 무료로 제공한다. 개인은 무료 교육 혜택을 받을 수 없다. 당연히 온라인 과정은 일반 학교처럼 교육 인프라 등에 투자할 필요가 없기 때문에 훨씬 경제적인 방식으로 교육이나 훈련을 수행할 수 있다.

업스킬링이나 리스킬링은 코로나19 사태로 일자리를 잃은 사람들을 위한 것만은 아니다. 디지털 혁신이나 변혁으로 인한 변화는 거의 모든 직업과 일자리에 직간접적인 영향을 미치고 있다. 이제 AI와 데이터 과학, 그리고 자동화에 대한 이해와 지식 없이 기존 방식대로 일한다는 것은 경쟁력 상실을 각오하지 않으면 안 되는 시대에 접어든 것이다. 코로나19 사태는 이런 변화를 가속화하는 촉매 역할을 하고 있다.

맥킨지는 2030년까지 약 3억 7,500만 명의 직장인들이 자동화와 AI로 인해 직업을 바꾸거나 새로운 스킬을 배워야 할 것이라고 예측했다. 전체 글로벌 직장인의 14%에 해당하는 숫자이다. 최근 한 조사에 의하면 87%의 중역들은 그들 조직이 이런 변화의 스킬 갭을 겪고 있거나 수년 안에 겪을 것이라고 답했다.[25]

교사들이나 교수들은 이제 원격 강의를 기본으로 진행해야 한다. 줌이나 구글 미트 등 여러 원격 교습 방식은 새로운 강의 진행 방식 스킬을 요구한다. 강의 중에 질문이나 코멘트 등이 채팅방에 뜨면 말이나 문자로 답을 해 주어야 하기 때문에 강사는 더 바쁘게 멀티테스킹을 해야 한다. 원격으로 강의를 하고 듣기 때문에 전보다 각각의 수강생들에게 더 많은 관심과 토론을 유도하지 않으면 그야말로 재미없는 인터넷 강의나 녹화 강의처럼 공감이 없는 일방적인 지식 전달 과정이 될 수 있다.

2019년 영국에서 건강 상담은 대부분 개인 방문으로 진행되었다. 이제 의사들은 100% 전화 상담으로 환자들과 상담한다. 이 중 약 7%만이 개인 면담 상담으로 이어진다고 한다. 영국뿐만 아니라 다른 국가에서도 일어나

고 있는 이런 변화로 의료진들에게는 원격 상담에 필요한 새로운 스킬이
요구된다.

2. 코로나19 시대,
리더십 재건축으로 극복한다

전 세계적으로 스타트업 기업들은 거의 국력에 비례한다. 달리 표현하자면 스타트업 숫자와 질은 국력이고 글로벌 경쟁력이다.

2019년 전 세계 스타트업 기업들은 인도 GDP와 같은 수준인 약 3조 달러의 경제 가치 창출에 기여했다. 코로나19의 영향으로 스타트업에 대한 벤처 캐피털의 투자는 2020년 1분기에 약 20% 감소했다. 중국은 같은 기간에 약 50% 감소한 것으로 알려졌다.[26]

이 자료에 의하면 전 세계 72% 스타트업 기업들의 매출이 평균 32% 감소한 것으로 조사되었다. 코로나19 사태가 정점에 있는 현재의 상황을 고려하면 이런 부정적 영향은 더욱 커질 수 있다. 다음 페이지 표에서 보듯이 여행 관련 스타트업들의 매출은 약 70% 정도 감소했고 자동차업계도 약 43% 정도 감소를 겪고 있다.

코로나19가 글로벌 스타트업에 미치는 영향 <small>(2019년 12월~2020년 6월까지)</small>

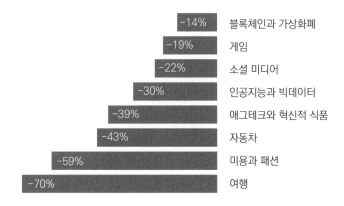

-14%	블록체인과 가상화폐
-19%	게임
-22%	소셜 미디어
-30%	인공지능과 빅데이터
-39%	애그테크와 혁신적 식품
-43%	자동차
-59%	미용과 패션
-70%	여행

출처: How Covid-19 Has Impacted The Global Startup Scene by Niall McCarthy, Statista

컨설팅 회사 엑센추어가 한국을 포함한 15개국 약 6,300명을 대상으로 2020년 3월과 4월에 걸쳐 조사한 결과를 보면 코로나19로 인해 세계 곳곳이 디지털 생태계로 선뜻 진입한 것을 볼 수 있다.

이 조사 결과에 의하면 코로나19로 10명 중 7명은 전보다 더 많은 시간을 온라인에서 보낸다고 답했다. 45%가 온라인으로 교육을 받고 있고 이 중 76%는 이 사태가 종결된 후에도 온라인 교육을 지속할 것이라고 답했다. 약 44%의 응답자가 온라인으로 헬스케어를 접하고 이 중 77%가 이 사태 후에도 온라인 상담을 지속하겠다고 답했다. 전체 응답자의 32%가 온라인 쇼핑을 하는 것으로 조사되었다.[27]

지금은 신체적인 면역이 필요한 만큼 정신적인 면역 또한 필요한 시점이다. 최근 글로벌 협업 체제가 제대로 돌아가지 않거나 무너지면서 각국 도생의 길을 가는 형국이다. 한때 글로벌화는 긍정적이었거나 아름다운 말이었고 세상은 작고 평평하게 되어간다는 믿음이 있었다. 더 이상 이런 믿음이 보이지 않게 된 현상은 우리 모두에게 불안과 혼란을 주고 있다.

시민을 보호하는 것이 기본 미션인 경찰이 최근 미국에서 보인 일련의 난폭하고 인종 차별적 행동은 수많은 사람들의 분노를 불러일으켰다. 미국 시카고시의 경찰차에는 '시민에게 봉사와 보호를We serve and protect'이라는 문구가 칠해져 있다. 지금은 미국에서 이런 문구에 공감하기 힘들다. 경찰이 이제 공포나 위협의 대상이 되고 있기 때문이다. 흑백 갈등 문제가 폭동의 양상으로 표출된 것은 정신적인 면역이 그 어느 때보다 필요한 시점임을 시사한다.

특히 지금 겪고 있는 새로운 사회적, 국가적, 환경적 변화는 잠시 스쳐가는 소나기 같은 현상이라기보다는 장기적으로 고착화될 가능성이 높기 때문에 더욱 그렇다. 정신적 면역은 변화된 환경에 대한 솔직한 인정과 적응 노력에서 출발한다. 그런 의미에서 코로나19 사태 이후 예상되는 변화를 분석해 보는 것은 중요하다.

지구인들에게 지금 공통의 질문이 있다면, 언제쯤 코로나19의 공포에서 벗어날 수 있고 그 후의 세상은 코로나19 이전과 비교하여 무엇이 달라질 것인가이다.

첫 번째 질문에 대한 대답은 백신이나 치료제가 언제 출시되는가에 따라 결정될 것이다. 최근 백신 개발이 진전되어 대량으로 생산되고 투입되고 있다. 간단해 보이는 마스크 구입에도 한때 우리나라를 포함하여 많은 국가 국민들이 어려움을 겪었듯이 백신이나 치료제가 전 세계적으로 통용되는 시점은 2021년 후반이 될 수도 있다.

두 번째 질문에 대답을 한다는 것은 대단히 지혜롭고 용기가 있거나 아니면 어리석은 일이 될 것이다. 미래에 대한 예측은 틀릴 가능성이 매우 높기 때문이다. 마이크로소프트의 CEO 사티아 나델라는 코로나19 사태 이후의 미래는 "모든 것이 원격으로 움직이는 세상"이라고 말했다. 역시 스마트한 CEO답게 미래의 근본적인 변화를 총론적인 짧은 말로 대신했다. 예상되는 미래의 변화를 이런 짧은 말에 다 담을 수는 없다. 하지만 이 표현에는 미래의 변화가 함축적으로 내재되어 있다.

원격은 우리가 사는 시간과 공간을 뛰어넘는다는 의미다. 그래서 아무 곳에서나 접속해 일할 수 있는 시대로 이미 진입하고 있다. 코로나19 사태로 사회적 거리두기라는 말이 일상화가 되었듯 사람들 사이에 공간을 확보하는 일이 중요해졌고 시공간의 제약을 뛰어넘는 원격 소통 수단도 중요해지고 있다.

– 모든 것을 재건축한다 Re-Everything

코로나19 사태가 장기화된다는 가설이 설득력을 얻고 있다. 개인은 물론 비즈니스 조직은 이런 장기화 시나리오를 바탕으로 중단기 생존 계획과 전략을 수립해야 한다. 그야말로 적자생존의 시대라 할 만하다.

모든 것을 재건축해야 한다는 의미는 바로 새로운 환경에 적응하여 생존기를 넘어 지속기를 준비해야 한다는 것이다. 아파트 재건축을 예로 들어보자.

아파트 재건축은 많은 주민들에게 큰 관심거리다. 건축 연한이 오래된 거주지의 가치가 재건축을 통해 커지기 때문이다. 아파트 재건축을 한다고 해서 동네나 지역이 변하지는 않는다. 하지만 주거 지역 환경이 바뀌고 층과 방향, 크기 등이 모두 바뀐다. 이런 이유로 재건축에는 프리미엄이 붙는다. 재건축을 통해 새로운 가치를 창출하기 때문이다.

컨설팅 회사 맥킨지는 리더들이 다음과 같은 자세로 코로나19 사태에 적응해야 한다고 제시했다.[28]

과단성 : 코로나19 사태는 위기 상황에 요구되는 리더십을 필요로 한다. 많은 기업들이 파산 보호 신청을 했거나 준비 중이다. 업에 따라 다르지만 많은 기업들의 매출과 이익이 감소하고 있다. 그래서 비용 절감 노력을 하게 되고 그 과정에서 직원들을 해고하게 될 수도 있다.

이런 상황에서 리더에게는 최대한 조직원들과 함께하는 특별한 결단적 자세와 행동이 요구된다. 임직원들은 이런 전대미문의 불안한 상황에 처하게 되면 리더의 표정과 말, 행동을 통해 시그널을 찾으려고 한다. 즉 눈치를 볼 수밖에 없게 된다. 이런 상황에서 리더의 언행은 조직의 사기와 동기 부여에 큰 영향을 미치게 된다. 특히 임직원의 건강과 안전에 대한 리더의 지속적인 관심, 지원, 보호는 책임 의식을 넘어 조직과 사람에 대한 윤리 의식적 행동이다. 고객들과 공급 및 판매망에 대한 관심과 지원 또한 요구된다.

회복력 : 엄중한 코로나19 사태로 대부분의 비즈니스는 부정적 영향을 받고 있다. 이런 상황에서 리더의 중요한 역할 중 하나는 현금 흐름 확보다. 강한 현금 포지션은 비즈니스의 회복력이나 복원력을 제공해 준다. 금융 기관의 여신 한도에 여유가 있다면 다행이고 그렇지 못하다면 자산 매각을 통해서라도 현금 포지션을 확보하는 것이 그 무엇보다 중요한 일이다.

복귀 : 코로나19 사태가 진정이나 완화 국면에 접어들면 그동안 위축되었던 비즈니스 활동을 빨리 회복할 준비와 역량 확보가 중요하다. 특히 코로나19 사태로 축소 또는 와해된 공급망의 회복이나 대체 전략이 사전에 준비되어야 한다.

재창조 : 포스트 코로나 시대의 여러 변화에 대한 시나리오 경영이 필요하다. 기존 고객들이나 공급망에 대한 변화를 분석하여 대응책을 마련해야 한다. 특히 디지털화가 덜 되었거나 디지털 성숙도가 떨어진 조직은 지금 투자를 하지 않으면 미래 생태계에서 경쟁력을 유지하기 쉽지 않다. 클

라우드와 AI는 기업들이 반드시 확보해야 하는 최소한의 디지털 기술과 역량이라고 할 만큼 보편화되고 있다.

개혁 : 포스트 코로나 시대에는 국민에 대한 국가의 모니터링이나 감시 체제가 강화될 것이다. 코로나19 사태와 같은 위기상황에서 국민의 건강과 안전을 책임지는 국가적 시스템의 성숙도가 도출되었다. 이런 국가의 책임과 의무를 효과적으로 수행하기 위한 디지털 원격 관리 시스템이 강화될 것이다.

탈 글로벌화가 탄력을 받을 것이고 이에 따라 각 국가들의 보호 정책도 예상할 수 있다. 공급망과 제조 공장 등의 지역적 재편도 필요할 수 있다. 우리나라처럼 해외 원자재나 공급망 판매망 의존도가 높은 국가는 특히 이런 보호주의 정책을 주시하고 대비해야 한다.

이 다섯 가지 자세에 한 가지를 추가한다면 바로 재정렬이다.

재정렬 : 코로나19 사태가 예상보다 장기화되면서 기존 사업 목표나 전략 그리고 조직에 대한 수정이 불가피하다. 새로운 환경과 뉴노멀에 따른 전략은 과거의 그것과 다를 것이고 조직이나 예산 등도 제로 기반에서 수립되어야 한다.

제로 기반 예산은 과거의 연장선에서 미래의 매출과 이익의 증감에 따라 연계된 논리를 거부함으로써 출발한다. 원천적으로 각각의 예산 항목이 왜 필요한지를 분석하고 비즈니스 케이스를 따져서 결정하기 때문이다. 일종의 예산 편성 과정의 재건축이다.

– 원격 리빙, 원격 거래

가장 흔한 원격 기기의 예는 리모트 컨트롤러로 TV 채널을 바꾸는 기능이다. 와이파이가 상시 켜져 있는 집의 가전제품들, 예를 들면 에어컨이나 공기 정화기, 보안 카메라 등을 외부에서 접근하여 실내 온도나 공기 오염도를 측정할 수도 있고 애완견을 카메라로 볼 수도 있다. 집 안에 있는 대부분의 기기를 원격으로 작동시킬 수 있다.

이런 원격 컨트롤 기능은 가정뿐만 아니라 드론, 자동차, 트럭, 농업 트랙터, 공장 운영, 인공위성에 이르기까지 거의 모든 분야에 적용되고 있다.

교육도 이미 온라인 공개 수업을 제공하는 코세라나 유다시티 등이 활발히 활용되어 왔다. 최근의 줌, 웹벡스, 구글 미트 같은 실시간 온라인 화상 소통 프로그램은 기존 녹화된 강의의 한계점을 보완하는 편리함과 경제성을 확인시켜주고 있다. 학교나 직장에서 이런 화상 소통 시스템은 향후 지속적으로 활용성이 증가할 것으로 예측된다. 학교나 직장을 오가는 시간과 근무자들의 오피스 공간 유지 비용을 원격 강의나 재택근무로 절약할 수 있다는 인식의 적극적인 전환으로 공간에 대한 개념이 크게 변할 것으로 예상된다.

이미 실리콘 밸리의 유수한 하이테크 기업들은 상당수의 직원들을 상시 원격 근무 형태로 변환을 추진한다는 발표를 했다. 이런 변화는 임시적인 것이 아니라 새로운 근무 형태를 의미한다. 물론 업종에 따라 다르겠지만 그동안 소극적이고 아주 선택적으로 운영되던 재택근무가 자리를 잡아갈 것으로 예상된다. 직장 공간에 대한 새로운 패러다임을 코로나19가 만들어 준 것이다.

사실 필수 불가결한 기능의 임직원이 아니라면 더 이상 비싼 사무실이라는 공간을 두고 매일 출퇴근해 일할 필요가 없다. 과거와 달리 원격 근무를 도와주는 유용하고 다양한 디지털 기술들이 저렴하게 제공되기 때문이다. 과거에는 직원들이 눈에 보이지 않으면 일을 제대로 하지 않을지 모른다는 의구심을 가진 경영진들이 많았다. 경영에 필요한 데이터와 정보가 담당 직원들의 머리나 캐비닛이나 컴퓨터에 보관되어 전 사적으로 통합된 정보가 많지 않았고 보고나 결재라는 프로세스를 거쳐야 했다. 그동안 전화로 진행하던 텔레컨퍼런스도 효율성이 제한적이었다. 이제 원격 근무의 양과 질은 높아졌고, 직원들이 어디에서 근무하든 성과를 측정할 수 있는 다양한 툴이 있어 한 공간에서 대면 근무를 할 필요가 줄어들고 있다.

향후 모든 직원들이 모여서 일하는 대규모 오피스 공간은 줄어들고 상당수의 임직원들이 사무실 외의 공간에서 일하는 추세가 지속될 것으로 예상된다. 그동안 지속적으로 진행되어 오던 도시화의 문제점이 이번 코로나19 사태로 드러나게 되면서 도시 분산화가 진행될 가능성도 높다.

인도, 동남아, 중동 지역의 중역 5,000명을 대상으로 한 설문 조사에 따르면 코로나19 사태 이후에도 10개 중 7개 조직이나 기업의 약 50%는 디지털 원격으로 일하게 될 것으로 예상했다. 80% 이상이 향후 사업 계획에 탄력성을 강화하기 위해 디지털 기술에 대한 투자를 늘릴 것이라고 답했다.

이 설문 조사에 따르면 응답자의 57%는 향후 로봇 프로세스 자동화와 AI, 데이터와 비즈니스 분석, 그리고 머신 러닝 등에 대한 지식과 역량을 갖추어야 한다고 했다.[29]

이미 우리 생활에서 뗄 수 없는 온라인 전자상거래는 대표적인 원격 거래라 할 수 있다. 공간뿐만 아니라 시간의 제한을 뛰어넘는 거래가 가능하니 사실 오프라인 매장이 경쟁력을 유지하기 힘든 것은 당연하다 하겠다. 마지막으로 은행 지점에 간 때를 헤아려 보면 온라인 뱅킹도 이제 뉴노멀이라고 할 수 있다.

컨설팅 회사 엑센추어의 조사 결과에 의하면 코로나19 사태로 온라인에서 보내는 시간이 71% 정도 증가했다고 한다. 헬스케어 문제들을 온라인으로 검색하는 시간도 44% 늘었다고 한다. 이런 온라인 검색 행동이 코로나19 사태 후에도 지속될 것으로 생각하는 사람이 77%라고 하니 10명 중 거의 8명이 온라인으로 정보에 접근한다는 이야기다.[30]

따라서 온라인으로 거래를 하고 교육을 하고 건강을 지키는 세상이 선뜻 우리 눈앞으로 다가온 것이다. 쇼핑몰이나 대규모의 방문객들이 몰리는 상가나 매장, 공연 공간은 규모가 축소되거나 소수의 공간화가 될 것이다. 과거 우리나라에서 유행하던 단체 여행은 향후 경험하기 힘든 일이 될 수도 있다. 고객이나 여행사의 문제가 아니라 특히 비행기를 타고 해외를 가는 일이 지금보다 훨씬 비싸질 가능성이 높기 때문이다. 항공사가 새로운 안전 규정에 맞는 비행기의 승객 좌석 공간을 유지하려면 승객을 과거보다 적게 태울 수밖에 없고 그만큼 비행기 티켓 값은 비싸질 것이기 때문이다. 초창기 비행기 여행이 소수의 여유 있는 사람들에게 한정되었던 것처럼 미래의 비행기 탑승 또한 권력이나 재력이 있는 사람들이 주로 이용할 수밖에 없을 지도 모른다.

　디지털 기술은 이런 여행에 대한 욕구를 사이버 여행을 통해 어느 정도 해결해 줄 수 있을 것이다. 이와 비슷하게 이미 유수한 박물관들을 사이버 공간에서 디지털 기술을 통해 방문할 수 있다. 대영박물관 등은 내가 원하는 시간에 원하는 전시물들을 가상현실 공간에서 방문하고 구경할 수 있다. 아직은 실제 체험적 방문에서 느낄 수 있는 감정 교류의 단계와는 거리가 멀지만 지속적으로 또 급격히 진보하는 디지털 기술은 머지않아 이런 수준의 서비스를 24시간 제공하게 될 것이다.

　사무실도 한때 소통과 협업 그리고 혁신 문화를 장려하기 위해 이미 설치된 칸막이를 없애고 소위 오픈 공간화해 왔다. 향후 사무실에 들어가 일하는 사람들은 과거보다 그 숫자가 적어질 것이고 오픈 공간에 투명 아크릴 보호 커튼을 설치하게 될 것이다. 출장을 가기 힘들게 되니 당연히 온라인 비디오 컨퍼런스는 많아질 것이다. 온라인 회의에 참석자들을 초대하는 것은 추가로 비용이 드는 일도 아니다. 따라서 직장인들은 많은 비디오 회의에 참석을 요청받게 될 것이다.

온라인 회의 참석 횟수가 증가하면서 워라밸 유지가 오히려 더 어려워질 수도 있다. 시도 때도 없이 카톡을 보내는 것 같은 습관을 바꾸지 않는다면 말이다. 어려운 문제가 발생했을 때 얼굴을 맞대고 해결하던 일대일의 솔직하고 인간적인 감성을 기반으로 하는 대화는 더 힘든 일이 될 것이다. 디지털 인프라를 통해 원활한 소통과 적극적인 협업을 도출하는 것은 그리 간단한 일이 아닐 수 있다. 모든 것이 디지털 기록으로 남는 상황에서 솔직하게 새로운 아이디어를 제시한다는 것이 불편해질 수 있기 때문이다.

이런 일련의 사회적 변화는 결국 '미래는 디지털화와 원격화로 작동되는 세상'이라고 할 수 있다. 그런 세계가 반드시 좋고 편리한 것만은 아니라는 사실에 많은 사람들은 공감한다.

예를 들어 안면 인식 기술로 범죄자나 잠재적인 범죄자들을 파악하고 검거하면 범죄율은 낮은 스마트 시티가 될지 몰라도 그런 기술이 단순 실수나 특정 목적을 가진 사람과 조직에 의해 오용되어 선량한 사람들이 피해자가 될 수 있다는 가능성은 심각한 문제를 야기할 수 있다.

또 디지털화는 필연적으로 기능직이나 관리직의 직업이 크게 줄어드는 것을 의미한다. 인공 지능에서부터 로봇까지 사람이 하던 기능을 대체할 기술들이 너무나 빨리 진화하기 때문이다. 그리고 이런 분야로의 직업 전환은 결코 쉬운 일이 아니다.

조직에서도 전통적인 지원부서나 관리직, 즉 본사의 스태프 조직은 디지털화가 확장되면서 영향을 받을 수밖에 없다. 전통적으로 조직 관리자의 역할과 기능을 수행하던 임원들의 역할도 축소될 것이다. 디지털화는 직접 소통의 확대와 증가를 의미하고 중간 매개 그룹의 역할을 약화시키기 때문이다. 탈 중개자 현상이 일어나고 있다.

공인중개사나 무역 중개상, 그리고 여행사들과 같은 중개자 역할이 이제 플랫폼 기업으로 대체되거나 플랫폼 기업과의 협업 형태로 전환되고 있다. 요즈음 코로나19 사태로 어려움을 겪고 있지만 에어비앤비는 많은 여행사들을 대체하는 플랫폼 기업이 된 사례다. 최근 국내 대표적인 여행사인 하나투어가 전통적인 여행 중개자에서 여행 플랫폼 기업이라는 전략을 채택한 것은 바로 이런 환경 변화에 따른 선택이다. 이런 변화로 향후 중개자들의 역할은 지속적으로 질과 양이 축소할 것이다.

- 원격 근무의 교훈과 예측

지난 몇 개월의 짧은 기간에 가장 큰 변화 중 하나가 원격 근무다. 국내 기업들은 선택적으로 원격 근무를 하는 상태지만 미국과 같이 아직도 지속적으로 코로나19가 증가하거나 뚜렷한 감소 추세가 보이지 않는 국가에서는 대부분 원격 근무가 지속되고 있다. 구글 같은 하이테크 기업은 금년 7월까지 원격 근무를 연장한다고 발표했다. 트위터는 직원들이 원한다면 지속적으로 원격 근무를 할 수 있다고 발표했고 페이스북도 약 절반 정도의 직원들이 지속적으로 원격 근무를 할 것이라고 예상했다.

물론 이런 장기적이고 지속적인 원격 근무는 일부 소프트웨어 사업 중심의 하이테크 기업에 해당되겠지만 원격 근무라는 개념을 잠시라도 체험했던 사람들은 처음의 어색함을 넘어 이런 방식으로 일하는 것이 매우 생산적이고 오히려 바람직한 것이라고 느낀다.

미국 갤럽 조사에 의하면 2020년 5월 기준 52%의 미국 직장인들이 자택 근무를 하고 있고 18%가 종종 재택근무를 하고 있다고 답했다. 총 70% 정도가 집에서 일한다는 것이다.[31]

이 수치는 약 1억 명의 직장인들이 재택근무를 하고 있다는 말이다. 이 수치는 7월 중순에는 약 43%로 감소했지만 대단히 높은 비율의 직장인들이 재택근무를 하고 있다. 컨설팅 업체 가트너의 조사에 의하면 앞서 언급한 하이테크 기업 외에도 82% 기업들이 지속적으로 어느 정도의 재택근무를 허용할 것이라고 한다.

원격 근무에서 활발히 사용되고 있는 줌 프로그램은 2019년 12월 하루 평균 1천만 명이던 사용자들이 2020년 3월에 이미 3억 명을 넘어섰다고 한다.

앞서 언급했던 클라우드의 한 작은 부분이던 DaaS$^{Desktop\ as\ a\ Service}$도 이런 원격 근무 모드 전환으로 새로운 비즈니스 기회를 맞고 있다. 즉 조직은 원격 근무를 하는 직원들에게 랩탑 컴퓨터 등을 제공하고 직원들은 일하는 데 필요한 소프트웨어나 프로그램을 고성능의 원격 컴퓨터에 연결하여 사용하게 된다.

코로나19 사태로 디지털화가 사회 전 분야에 짧은 시간 동안 거대한 변화를 유발하면서 이런 변화에 대한 적응은 큰 도전이 된다. 호모사피엔스는 놀라운 환경 적응 능력을 보여 왔지만 일반적으로 단기간에 경험하는 급격한 변화는 혼란과 스트레스로 다가온다. 단시간에 큰 변화에 적응한다는 것은 의지나 노력과는 달리 사실 힘든 일이기 때문이다.

디지털화가 사회 전반을 지배하면서 디지털 병이나 디지털 트라우마에 걸리는 사람들도 많아질 것이다. 2019년 우리나라 평균 1인당 스마트폰 사용 시간이 3시간 40분이라고 보도되었다. 사실 지하철 등에서 스마트폰을 보지 않는 사람은 조는 사람들뿐이라는 말이 과장되게 들리지 않는다. 길을 건너는 학생들은 대부분 차가 정지하는가에 관심을 두기보다는 스마트폰에 얼굴을 묻고 걷는다. 대한민국이 아니라 카카오톡 공화국이라고 할 수 있을 만큼 우리는 이미 디지털 중독이라는 병에 걸려있다고 할 수 있다.

앞으로 전개될 디지털 세계에 대한 혼란과 두려움은 이런 디지털 중독이 디지털 우울증으로 전이될 수도 있다. 디지털화에 적응하지 못한다고 느끼는 사람들은 조직이나 사회에서 낙오되는 감정, 즉 디지털 우울증을 겪을 수도 있기 때문이다.

3. 당신이 투자하는 기업에는 4개의 키스톤이 있는가?

키스톤은 캡스톤이라고도 불린다. 쐐기돌을 의미한다. 아래 그림에서 보듯이 아치 형태의 구조물 정점에 놓이는 쐐기 모양의 목재나 돌을 말한다. 이 쐐기 역할을 하는 목재나 돌이 없다면 아치 모양의 구조물은 그 무게를 감당하지 못하고 무너지게 된다. 특히 고대 석조 건축물, 신전이나 성당, 교회, 모스크 그리고 다리 등의 아치 구조물에서 흔히 볼 수 있다. 웅장한 전체 구조물의 형태와 균형을 유지해 주는 가장 중요한 역할을 한다고 할 수 있다.

다음 페이지 사진은 스페인 세고비아시에 있는 고대 수로를 받치고 있는 석조 다리다. 약 1세기에 로마인들이 건설해 리오프리오 강에서부터 15킬로미터 떨어진 도시 세고비아까지 물을 끌어 오기 위해 만들어졌다. 최대 높이가 28.5미터로 이중 아치 구조를 가지고 있다.

전체가 정교한 돌을 다듬어 만든 구조물인데 각 아치 중앙에 쐐기돌,

키스톤

키스톤

즉 키스톤이 이 거대한 석조 아치의 하중을 지면으로 분산시켜준다. 부분적인 수리가 이루어졌지만 이런 구조물이 무려 2천 년이 지난 오늘날까지 위풍당당한 모습을 유지할 수 있었던 가장 중요한 부분이 키스톤이다.

그럼 조직이나 기업을 유지하고 존속시키는 키스톤은 무엇일까?

조직의 비전과 미션 그리고 핵심가치인가? 모든 조직이 멋진 비전과 미션 그리고 핵심 가치로 홈페이지를 장식하고 있지만 실제로 그런 방향으로 조직이 운영된다고 믿는 직원들은 신입 사원을 빼고 나면 많지 않다.

그럼 조직을 이끄는 최고경영자인가? 수많은 사례가 보여주듯이 좋은 성품과 뛰어난 역량을 가진 리더조차도 새로운 환경이나 변화하는 경쟁 상황에서 조직을 혁신적으로 체질 개선시키지 못하면 키스톤의 역할을 할 수 없다. 특히 디지털 변혁의 시대, 필수라고 할 조직의 디지털 트랜스포메이션은 많은 최고경영자들에게 가 보지 않은 길을 찾아가야 하는 도전 과제다.

그렇다면 제품과 서비스의 차별화를 만들어주는 기술인가? 기술의 수명은 계속 짧아지고 있다. 예를 들면 자동차 한 모델을 개발하는 데 1980년대 30개월 정도가 걸린 것에 비하면 1990년대에는 18~20개월로 줄었다. 자동차나 스마트폰, 가전품들이 고장이 나서 교체하는 경우도 있지만 새로운 모델들이 멋진 디자인과 기능을 선보이게 되어 구매 욕구를 자극하여 구매를 하는 경우가 훨씬 많다. 소비자들은 새로운 제품과 서비스의 빨라진 사이클에 익숙해져 새로운 것을 찾게 된다.

또한 1년 반에서 2년마다 컴퓨터의 연산 능력이 2배 이상 빨라진다고 하는 연산 가속의 법칙이 디지털 기술의 속도와 방향을 가늠하기 힘들게 만든다. [32]

그럼 뛰어난 전략인가? 아무리 뛰어난 전략도 디테일한 실행과 조직적 역량 그리고 디지털 생태계에 필요한 외부 협력 업체들과 유기적인 운영을 제대로 하지 못하면 의도했던 결과를 얻을 수 없다.

그럼 실행과 운영을 하는 사람과 조직인가? 싸움 잘하는 용병들이 전투에서 이길 수는 있어도 전쟁을 승리로 이끌지는 못한다. 인재가 모여 있는 조직이라고 하여 반드시 좋은 성과가 난다는 보장은 없다. 인재들이 창의적이고 혁신적으로 일할 수 있는 조직의 리더십과 문화가 뒷받침되지 않는다면 더욱 그렇다. 그리고 환경과 기술이 급격히 바뀌면서 인재들의 유

디지털 시대 바람직한 조직의 네 개의 키스톤

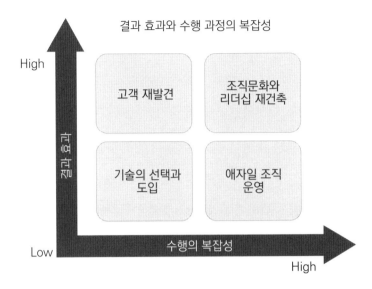

효기간이 점점 짧아지고 있다.

디지털 시대 바람직한 조직의 네 개의 키스톤을 수행 과정의 복잡성과 결과 효과로 프레임을 만들면 위의 표와 같다.

– 첫 번째 키스톤: 고객 재발견

고객이란 현재 제품이나 서비스를 애용하고 있는 충성도가 높은 고객과, 관심은 있지만 실제 구매 결정을 하지 않은 잠재적인 고객을 모두 의미한다. 잠재적 고객의 관심을 이끌어 새로운 제품이나 서비스를 이용해 보도록 유도하는 것이 디지털 마케팅의 핵심 활동이다.

마케팅이나 세일즈 분야에서 일하는 사람들은 고객을 잘 이해한다고 생각하는 경향이 있지만 실제로 고객의 생각을 제대로 정확하게 이해하는 것은 어려운 일이다. 과거 고객들은 고객 만족도를 조사하면 이런저런 의견과 제안을 해주기도 하고 제품과 서비스를 만드는 데 고객의 불만 사항이나 목소리를 반영하기도 했다. 하지만 이제 고객들은 더 이상 불만을 이야기하지 않는다.

특히 B2C 비즈니스의 경우 고객들은 쉽게 다른 대안을 찾을 수 있기 때문이다. 예를 들어 특정 호텔이나 에어비앤비를 통해 투숙을 한 경험이 만족스럽지 않은 경우 평가별을 한두 개 주고 솔직한 후기를 남기고 스마트폰에서 다른 숙소를 찾으면 되기 때문이다. 내가 불만스럽다고 지적한 서비스를 숙소가 향상시킬 것인지에 대한 관심을 가질 필요가 없다. 대안 찾기가 그야말로 손끝이나 스마트폰 안에 있는 환경이기 때문이다. 따라서 고객 충성도를 기대하기 힘들다. 충성도 높은 고객은 당연히 중요하다. 하지만 제품이나 서비스 대안이 넘치는 디지털 세상에서 고객들은 노마드 고객이 되기 쉽다. 즉 충성도 높은 고객만큼이나 잠재적인 고객이 중요하다.

디지털화와 인공 지능으로 고객들에 대한 이해도와 접근성이 높아지고 있다. 제품이나 서비스 광고는 이제 고객을 따라다닌다. 예를 들어 스타트업인 옴니어스는 국내 최초로 AI를 활용하여 패션 이미지를 자동으로 인지, 태깅하는 서비스를 상용화했다. 옴니어스 태거를 활용하면 패션 이미지에서 상품을 인식하여 상품의 속성인 종류, 색상, 소재뿐만 아니라 스타일, 기장, 목선, 신발의 굽 높이 등 정보를 텍스트 형태로 추출할 수 있다. 태깅이 된 정보로 라벨링 업무를 자동화하여 고객이 원하는 상품을 검색하기 쉽도록 키워드 검색과 필터링 기능도 수행해 준다. 이런 디지털 기술과 서비스는 고객의 인터넷 검색을 분석하여 관심 분야에 대한 정보를 제공해 준다. 데이터 마이닝이다.

온라인 거래상의 평균 상품 구매 전환율이 1.33%인데 이 분야의 선두 주자인 아마존의 전환율은 9.78%라고 한다. 고객의 온라인 검색 데이터와 관심 상품을 추적, 분석하여 고객에게 적극적으로 추천해 주는 데이터와 기술 역량을 다른 업체들보다 잘 활용하기 때문이다.

고객의 라이프사이클 비용이 중요하고 충성도 높은 고객의 경제 가치가 높다는 사실은 미래에도 크게 바뀌지는 않을 것이다. 하지만 디지털 기술과 인공 지능 활용으로 이제 고객을 내 상품과 서비스로 전환할 수 있는 기회가 높아지고 있다. 그리고 이런 기회는 노력을 많이 해서 얻어지는 것이 아니라 디지털 기술과 인공 지능 활용으로 얻을 수 있다.

– 두 번째 키스톤: 애자일 조직 운영 방식

과거 데이터의 가치는 시간이 가면서 떨어진다. 디지털 세상은 실시간 데이터와 정보를 중요시한다. 실시간 데이터와 정보를 통해 미래를 예측하고자 모두 노력한다.

애자일 조직이란 데이터와 디지털 기술을 활용하여 빠른 학습과 실험을 통해 신속하고 환경에 맞는 유연한 결정을 내리는 네트워크 조직을 말한다. 과거에도 그리고 지금도 존재하는 경직된 부서별, 수직적인 조직과 대비된다. 규모가 큰 조직일수록 신속하고 유연한 결정을 내리기가 힘들다. 그런 조직의 속성을 극복하려면 애자일 조직이 필요하다.

컨설팅 회사 캡제미니의 조사 결과에 의하면 83%의 기업들이 애자일 조직으로의 전환을 목표로 한다고 한다. 애자일 조직의 특징은 다음과 같다.

빠른 피드백

고객 솔루션 해결

권한 위임을 받은 팀 구성

자율 조직 팀

짧은 제품 서비스 개발 사이클 타임

빠른 문제 해결

지속적인 실험, 측정, 학습

불확실성 인정

투명하게 운영

미래 지향적

리스크의 조기 발견

Cross-functional하게 운영

고객 참여

평평한 조직

권한 격차가 적은 조직

애자일 조직으로의 변환을 위해서는 조직 문화의 구축, 리더십과 거버 넌스 확립, 조직과 프로세스 변환, 그리고 새로운 툴과 기술이 요구된다.[33] 캡제미니 컨설팅 회사가 제시하는 이 네 가지 변환 요인들을 살펴보자.

기업 문화가 강하고 독특한 기업으로 넷플릭스가 종종 거론된다. 잘 알 려진 대로 넷플릭스는 코로나19 사태로 사람들이 집에 있는 시간이 많아 지면서 영화나 드라마 스트리밍 서비스 회원 가입자들이 늘어, 그야말로 잘 나가는 글로벌 기업이다. 이런 기업은 스트리밍 주제나 프로그램에 대 한 고객들의 반응과 선호도를 실시간으로 점검하고 그에 따라 다양한 프로 그램을 기획하고 제작해야 하는 애자일 조직을 구축해야 한다.

넷플릭스의 최고경영자 리드 헤이스팅스는 이런 강하고 애자일한 문 화의 신봉자라 할 수 있다. 넷플릭스는 임직원을 올림픽 선수단에 비유한 다. 이런 기업 가치는 넷플릭스가 때론 잔인할 정도의 솔직한 대화와 성과 관리를 하는 것의 토양이다. 넷플릭스 웨이라고 부르는 회사의 핵심 가치 와 문화는 '자율성과 책임'이다. 휴가를 가고 안 가고는 각자 직원들 결정 의 몫이고 회사는 신경을 쓰지 않는다. 심지어 출장 시 이용하는 비행기의 등급 결정도 회사의 규정이라기보다 임직원들의 판단에 따라 결정한다. 좀 애매하고 불편할 수 있는 결정이다. 심지어 500명 정도의 디렉터급 이상은 모든 직원들의 급료를 볼 수도 있다.[34]

이쯤 되면 많은 기업들이 넷플릭스 같은 조직 문화를 구축한다는 것이 쉽지 않음을 이해할 수 있다. 이 회사의 임직원들은 소위 '팀원 지키기 테스트Keeper test'를 수행한다. 팀원을 유지할 것인가 해고할 것인가를 결정하는 테스트다. 어떤 직원의 성과가 만족스럽지 않을 때 매니저는 이 직원이 계속 근무해야 할 이유가 있다면 판단하면 해고해야 한다고 생각하는 사람들을 설득해야 하고, 그렇지 않을 경우에는 이 직원을 해고해야 한다. 이 일을 제대로 수행하지 못하면 매니저도 무능하다고 평가되고 해고될 수 있다. 넷플릭스에서 직원을 해고하는 일은 일종의 생존 싸움으로 피할 수 없는 덕목 중 하나다. 해고는 직원들에게만 적용되는 문제가 아니고 임원급들도 해당된다.

임직원을 채용할 때 넷플릭스는 문화적 동질성과 일에 대한 역량을 각각 50% 정도로 적용한다고 한다. 보통 기업들이 평균 80% 역량에 20% 정도를 문화적인 동질성에 기준을 두는 것에 비하면 문화적인 동질성을 매우 중요시한다는 것이다.

이런 문화와 핵심 가치는 조직의 복잡성과 관료주의 대신 직원의 의사 결정 능력, 근무 방법이나 직원 통제 대신 성과에 대한 집중, 그리고 유연성 향상과 위험 감수를 통해 창의력과 혁신을 촉진하고자 하는 목적을 뚜렷하게 만드는 것이다. 적어도 리드 헤이스팅스와 최고 경영진들은 이런 경영 방식이 혁신적이고 높은 성과를 내는 넷플릭스의 문화적 에너지라고 생각하는 것으로 보인다.

애자일 조직의 사례로 네덜란드 금융 기업 ING가 많이 거론된다. 2015년 ING는 구글, 넷플릭스, 스포티파이와 같은 기업에서 시행되고 있는 애자일 조직과 운영 모델을 도입했다.

ING가 이 모델을 도입한 동기는 고객들이 다양한 디지털 금융 서비스 채널에 노출되면서 전통적인 방식의 금융 서비스에서 벗어나 혁신의 필요성을 느꼈기 때문이다. 고객들에게 ING 채널 안에서 개인 금융 상담을 할 수 있는 지점 방문에서부터 실제 투자와 거래가 이뤄지는 온라인 서비스를 불편 없이 제공하는 것을 목표로 진행되었다. 온오프라인의 원활한 금융 서비스를 통해 고객 손실을 최소화하고 고객 만족도를 높이고자 한 것이다.

애자일 조직의 운영으로 ING는 새로운 서비스의 개발에서 출시까지의 시간을 줄이고 직원들의 몰입도와 생산성을 향상시켰다고 한다.[35] 보고서에 따르면 ING는 직원들에게 권한 위임을 해서 조직의 유연성을 확대하고 관료주의를 최소화하여 변화하는 상황에 신속하게 대처할 수 있는 조직을 구축하고자 했다. 여러 기능을 하나의 팀으로 묶어 구성했는데 이를 스쿼드Squad라고 부른다. 9명으로 구성된 스쿼드에는 마케팅, 고객 관리, 제품 개발, 사용자 체험 설계, 데이터 분석, IT 전문가 등이 포함되어 있다. 다양한 전문 역량을 가진 팀의 미션은 고객에게 다양한 솔루션을 제공하는 데 있다. ING 애자일 조직은 9명으로 구성된 350개의 스쿼드와 이들을 묶은은 13개의 트라이브Tribe로 구성되었다.

ING는 이런 조직을 만든 데 네 가지 의미를 두고 있다.

첫째, 소수의 매니저가 조직을 운영하는 것에서 벗어나 IT 부서와 고객 관련 부서가 같은 사무실에서 스쿼드로 나뉘어 고객을 위한 솔루션을 지속적으로 실험하고 개발 출시할 수 있는 협업적 방식으로 일을 한다는 데 있다.

둘째, 애자일 방식을 저해하는 전통적인 부서, 위원회, 프로젝트 매니저와 디렉터 등의 관리 체제를 벗어나 새로운 역할과 관리 시스템을 도입한 것이다.

셋째, 과거 일 년에 대여섯 개의 큰 프로젝트를 수행하던 방식을 2주에 한 번 정도의 주기로 고객을 위한 소프트웨어를 출시하는 것이다. 모바일 선두 은행이 되기 위해 IT 팀원들과 고객을 위한 서비스 개발팀들이 통합적으로 일하는 방식을 의미한다.

넷째, 전통적인 조직에서는 몇 개의 프로젝트를 하는가와 관리 인원의 수에 따라 매니저들의 대우나 급료가 결정되었지만 애자일 조직에서는 지식과 전문성으로 전환되었다.

ING의 애자일 조직화 시작과 진행에서 얻은 중요한 레슨을 정리하면 다음과 같다.

1. 애자일 조직에 포함한 기능은 본사 조직의 마케팅, 서비스 개발, 채널 관리와 IT 부서였다. 인사, 재무, 법무 부서와 콜센터, 지점과 운영팀 등은 제외했다. 특정 부서는 독립성이 요구되었고 운영상의 문제로 애자일 조직에 포함되지 않았으되 이 부서들도 좀 더 자율적으로 일하고 결정하는 방식을 도입했다.

2. 2014년에 시작된 이 변화는 전략과 비전 수립 후 약 8~9개월 후에 전 본사 조직에 시행되었다. 실행 전에 두 달에 걸쳐 시범 조직을 기획하는 작업을 했다. 동시에 대여섯 시범 스쿼드를 구성하여 이들을 통한 학습을 토대로 조직 구성, 일하는 환경, 그리고 전체 애자일 구성에 반영했다. 그후 팀을 선정하고 새로운 환경을 구성하는 실행에 집중했다.

3. 애자일 조직이 성공하려면 기존의 조직을 포기해야 한다. 전 조직과 관리 시스템을 유지하면서 애자일 조직을 제대로 운영할 수 없다. 본사 직원들이 기존의 조직을 버리고 새로운 조직에 지원하는 과정을 거치면서 40% 정도가 전과 다른 일을 하게 되었고 일부 직원들은 회사를 떠나기도 했다.

4. 애자일 조직과 운영은 새로운 문화를 의미한다. 이런 변화는 단기간 교육 프로그램 등으로 정착되지 않는다. 이런 문화는 임직원들의 주인의식, 권한 위임, 고객 중심 사고와 행동 등을 의미하기 때문이다. 리더들은 이런 변화의 롤모델이 되어 에너지와 리더십을 발휘해야 한다. 예를 들면 3주간의 애자일 시스템에 대한 오리엔테이션 과정의 일환으로 참가자들은 한주간 고객 콜센터에서 일하는 것이 포함되어 있다.

5. 신입 직원들의 채용 과정도 변화에 포함되었다. 같이 일할 팀원들이 누구를 채용할 것인가를 결정한다. 단 리더는 마음에 들지 않는 신입사원을 채용하지 않을 거부 권한을 갖는다. 하지만 이런 거부 권한을 행사한 리더는 없다고 한다.

6. 사무실은 최대한 개방 공간화하여 소통과 협업을 촉진하고 회의도 대부분 자유롭게 의견 교환을 할 수 있는 형식으로 진행되었다. 보수적이던 은행의 소통방식과 근무 환경이 하이테크 기업처럼 변화했다.

7. 과거 ING의 IT 부서원의 성공은 매니저가 되어 다른 직원들이 코딩을 하는 것을 관리하는 것이었다. 애자일 조직에서 중요한 역할을 하는 IT 조직의 문화적 변화는 구글처럼 IT 팀원들이 코딩이나 엔지니어링 일을 하는 것에 의미와 보람을 느끼도록 문화를 만들어 가는 것을 말한다.

8. ING는 궁극적으로 금융 분야를 전문으로 하는 하이테크 기업이 되고자 한다. 그래서 다른 금융 회사 대신 구글이나 넷플릭스, 스포티파이와 같은 기업을 벤치마킹한다.

9. 전통적인 조직이 없어지면서도 조직이 원활하게 작동되는 메커니즘은 스쿼드에서 출발한다. 각 스쿼드는 팀의 목적을 명기해야 하고 그런 목적이 어떻게 고객에게 영향을 주는지 측정하는 방식에 합의해야 한다.

10. 분기별 사업 리뷰에서는 각 트라이브가 무엇을 달성했는지, 무엇을 학습했는지를 공유한다. 그리고 성공을 축하하고 실패도 응원하며 다음 분기에는 무엇을 달성하고자 하는지에 대한 계획도 리뷰에 포함된다. 이런 소통 과정을 통해 다른 트라이브와 스쿼드가 하는 일들이 서로 연결된다.

11. 애자일 방식의 리스크는 각 스쿼드가 고객을 위한 소프트웨어에 집중하다 보면 파괴적인 혁신보다는 점진적인 혁신이 될 가능성이 높아질 수 있다는 것이다. 또 각 스쿼드에 자율성이 높아지다 보면 조직의 전략과 다른 방향으로 갈 수가 있다. 따라서 앞에서 언급한 분기별 사업 리뷰와 같은 메커니즘을 통해 방향성의 일관성, 즉 얼라인먼트를 확인해야 한다.

12. 다른 기업이 애자일 조직을 구축하고자 한다면 다음 두 가지 질문

이 필요하다. "애자일 조직의 목적은 무엇인가, 애자일 조직을 만들기 위해 무엇을 포기할 수 있는가?"

첫 번째 질문이 중요한 이유는 애자일 조직은 회사 전체가 새로운 방향으로 가는 것을 의미하기 때문에 모든 조직원들이 목적을 이해하는 것이 중요하다. 두 번째 질문이 중요한 이유는 리더들을 포함해 지금까지 일하던 방식을 변화시키는 것이기 때문이다.

ING는 전통적인 수직적 조직, 정형화된 회의, 과도한 엔지니어링, 자세한 계획과 사전 지침 대신 권한 위임된 팀 구성, 비정형적 네트워크와 광범위한 적용을 통해 업종의 관점을 보다 넓게 보려는 방향과 전략을 목표로 했기 때문에 과거 운영시스템의 많은 부분을 포기하지 않으면 안 되었다는 것이다.

리더십과 거버넌스 확립, 얼라인먼트와 자율성

전통적인 조직은 기능이나 사업부 중심으로 구성되고 관리되어 왔다. 기능이나 비즈니스 성과 관리가 중요시되던 환경에서 이런 조직은 중요하게 작동되었다. 하지만 디지털 시대에서 경쟁을 하기 위해서는 이런 종적인 분명함과 책임제보다는 횡적인 조직의 힘이 요구된다. 즉 큰 부서가 작은 팀으로 쪼개져 이런 팀들이 자율적으로 조직의 근간을 이루어 고객의 문제를 해결하고 성과를 달성한다.

일본 쿄세라의 이나모리 가즈오 전 회장이 주창했던 아메바 경영이나 홍콩 의류업의 강자 리앤펑 같은 기업의 팀이나 셀 경영 철학과 접근 방법이 이런 예다. 규모가 큰 사업부나 고정된 기능을 수행하는 부서들이 급변하는 디지털 데이터 환경에서 거의 실시간으로 효율적이고 자율적인 결정을 내리는 것은 쉽지 않다. 셀이나 팀들에게 결정에 필요한 권한을 대폭 위임하고 스스로 조직을 꾸려 성과를 이루도록 유도하는 조직 리더십은 애자일 조직의 중요 요소다.

물론 팀들이 전체 조직의 비전과 전략 그리고 사업 계획과 목표를 이해하고 공감을 느낀다는 조건에서 이런 조직은 힘을 발휘한다. 팀들과 회사 경영진과의 파워 거리가 가까워야 한다는 말이다. 디지털과 원격 기술의 발전은 이런 파워 거리를 과거보다 훨씬 더 가깝게 해 줄 수 있다.

즉 팀장이나 셀 리더들이 작은 목표나 성과에만 파묻혀 전체 조직의 비전이나 목표 등 큰 그림을 보지 못할 위험성을 최고 경영진은 인식하고 그런 고립성을 막기 위해 체계적인 소통을 통해 팀들이 성과를 낼 수 있는 환경을 만들어 주어야 한다.

비유를 하자면 자동차 내부 부품들에게 마치 운전자가 운전 시 도로를 바라보고 느끼는 그런 정보를 공유해야 한다는 말이다. 부품 한두 개가 문제를 일으키면 차량 전체가 움직이지 못하거나 안전을 위협할 수 있기 때문이다. 팀들이 조직의 방향과 문제의식을 공유해야 조직이 수시로 상황에 맞는 결정을 내리며 최적의 운영을 할 수 있는 것은 당연지사다. 이런 방향성의 공유와 일관성이 바로 얼라인먼트다.

애자일 조직의 리더십에는 얼라인먼트가 거버넌스의 한 축이 될 수 있다. 문제는 너무 얼라인먼트에 초점이 맞추어지다 보면 자율성이 훼손될 수 있다. 얼라인먼트는 경영진의 룰이나 조직 내 표준 프로세스가 수반된다. 다음 표는 얼라인먼트와 자율성을 한 예로 보여준다.

바람직하고 이상적인 조직 운영의 거버넌스는 높은 자율성과 분명한 얼라인먼트가 적절히 밸런스를 이루는 것이다.

스포티파이는 스웨덴에 본사가 있는 상업적인 음악 스트리밍 서비스 기업이다. 이 회사에서는 몇 년 전 엔지니어링 그룹을 8명의 자율적인 팀, 그들이 스쿼드라고 부르는 소규모 팀으로 나누기로 결정했다. 각 팀은 회

얼라인먼트와 자율성

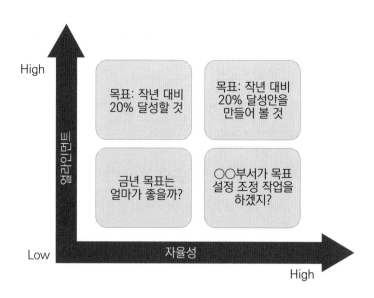

사가 추구하는 사업과의 얼라인먼트도 중요하지만 프로젝트에서 자율성을 가지고 일하는 것이 중요하다고 판단했다. 회사 규모가 커지면서 엔지니어링 그룹이 빠른 페이스로 일하는 것이 기존 조직으로는 불가능하다고 결론을 내렸기 때문이다.

팀의 자율적 프로젝트 선택을 허용하는 것은 처음에는 관리하기 어려웠지만 이 회사는 어떻게 관리할지 방법을 배워 나갔다. 우선 회사는 내부적으로 "자율적으로 일하지만 제품이나 서비스를 타협하지 않는다."라는 내부 지침을 채택했다. 그들은 재즈밴드처럼 조직을 운영했다. 각자가 전문가답게 자율적으로 각자의 악기를 연주하지만 다른 연주자와의 소통과 교감을 통해 전체 음악의 흐름과 템포에 집중해야 하듯이. 앞선 표에서 보듯이 조직의 방향, 전략과의 얼라인먼트와 팀의 자율성 조화의 접점을 찾고자 한 것이다.

이를 통해 이 회사는 팀의 느슨한 경계를 설정하고 높은 수준의 자율성을 유지할 수 있었다. 팀 리더들은 매 분기마다 회사의 제품 전략과 단기 목표를 같이 논의하고 합의한다. 그 결과 창의적인 환경과 신뢰할 수 있는 제품을 만들 수 있었다.**36**

목표 및 주요 결과Objectives and Key Results, OKR는 이런 얼라인먼트를 효과적으로 가능하게 도움을 주는 툴이다. OKR은 팀 구성원과 리더가 측정 가능한 결과로 회사와 팀 및 개인 목표를 연결해 주는 얼라인먼트를 가능하게 만들어 준다. OKR 소프트웨어는 이런 연결고리를 쉽게 구현해 준다.

OKR은 팀원들이 직장에서 자신들에게 기대하는 기대치를 측정하여 가급적 수치화하고 투명하게 운영되어야 한다. OKR은 서너 개 정도의 목표를 설정하여 각 목표에 따라 측정 가능한 결과를 측정한다. 각각의 결과는 일반적으로 %나 수치로 측정하게 된다. OKR은 팀의 성과를 달성하도록 운영되어야 한다.

즉 팀원들 각각의 성과 관리는 OKR과는 별개로 관리되어야 한다. 그렇지 않으면 앞서 언급한 팀의 고립성과 전체 조직과의 얼라인먼트를 달성하기 어렵다. 팀원들이 OKR에 얼마나 기여했는지 측정하기 위해 동료들의 피드백을 구하는 것은 중요하지만 성과 관리를 OKR과 직접 연결하는 것은 피하는 것이 좋다.

조직과 프로세스 변환

애자일 조직을 구축하려는 이유는 간단하다. 신속한 결정을 통해 시장의 변화와 흐름을 선도할 수 있는 제품과 서비스를 빨리 출시하는 것이다. 그래서 종적이거나 기능 부서 위주의 조직 구조는 이런 환경 변화의 속도에 맞지 않을 수 있다.

전통적으로 조직원들은 기획을 하고 다른 부서의 협조를 구하기 위해 많은 회의를 거쳐서 조율해야 하고 경영진의 결재를 받아야 한다. 결재를 받기 위해 많은 시간과 노력을 들여 데이터를 구하거나 자료를 만들고 준비한다. 경영진이 미흡한 부분을 지적하거나 보완을 주문하면 이런 시간과 노력은 지속될 수 있다. 상당 부분 진전된 프로젝트를 수정 보완하려면 처음부터 시작하는 것보다 오히려 많은 시간과 노력이 필요한 경우도 있기 때문이다.

또 다른 문제는 부서원들 대부분이 각자 맡은 일로 바쁘다는 데 있다. 모두 이런 형태로 일을 하다 보니 바쁠 수밖에 없다. 이런 문제를 해결하려면 어떻게 조직 운영을 해야 하는가?

첫째, 가장 중요한 운영의 룰은 조직 내 데이터, 지식, 정보들의 투명성과 공유다. 데이터나 정보는 인체의 혈액처럼 조직 내 팀원들에게 투명하게 실시간으로 제공되어야 한다. 이런 정보의 투명성과 인프라 구축 없이는 애자일 조직 운영을 할 수 없다.

둘째, 조직에서 진행되고 있는 수많은 과제나 프로젝트 중에서 외부 협력 업체가 잘 수행할 수 있는 부분과 반드시 조직 내에서 수행해야 하는 것의 구분과 결정에 대한 전략적 룰이나 가이드라인이 필요하다.

셋째, 반복되거나 되풀이되는 일들의 적극적인 자동화와 디지털 분석 기능을 통해 많은 일들을 신속하게 처리해야 한다.

넷째, 자동화하기 힘든 고객의 특별한 요청이나 예측할 수 없는 일들,

제품과 서비스 개발과 같은 유형의 과제나 프로젝트는 애자일 팀들이 수행한다.

다섯째, 모든 프로젝트 팀의 업무 진행 사항은 팀원들과 상사들에게 공개되어 필요한 의견 교환이나 요청 사항을 사전이나 사후 보고나 결재, 승인이 아닌 프로젝트 관리 운영 플랫폼에서 실시간으로 진행한다.

최적의 도구와 기술

애자일 조직에서 디지털 기술과 도구를 적절히 채택하는 것은 중요한 결정 사항이다. 예를 들어 Taskworld, Trello, Hansoft, MS 프로젝트 매니지먼트와 같은 프로젝트 관리 프로그램은 애자일 조직화에 도움이 된다.

팀들과의 소통이나 협업, 프로젝트 진행 과정, 성과 관리까지 통합적으로 설계된 이런 프로그램은 쉽게 활용할 수 있다. 이런 툴의 사용은 프로젝트 관리를 넘어 프로젝트 진행과 성과에 대한 투명성을 보여준다. 혼자 또는 소수의 팀원들이나 팀장들만의 고립되거나 차단된 소통과 정보, 성과의 공간을 제거하여 운영의 투명성과 민주적인 프로세스를 만들어 주는 역할을 할 수 있다.

애자일 작업 방식은 개념이나 계획 작성에 중점을 두는 것이 아니고 설정한 과제를 수행하고 그 과정에서 학습하며, 그런 학습에 의한 적응과 새로운 시도를 유연하게 관리하는 것을 의미한다. 따라서 좋은 툴이란 이런 애자일 작업 방식을 지원하고 관리해 주는 프로그램이어야 한다. 그리고 사용법이 간단하여 사용 방법을 찾는 데 시간을 들이지 않으며 조직의 협업, 신속한 결정과 제품과 서비스 개발 과정의 관리 도우미가 되어야 한다.

속도가 관건인 소프트웨어 개발 업체에서 애자일한 조직을 구축하는 것은 중요하다. 데브옵스DevOps는 이런 생태계의 경쟁력을 유지하게 만들어 준다. 데브옵스는 개발Development과 운영Operations의 합성어로 소프트웨어 개발 조직과 운영 조직 간의 소통, 협업과 통합을 통한 상호 의존적 환경이나 문화를 지칭한다.

데브옵스는 조직이 소프트웨어 제품과 서비스를 빠른 시간에 개발 및 배포하는 것을 목적으로 한다. 데브옵스를 광범위하게 잘 사용하는 조직은 그렇지 않은 조직과 비교할 때 소프트웨어 기능을 46배 정도 더 자주 배포할 수 있다고 한다. 또 코드를 완성한 시점부터 배포 시점까지의 시간이 2,555배 더 빠르며, 가동 중단 시점에서 복구하는 속도가 2,604배 빠르다고 한다. 또 이런 빠른 시도에서 실패할 가능성은 7분의 1정도라고 한다. **37**

스크럼Scrum

애자일 하면 스크럼이라는 프레임워크가 자주 사용된다. 스크럼은 사이클 타임이 짧은 소프트웨어 개발에서 비롯된 접근 방식 중 하나다. 급변하는 고객 기대치와 환경의 변화로 소프트웨어 프로젝트의 전체 공정을 세밀하게 기획하거나 계획하기 힘들다.

즉 스크럼 기법은 개발 계획의 단계별 개선 원칙에 기반을 둔다. 이런 방법으로 기업이 변화하는 환경에 신속하고 유연하게 대응할 수 있는 기회를 가질 수 있고 고정된 프로젝트에 구속되지 않는다는 것을 의미한다. 원래 스크럼이란 말은 팀워크를 중심으로 하는 럭비 경기 전술 용어다. 1986년 나카 이쿠지로와 타케우지 히로타카가 발표한 개념인데 원래 작은 목표를 설정해 짧은 주기로 점진적이며 경험적으로 제품을 지속적으로 개발하는 관리 기법이다.[38] 이 기법은 소프트웨어 개발 프로젝트를 위하여 고안되었지만 일반적인 프로젝트나 프로그램 관리에도 적용될 수 있다.

애자일 소프트웨어 개발에 대한 선언서

2001년 발표된 애자일 소프트웨어 개발에 대한 선언서는 소프트웨어 개발 업계를 넘어서 애자일 조직의 변환을 추구하는 조직에 시사하는 바가 크다.[39] 이 선언문의 핵심 내용은 다음과 같다.

상호 협업과 개인은 절차나 도구보다 더 중요하다.

실제 작동하는 제품을 만드는 것이 정교한 서류 작업보다 중요하다.

고객 협력 구축이 계약에 의존하는 것보다 더 중요하다.

프로젝트 계획은 변화할 수 있다는 가능성을 열고 일해야 한다.

- 세 번째 키스톤: 기술의 선택과 도입

기술의 선택은 기업의 존망을 결정할 정도로 중요한 결정이다. 최근 화웨이가 미국 정부의 타깃이 되면서 더 이상 구글 안드로이드와 같은 미국 기업이 개발하고 판매하는 원천 기술을 활용할 수 없게 되었다. 화웨이가 개발한 5G 관련 기술 도입을 결정했던 국가들과 기업들도 미국 정부의 압력으로 이런 결정을 바꿀 수밖에 없는 상황에 처했다.

역사가 잘 보여주듯이 기술은 국력이다. 특히 디지털 시대의 혁신적 기술이 갖고 있는 지렛대 효과는 매우 크다. 일본이 정치적인 이유로 한국에 대한 금수 조치를 내렸던 반도체와 디스플레이 생산에 필수적인 포토레지스트, 고순도 불화수소, 플루오린 폴리이미드의 국산화와 수입 다변화가 일부 이루어졌거나 빠른 속도로 진행 중이다. 이런 국산화나 수입 다변화로 그동안 일본 기술의 독과점적 입지와 위상 변화가 예상되고 있다.

과거 LG는 안드로이드 대신 마이크로소프트 모바일 OS를 선택하는 결정을 내려 스마트폰 경쟁에서 뒤처지는 경험을 한 적이 있다. LG의 선택은 마이크로소프트의 모바일 OS 개발 의지와 역량을 믿고 내린 것이겠지만 결과적으로 LG는 마이크로소프트사의 Over-promise, under-delivery, 즉 소프트웨어 개발에 대한 지키지 못할 과대 약속을 믿은 피해자가 된 셈이다.

한때 휴대폰 강자 노키아의 몰락에 결정적인 기여를 한 것도 잘못된 기술 선택 때문이라고 할 수 있다. 앞서 예를 들었듯이 노키아는 2007년 9

조 원을 투자하여 나브텍 인수를 발표했지만 결국 2013년 나브텍을 매각하고 노키아를 유명하게 만든 모바일 폰 사업조차 접는 결정을 하게 된다. 이스라엘의 스타트업인 웨이즈라는 회사는 나브텍이 도로 교통량 관련 정보를 센서와 통신 타워를 통해 수집하는 하드웨어 방식과는 다른 방식을 채택했기 때문이다. 소비자의 휴대폰 GPS 센서를 활용하여 정보를 수집하는 클라우드 소싱 방식의 기술을 선보였기 때문에 하드웨어에 대한 투자 없이 데이터와 정보를 급격하게 늘려 나갈 수 있었던 경쟁 우위 모델 덕택이다. 따라서 나브텍 같은 기업이 웨이즈 같은 기업과 경쟁할 수 없는 새로운 환경 변화가 이루어진 것이다.

그럼 급변하는 디지털 시대에서 어떻게 올바른 기술의 선택을 할 수 있을까? 이 질문에 답을 도출하기 위해서는 다음 사항들을 고려해야 한다.

얼라인먼트 : 기술 선택과 도입에 앞서 왜 이런 결정을 해야 하는지에 대한 명확한 비즈니스적 기대치의 설정과 방향성이 필요하다. 앞서 언급한 전체 조직의 목표, 전략과의 얼라인먼트가 이루어져야 한다. 이런 방향 설정에는 기술을 도입한 후 고객 가치나 내부 프로세스가 어떻게 향상될 것인가에 대한 가상 시나리오 예측이 필요하다.

역량 분석과 활용 : 새로운 기술에 대한 조직의 이해와 조직의 기술 성숙도에 다른 역량을 분석하고 그 차이를 극복하기 위한 구체적인 계획과 전

략이 필요하다. 기존 기술 투자와 활용에 대한 고려도 필요하다. 따라서 현재 조직의 역량과 기술에 대한 분석과 새로운 기술이 요구하는 역량과 성숙도에 따라 어떤 기술을 어떻게 활용할 것인가에 대한 범위와 옵션이 달라질 수 있다.

모듈라 시스템 : 선택하려는 기술을 환경 변화에 따라 쉽게 스케일업 하려면 제품과 서비스의 기본 설계와 구성이 모듈라 시스템에 기반하고 있는지 고려하는 것은 디지털 환경에서 특히 중요하다. 즉 환경 변화에 따라 예상치보다 처리해야 할 데이터나 프로세스 복잡성이 아주 큰 폭으로 증가하고 다양해져도 기반 기술의 변화 없이 그 변화를 수용할 수 있는가를 확인하는 것이 중요하다.

사용자 용이성 : 선택한 기술이 팀원들이나 외부 협력 업체 직원들이 사용하기 쉬워야 한다. 아무리 좋은 기술도 사용하기 힘들면 사용하지 않게 된다. 기술 채택 과정에서 전문가 집단 외 사용자들이 참여하여 사용 용이성을 사전에 확인하는 과정이 필요하다.

단계적 도입 : 한 번에 한 가지 기술을 도입하는 것이 현명할 수 있다. 기술의 변화가 무척 빠른 현실에서 가변적인 기술의 선택과 선택 시점은 고려해야 하는 요소다. 동시 다발적이거나 전 사적이고 규모가 큰 기술의

도입은 한정된 역량과 인원을 가진 조직의 혼란과 과부하를 야기할 수 있기 때문에 기회만큼 위험 요소도 될 수 있다. 노키아의 나브텍 인수와 같은 베팅성 결정을 피하기 위해서도 이런 단계적 접근은 필요하다.

최고 경영진의 관심과 지원 : 기술을 선택하는 과정에서 협력 업체, 컨설턴트 등 전문가 집단의 도움을 받는 것도 필요하지만 최고 경영진이 도입하려는 기술에 대한 관심과 이해를 갖게 하는 것이 중요하다. 이런 관심과 이해는 도입 결정 승인 과정을 넘어 후속적으로 필요한 지속적인 지원을 가능하게 한다.

– 네 번째 키스톤: 건강한 조직 문화와 리더십 재건축

건강한 조직 문화

건강한 조직 문화는 무엇을 말하는 것인가? 컨설팅 기업 맥킨지의 연구 결과에 의하면 기업의 건강은 다음과 같은 항목이 결정한다고 한다.[40]

방향성 : 조직원들이 공감할 수 있는 방향과 어떻게 그 방향으로 가는지에 대한 이해

리더십 : 직원들에게 영감을 불러일으킬 수 있는 경영 리더들의 행동

업무 환경 : 조직 내의 공유된 가치와 믿음, 혁신적이고 개방된 분위기

책임의식 : 기대치가 무엇인지 이해하고 그것을 수행하기 위한 충분한 권한이 있으며 결과에 대해 책임지는 능력

조정과 통제 : 성과와 위험요소를 분석하고 기회와 문제점들을 파악하는 능력

역량 : 전략을 수행하고 경쟁 우위를 갖기 위한 조직적인 기능과 인재 확보

동기 부여 : 조직원들이 탁월한 성과를 내도록 열정을 갖게 하는 것

외부적 관점 : 고객, 협력 업체, 파트너 등 가치를 올리는 데 도움이 될 외부의 협력자들과 협업하는 것

혁신과 학습 : 조직 내 새로운 아이디어의 수준과 흐름, 그리고 필요에 따라 이런 아이디어를 채택하여 변화하는 능력

여기에 한 가지 항목을 추가한다면 바로 자율성이다. 앞서 스포티파이 사례처럼 자율성은 조직을 민첩하게 만드는 데 중요한 요소이다. 디지털 생태계에서 민첩하지 않은 조직이 장기적으로 경쟁력을 갖고 기대하는 성과를 달성하기는 힘들다. 이런 조직이 아무리 뚜렷한 방향성과 강한 리더십을 가지고 있다고 한들 지속적으로 성장하는 건강한 조직이 될 수는 없다.

그렇다면 어떤 리더십이 필요한 것인가? 리더의 가장 큰 역할은 결정을 내리는 것이다. 즉흥적인 결정이 아니라 사려 깊은 전략적 결정을 말한

다. 어떻게 해야 사려 깊은 결정을 내릴 수 있는가를 살펴보자.

파악과 이해 : 결정해야 할 이슈나 기회 또는 문제에 대한 깊은 이해가 필요하다. 이런 이해를 위해 필요한 정보를 확보해야 한다. 이런 경우 데이터나 숫자 또는 정리된 자료에 항상 접근할 수 있는 시스템적 지원이 요구된다.

논의와 조언 : 담당 임직원들의 의견과 조언을 듣는 과정이 필요하다. 본인이 파악하고 이해한 것과 어떤 차이점이 있는지를 직접 확인하는 과정은 중요하다. 현장과 고객에 가까운 임직원들의 견해를 존중하지 않으면 더 이상 그들의 의견 피력이나 조언을 기대할 수 없게 된다.

결정 프로세스 : 리더 또는 소수의 리더들이 결정을 내리고 그런 결정을 조직원에게 통보하거나 지시하게 되면 그 결정에 대한 책임과 비판은 리더가 혼자 감수해야 한다. 따라서 결정을 내리는 과정에 영향력이 큰 임직원들이 참여하여 예상되는 문제점들을 파악하고 논의하는 것이 중요하다. 조금 시간이 걸리더라도 이런 필터링 과정을 통해 조직의 결정에 참여하는 공동체 의식을 갖는 것은 중요하다.

액션과 진행 : 결정은 조직의 액션과 새로운 진행 방향 설정을 위한 절

차이다. 결정을 내리는 과정보다 더 중요한 과정은 제대로 액션과 진행이 이루어지고 있는지에 대한 관심과 지원이다.

리뷰 : 원래 결정이 의도했던 결과와 성과가 이루어지고 있는지 또는 반대로 그런 결과를 얻지 못했다면 결정 과정에서 설정했던 가설 등에 대한 빠른 보정이나 보완 작업이 필요하다. 빠른 피드백은 최선의 결과를 도출하는 중요한 과정이다.

리더십, 신뢰와 역량

직원들에게 영감을 불러일으킬 수 있는 리더들의 행동 리더십이란 신뢰와 역량을 보여주는 것을 말한다. 특히 디지털 생태계 변화에 따른 비즈니스의 혁신과 변혁에 대한 미래 지향적인 안목이 역량의 중요한 덕목이다.

한 연구에 따르면 리더가 신뢰를 구축하려면 일관된 말과 행동, 그리고 조직과 직원들을 보호하는 행동이 가장 중요하다고 한다. 역량 있다고 생각하는 리더들은 미래 지향적이고 조직적 결과를 중요시한다.[41]

그럼 신뢰받지 못하거나 역량이 부족한 리더들은 어떤 사람들일까. 비윤리적이거나 정직하지 못한 리더, 전문성이 결여되고 액션을 제때 취하지 않는 리더들이 바로 그런 사람들이다. 당연한 이야기일 수 있지만 종종 볼 수 있는 리더의 모습이다.

그럼 어떻게 신뢰와 역량의 리더십을 극대화할 수 있을까?

디지털 기술에 대한 관심과 학습 : 과거 조직의 리더는 일반적으로 조직에서 현장 경험을 쌓아 그 분야에 대한 전문성을 갖추게 되었다. 지금 같은 디지털 시대에는 이런 경험적 학습 방식은 시간이 너무 걸리고 기술의 진화 사이클이 너무 짧아져 효율성에 한계가 있다. 조직의 리더일수록 정기적으로 디지털 리터러시 확대와 강화를 위한 체계적이고 정기적인 사내외적인 학습 과정이 필요하다.

미래 지향적 안목과 소통 : 과거의 성공이나 지식은 뒤로하고 데이터를 기반으로 한 미래 생태계와 비즈니스 기회에 대한 상상력을 키워야 한다. AI가 사람보다 탁월한 역량을 보이는 영역이 '무엇'과 '어떻게'라면 AI가 미치지 못하는 영역인 '왜'라는 질문과 소통을 통해 조직이 적극적인 상상력을 갖춰 혁신적 문화의 토양을 구축해야 한다.

윤리는 구호가 아닌 행동 : 조직에서의 윤리 문제는 일반적으로 리더의 성품과 거버넌스 시스템에 의해 결정되는 경우가 많다. 임직원들을 채용할 때는 윤리적인 사람인가를 테스트하고 평판 조회도 한다. 하지만 일부 창업주나 가족들처럼 이런 채용 과정이나 거버넌스에서 벗어나 있는 리더들의 직업 윤리 의식을 교육하고 강화하는 것은 현실적으로 매우 어렵다. 누가 고양이에게 방울을 달 것인가의 문제이기 때문이다. 윤리는 교육이 도움이 될 수 있겠지만 결국 어려서부터 형성된 습관적 가치관이기 때문이다. 디지털 시대가 되면서 데이터나 정보의 공유와 투명한 소통의 시대가 되었다. 이런 투명성은 윤리적 문화를 강화시키게 된다.

조직의 조정자, 퍼실리테이터의 역할 수행 : 디지털 시대에 애자일 조직을 이끄는 리더의 역할은 전통적인 지시와 통제, 관리에서 벗어나야 한다. 하지만 종적인 조직 문화가 강한 사회에서 조직의 리더가 퍼실리테이터로 자리매김하는 것은 쉽지 않다. 종적인 문화에서는 최고 임원진들이 해당 기업과 업에 대해 가장 잘 안다고 확신을 갖는 것이다. 문제는 새로운 기술과 혁신의 사이클이 짧아지고 경쟁 생태계를 근본적으로 바꾸는 변혁의 시대에 이런 자세는 휴브리스Hubris가 된다. 미국의 경영학자 짐 콜린스에 의하면 성공의 적은 휴브리스다. 그는 성공한 조직이 몰락하는 5단계 중 첫 단계가 바로 휴브리스라고 했다.[42]

첫 번째 성공의 모델이나 과정이 두 번째 성공이나 세 번째 성공으로 이어질 가능성은 과거에도 그러했지만 디지털 시대에는 더욱 어렵다. 변화가 선형적이지 않기 때문이다. 따라서 과거 한두 번의 성공 모델에 대한 확신은 위험한 결과를 초래할 수 있다.

이런 위험에서 벗어날 수 있는 방법 중 하나는 결정과 집행의 권한을 최대한 공유하는 것이다. 조직의 권한 공유나 위임, 임파워먼트의 중요성을 말함이다. 내가 내릴 수 있고 또 내려야 한다고 믿는 결정을 유형과 리스크에 따라 임직원에게 제도적으로 위임하는 것이다. 정착하기 쉽지 않은 제도이지만 빠른 변화의 디지털 생태계에서 생존하기 위해서는 필요한 제도다.

전략적이거나 규모가 큰 투자 결정과 팀장급 이상의 주요 인사 결정은 위임할 수 없다. 하지만 주어진 예산에서 집행하거나 일정 규모 안에서 이루어지는 설비투자 비용이나 경상비용 집행권과 일반 직원들에 대한 인사권 등은 위임을 통해 이루어지는 것이 오히려 결정 속도를 높이고 효율적일 수가 있다.

이런 위임 경영이 잘 실행되려면 조직의 리더 역할은 CEO[Chief Executive Officer]에서 CFO[Chief Facilitating Officer]로 바뀌어야 한다. 리더는 퍼실리테이터, 즉 조정자의 역할로 전체 조직의 성과와 건강 상태를 살피는 업무로 전환되어야 한다는 말이다.

리더십 재건축

리더십의 재건축이란 아파트의 재건축처럼 리더십의 가치를 높이자는 의미다. 타고난 성품을 바꾸는 것은 거의 불가능하다. 성인이 될 때까지의 경험에서 축적되는 가치관과 습관을 바꾸기도 쉬운 일이 아니다.

사회적으로 성공을 경험하고 나면 그런 성공이 있기까지의 기회 모색에 대한 판단력과 조직의 리더십에 대한 모델이 구체적으로 형성된다. 즉 성공의 레시피가 생긴다. 어려서부터 좋아하는 음식의 레시피를 잘 바꾸지 않듯이 이런 성공의 레시피나 모델은 지속성이나 중독성이 강하다.

문제는 환경이 바뀐다는 것이다. 우리의 성공 레시피는 과거 지향적인데 환경의 변화는 미래지향적이다. 여기에서 지금까지 해 오던 방식과 앞으로 해야 하는 방식의 괴리가 생긴다. 그래서 과거의 성공에서 형성된 리더십을 미래 디지털 환경에서 요구되는 디지털 리더십으로 재건축을 해야한다.

이런 맥락에서 한 연구 결과는 디지털 리더십 재건축에 도움이 된다. 디지털 환경에서 가장 중요한 조직의 리더십에 대해 3,300명 응답자들이 가장 중요하다고 대답한 특징의 순서는 다음과 같다.[43]

변혁적 비전

미래 지향적

기술에 대한 이해도

변화 지향적

강한 리더십

몇 가지 디지털 리더십의 사례를 살펴보자.

온-오프라인 시스템 통합으로 매출 향상

코로나19 사태는 오프라인 매장의 비즈니스에 큰 타격을 입히고 있다. Allbird라는 신발 속옷 제조업체는 모든 재료를 친환경적이고 지속 가능한 지구 환경에서 구한다. 남미에서 자라는 나무에서 추출한 섬유질이나 메리노 양털, 사탕수수 나무에서 추출한 원료로 만든 운동화의 밑창, 신발의 끈은 폐플라스틱을 재활용하여 만드는 등 친환경 책임을 무엇보다도 중요시하는 이 기업은 전 세계 주요 도시에 오프라인 매장을 운영하고 있다. 코로나19 사태로 매장을 방문하는 고객이 줄고 온라인 주문이 늘자 이 회사는 매장 직원들이 온라인 주문을 처리하는 일을 하도록 전환했다. 이런 온-오프라인 판매의 호환성이 가능한 이유는 온라인과 오프라인의 재고 관리와 물류 관리를 일치시켰기 때문이다. 온-오프라인의 호환 운영으로 이 회사 매출은 코로나19 사태의 영향을 받지 않고 꾸준한 성장을 하고 있다고 한다.

국내 외식업체들도 매장에서 식사하는 고객들이 줄면서 음식을 직접 고객에게 배달하는 서비스로 전환하여 매출 향상을 일으키고 있다. 지금까지 간식이나 저렴한 음식 위주의 배달이 고급 음식점이나 셰프가 조리한 음식을 집이나 직장으로 배달해 주는 서비스로 전환되고 있다. 외식문화가 이런 형태의 온-오프 음식점 하이브리드 모델로 진화하고 있다. 실제로 한국 외식 산업 연구원 조사에 따르면 코로나19 발병 이후 방문 고객은 87.3% 정도 줄었지만 배달 주문의 경우는 37.5%만 줄었다고 보도되었다. **44**

신세계푸드에서 운영하는 셰프투고의 2020년 4월 배달 건수는 1월 대비 55% 증가한 것으로 조사되었다. 개인보다도 직장의 직원들에게 음식을 배달해 주는 외식업이 활성화되고 있다.

오프라인 리테일 업계의 대표적인 기업인 월마트는 코로나19 사태에도 불구하고 지속적인 매출 성장을 기록하고 있다. 그 비결은 온라인 비즈니스와 매장을 적절히 조합한 운영에 있다. 이 회사의 온라인 비즈니스는 작년 동기 대비 거의 두 배가 증가했다. 고객들이 피자를 온라인으로 주문하고 매장에 가서 픽업하듯이 온라인 주문 물건을 매장 주차장에서 픽업하는 전환이 코로나19 상황에서 안전을 보장하면서도 넓은 주차장을 픽업 장소로 활용하니 고객들이 편리하게 느끼는 것이다.[45]

많은 사람들이 대부분 시간을 집에서 보내게 되면서 외식도 덜하게 되어 집에서 식사를 해결해야 하고 TV 등 전자제품의 수요가 증가하면서 월마트는 매장의 주차장과 온라인 주문을 연결해 고객의 기대치를 만족한 것이다. 외식업의 매출은 줄었지만 월마트와 같이 식료품을 주문하여 픽업할 수 있는 클릭 앤 컬렉트Click & Collect 시스템을 도입하여 매출을 늘릴 수 있었다.

사람들이 집에 머무는 시간이 많아지면서 집, 정원 관련 상품을 판매하는 홈데포처럼 온라인 주문이 가능한 매장의 매출은 증가하고 있다. 결국 오프라인 매장을 중심으로 운영하던 월마트나 홈데포 같은 리테일 업체들은 일찍부터 온라인 비즈니스 역량에 대한 투자를 해 왔기 때문에 코로나19라는 충격에도 불구하고 오히려 성장세를 유지해 나가고 있다. 디지털 트랜스포메이션의 수혜자라 할 만하다.

실시간 스트리밍으로 고객을 잡다

대부분의 국가나 도시에서 사회적 거리두기를 시행하면서 패션 산업도 타격을 받고 있다. 패션계는 이런 상황에서 고객들과의 거리를 좁히고 브랜드 가치를 전달하며 매출을 창출하기 위해 실시간 스트리밍 서비스를 적극적으로 활용하고 있다.

미국 패션 하우스 마이클 코어스는 최근 일련의 라이브 스트림 세션과 짧은 비디오를 만들어 맞춤형 핸드백 신상품을 소개했다. 이런 홍보 활동은 소비자의 라이프스타일에 대한 질문을 통해 이 회사의 디자이너가 직접 핸드백을 해 주는 체험과 더불어 고객에게 이 브랜드 핸드백에 대한 관심과 구매 동기 부여를 하는 디지털 체험화 활동을 강화하고 있다.

비교적 신생 기업인 스웨덴 핸드백 브랜드 웰덴의 경우도 이와 비슷한 전략을 구사하여 중국 시장에서 입지를 구축해 나가고 있다. 코로나19로 상하이 패션쇼 행사가 온라인으로 진행되면서 웰덴은 트렌디한 가죽 마스크가 포함된 최신 컬렉션을 선보이는 가상 런웨이 쇼에 참여했다. 이 브랜드는 실시간 스트리밍을 통해 시청자의 긍정적인 피드백을 받은 후 새로운 마스크 컬렉션을 고려하고 있다고 한다. 디지털 상하이 패션쇼에서의 경험은 앞으로 중국 시장을 탐험할 수 있는 자신감을 더해주었다고 웰덴 창업자는 말했다.

상하이 패션쇼 결과 이 브랜드는 총 1,100만 조회 수를 기록했고 약 282만 달러의 매출을 올려 성공적인 성과를 얻었다. 후속 런던 패션쇼와 같은 이벤트도 이런 실시간 스트리밍과 비디오를 통한 디지털 참여가 예상된다.

디지털 패션쇼는 업계의 새로운 뉴노멀이 될 것이라고 전문가들은 생각한다. 이런 변화를 수용하는 브랜드들은 그렇지 않은 브랜드보다 코로나19 사태를 잘 극복해 나가리라고 예상한다.

일하는 리더, 존재하는 리더십

코로나19 사태가 장기화되면서 조직은 앞선 예처럼 이런 상황을 변화의 기회로 삼기도 한다. 이런 급격한 변화와 기회는 리더들이나 조직원들에게 새로운 도전이 되어 그동안 하지 못했던 많은 과제들이나 조직적인 문제들을 할 수 있는 동력원이 되기도 한다. 전시와 같은 엄중한 상황에서는 깊은 분석보다 직관적인 결단이 요구되기 때문이다. 이런 결단으로 리더들의 오랜 숙제가 짧은 시간에 해결되기도 한다.

예를 들면 미국 리테일 기업 베스트바이는 수개월 동안 일부 매장을 대상으로 검토했고 시범적으로만 진행하던 클릭 앤 컬렉트 서비스를 단 이틀 만에 모든 매장에서 시행하는 결정을 내렸다. 코로나19가 이런 결단을 하도록 만든 것이다.

유니레버는 4일 만에 향수를 만들던 공장 라인을 손 소독제로 전환했다. 생명 보험 가입도 건강 진단을 위해 방문하던 것을 온라인 기록으로 대체하는 가입자가 증가하고 있다. 코로나19 전에는 미국의 경우 비대면 원격 의료나 건강 상담은 불과 1% 정도였는데 머지않아 약 30%에 육박할 것으로 전망한다.**46**

이런 경험을 바탕으로 많은 기업들은 혁신적 운영 방안에 대해 적극적으로 새로운 기회를 모색하기 시작했다. 다양한 디지털 기술이 이런 노력을 구체화하도록 도움을 준다.

동시에 이런 변화에 따라 새로운 환경에 적응하려는 과정에서 조직의 피로도도 상승하게 된다. 위기라는 말을 반복하여 듣게 되면 위기라는 말에 적응되어 위기의식은 희석되기 때문이다. 이럴 때 요구되는 리더십이 바로 존재감이다.

요즘처럼 출장이 제한적인 상황에서 리더의 하루 일정 대부분은 회의로 보내게 된다. 고객과 파트너들과 소통해야 하고 새로운 환경에 대한 전략을 수립하고 조직을 재정비하고 재무 상태를 점검하는 등 기본적인 일만해도 하루가 부족할 수 있다. 하지만 리더가 이렇게 일에만 몰입하게 되면 조직원들은 반대로 불안감을 더 느낄 수 있다.

리더의 존재감은 리더가 열심히 일하고 수많은 회의를 주재한다고 느껴지는 것이 아니다. 오히려 조직원들과 편안하고 솔직한 시간을 보낼 때 리더의 존재감이 드러난다. 어떻게 하면 직원들이 더 열심히 일하고 성과를 낼 수 있을까에 대한 논의보다는 리더의 인간적인 배려와 관심을 보여주는 행동이 이런 상황에서는 조직의 사기를 올리는 데 훨씬 더 효과가 있다.

리더의 존재감이란 바로 조직의 사기를 올리는 역할을 하기 때문이다. 조직의 사기 진작은 불안정하고 불확실한 시기에 흔히 볼 수 있는 부정적인 생각과 행동을 긍정적으로 변환시켜준다. 성과는 이런 긍정적인 조직 문화에서 이루어진다.

이해 관계자 중심 경영 리더십

1992년 하버드 교수 존 코터와 제임스 헤스켓은 기업의 문화가 성장과 성과에 미치는 영향에 대한 연구 결과를 『기업의 문화와 성과Corporate Culture and Performance』라는 책으로 출간했다. 그들의 연구는 22개 산업군 207개 기업을 대상으로 진행되었는데 결론적으로 기업의 문화는 성장과 성과에 매우 큰 영향을 주는 것으로 나타났다. 여기서 말하는 기업의 문화란 경영자들이 내리는 수많은 결정의 바탕이 되는 기업의 핵심 가치와 철학을 반영한다.

두 연구자들에 따르면 기업이 이해 관계자들인 고객, 주주, 임직원에 대해 균형 있는 경영 리더십을 보이는 기업과 그렇지 않은 기업의 성과는 큰 차이를 보인다. 11년 동안의 성과를 비교해 보면 이해 관계자들에게 경영 리더십을 보인 기업들은 매출이 682%를 기록했는데 이는 그렇지 않은 기업들의 166%에 크게 앞선다. 주가는 901% 대 74% 그리고 이익은 756% 대 1%의 차이를 보였다.[47]

이 연구 결과는 우리가 사는 삶이나 경영의 상식으로 볼 때 그리 놀라운 결과는 아니다. 이해 관계자들과 건강하고 좋은 관계를 유지하는 조직이 좋은 성과를 낸다는 사실이 놀라운 일이 될 수는 없기 때문이다. 이 연구가 진행되던 시점의 기업 환경은 지금과는 많이 다를 수 있다. 하지만 최근 경영자들이 이해 관계자들에게서 도전받고 있는 경영 환경은 근본적으로 다르지 않다.

많은 기업들은 단기적 성과를 중요시한다. 미국의 상장 기업들이 분기 실적에 민감한 이유는 주주들이 매 분기 주가가 오르기를 기대하기 때문이다. 이런 환경에서 전문 경영자가 장기적인 투자와 전략을 추진하는 결정을 내리는 것은 쉽지 않다. 한국, 일본, 중국, 인도에서 흔히 볼 수 있는 소위 오너들이 경영하는 기업에서는 상대적으로 분기별 실적에 대한 압박은 덜하다. 따라서 좀 더 장기적인 전략과 투자를 결정할 수 있다는 장점이 있다.

고객과 주주 외 임직원, 공급자 네트워크, 지역 사회와 정부 기관, 그리고 시민 단체나 SNS에서 영향력을 행사하는 블로거에 이르기까지 다양한 이해 관계자들의 높아진 기대치에 관심을 기울이지 않으면서 조직의 발전과 성장을 이루는 것은 점점 힘들어지고 있는 추세다. 특히 최근 코로나19 사태는 이런 기대치를 더욱 높이는 데 영향을 주었다.

예를 들면 유니레버는 코로나19 사태가 심각해지던 첫 번째 주는 임직원들의 건강과 안전에 모든 역량을 투입했다. 그리고 최소 다음 3개월 동안 모든 임직원들의 급료를 지불하는 것을 결정했다. 그다음에는 지역사회에 대한 회사의 역할을 결정했다. 회사가 생산하는 소독제나 의료 제품을 기부했고 손 씻기에 대한 파트너십을 체결했으며, 소규모 공급자들을 돕기 위해 대금 결제 기간을 단축할 수 있도록 약 6억 달러 수준의 자금을 운용하기로 결정했다.

즉 임직원들에 대한 대책이 일 순위였고 지역 사회에 대한 대책이 이 순위였으며 삼 순위가 수많은 공급 파트너들이 어려운 환경에서도 지속적으로 비즈니스를 할 수 있는 역량을 확보하는 방안을 포함한 비즈니스에 대한 논의와 대책을 수립하는 것이었다.

미국 기업 유니온퍼시픽은 코로나19 사태로 기차 승객이 감소하자 비즈니스 충격을 최소화하기 위한 몇 가지 조치를 시행했다. 우선 모든 매니저들은 4개월 동안 매달 한 주 무급휴가를 실시했고 중역들과 이사회 이사들의 급료를 같은 기간 동안 25% 삭감했다. 이런 결정의 의미는 비용 절감보다는 리더들의 솔선수범을 통해 회사가 어려울 때라도 현장 직원들을 최대한 보호하겠다는 경영진의 선언적 의지의 표방이라고 할 수 있다.[48]

4. ESG는 지속 가능 기업의 컴퍼스

1976년 노벨 경제학상을 수상한 밀턴 프리드먼 교수는 1970년 한 기고에서 "기업의 유일한 사회적 책임은 주주의 이익을 극대화하는 것"이라고 주장했다. 아직도 많은 기업은 주주나 투자가들의 재무적인 기대치를 만족시키기 위해 노력한다. 특히 상장 기업은 분기별 재무성과에 대한 압력을 지속적으로 받는다. 이런 압력은 혁신을 통한 고성과 창출의 원천이 되기도 하지만 종종 기업과 주주들에게 피해를 입히는 부정적인 결과를 낳기도 한다.

시장 가치로 순위를 매기는 S&P 500 기업들의 평균 수명이 점점 짧아져 이제 18년도 되지 않는다. 2027년에는 12년이 될 것이라는 예측도 있다.[49]

기업의 수명 감소에는 여러 이유가 있다. 영국의 경제학자 에른스트 프리드리히 슈마허는 1973년 저서 『작은 것이 아름답다Small is Beatiful』에서 기업들이 대기업화가 되면서 나타나는 직원들의 도구화, 경영의 비효율성 등의 문제점을 지적했다. 대기업은 종종 고객 가치를 극대화하는 노력보다 자신의 조직을 관리하는 데 더 많은 에너지를 소모한다는 것이다. 활발한 인수와 합병도 기업의 수명 감소에 기여한다. 가속화하는 디지털 기업과 혁신적 비즈니스 모델을 기반으로 한 새로운 기업들의 등장은 비효율적이고 비혁신적으로 운영되는 기업들을 시장에서 밀어내고 도태시키는 역할을 하고 있다.

- 기업의 목적

기업에 대한 고객과 사회의 다양한 기대치 또한 높아지면서 주주 이익 우선 관점은 주주를 포함한 고객, 직원, 공급업체, 비즈니스를 하는 지역 사회 등 다양한 이해 관계자의 이익으로 확대, 대체되었다. 미국 주요 기업의 최고경영자들이 회원인 비즈니스 라운드테이블은 회원 181명의 공개적인 지지를 받아 2019년 사업의 목적을 다음과 같이 명시했다.

고객에게 가치 제공 : 고객 기대치를 충족하거나 뛰어넘는 것을 이끈 미국 기업의 전통을 더욱 공고히 한다.

직원들에 대한 투자 : 직원들에게 공평하게 보상하고 중요한 혜택을 제공하는 것부터 시작한다. 또한 빠르게 변화하는 세상을 위해 새로운 기술을 개발하는 데 도움이 되는 훈련과 교육을 지원한다. 우리는 다양성, 포용, 품위, 존중을 중요시한다.

공급업체와 공정하며 윤리적인 비즈니스 수행 : 우리의 임무를 달성하기 위해 모든 공급업체를 협력 파트너로 존중한다.

우리가 사업하는 지역 사회 지원 : 우리는 지역 사회에 있는 사람들을 존중하며, 우리 사업 전반에 걸쳐 지속 가능한 실천을 통해 환경을 보호한다.

주주의 장기적 가치 창출 : 기업이 투자, 성장 및 혁신을 할 수 있도록 자본을 제공하는 주주의 장기적 가치 창출을 위해 노력한다. 투명한 경영을 준수하고 주주와의 효과적인 소통과 참여를 위해 노력한다.

이런 기업 목적을 분명히 선언함으로써 경영진들이 장기적 경영 전략을 수립하는 데 이 모델을 적용하도록 유도하는 동기 부여와 보상 체계를 포함한 기업 지배구조 등에 영향을 미칠 것으로 전문가들은 본다. 또 코로나19 사태가 장기화하면서 기업에 대한 사회적 정의 실천과 기여에 대한 기대치가 올라가면서 전통적인 기업의 역할과 책임의 경계가 넓어지고 있다. 공공의 이해를 위해 수행되며 이윤 극대화가 아닌 사회 경제적 목표 달성을 최종 목적으로 하는 임무를 가진 사회적 기업과의 경계가 흐려지고 있다고 할 수 있다.

– ESG 경영 지표와 평가

책임 있는 투자를 표방하는 투자 자문 회사들이 투자 대상 기업의 지속 가능성과 사회적, 환경적 책임에 적극적인 관심을 두게 되면서 투자 결정 검증 과정의 한 부분으로 자리를 잡고 있다. 이런 관심의 배경에는 기업의 ESG에 대한 리스크가 과거와 비교해 훨씬 커지고 있기 때문이다. 소비자들과 사회단체, 언론, 정부의 기업에 대한 감시와 법적인 책임 및 징벌적 관리 기능이 강화되고 있으며 사회적 기대치의 상승으로 이런 리스크가 커졌다.

다음 페이지 자료가 보여주듯이 회계 부정, 제품 결함과 정보 왜곡, 법률 위반, 부주의로 인한 사고 발생 등 다양한 유형의 리스크가 발생할 때 투자가들은 막대한 손해를 입게 된다. 투자가 입장을 대변하는 투자 전문 회사들은 투자 대상 기업에서 이런 리스크가 발생하지 않도록 검증하겠다는 것이다. 이런 검증 과정을 만족시키지 않는 기업에는 투자하지 않을 것이다라는 입장을 공개적으로 명시하는 투자 전문 회사가 증가하고 있다. 리스크에 따른 손실의 극소화도 중요하지만, ESG를 충실히 수행한 기업들의 성과가 좋다는 연구 결과도 이런 움직임에 힘을 보태고 있다. 유럽 자산 운용 업체 아문디의 연구 결과에 의하면 2014년부터 2017년 사이 미국과 유럽에서 ESG 점수가 높은 기업들은 타 기업보다 상대적으로 고성과를 나타냈다고 한다.[50]

ESG 위험이 주가에 미치는 영향

ESG 리스크 사례	시기	1년 후 가치 하락(%)
미국 에너지 기업 엔론 기업 회계 부정	8/14/01	-59.6
미국 텔레컴 기업 월드컴 기업 회계 부정	3/11/02	-98.6
미국 어퍼빅브랜치 광산 사고	4/5/10	-52.7
미국 멕시코만 딥워터호라이즌 시추 폭발 사고	4/20/10	-28.7
일본 다카다 자동차 에어백 결함 리콜	1/21/14	-53.5
캐나다 제약 기업 밸리언트 회계 부정	8/5/15	-91.5
독일 자동차 기업들 디젤엔진 배출 가스 조작	9/20/15	-26.4
사건 발생 1년 후 투자자 평균 손실		**-64.4**

출처: Morgan Stanley Investment Management 2017

기업의 전략적 비전을 위한 이해 관계자 모델을 실천하고 구체화하는 방안으로 ESG 지표가 사용된다. 이해 관계자 모델과 ESG는 상호 연결성이 있기 때문이다. 주주를 포함한 이해 관계자들에게 대한 성과를 측정하고 평가하듯이 ESG 경영 지표를 구체화하여 목표 실행을 측정하고 평가한다.

UN 책임투자원칙Principles for Responsible Investment, PRI이 다음과 같이 제정되어 ESG 기업 투자를 유도하고 지원한다.

1. 투자 분석과 의사 결정 과정에 ESG 이슈를 적극적으로 반영한다.
2. 투자 운용 원칙에 ESG 이슈를 통합하는 적극적인 투자자가 된다.
3. 투자 대상의 ESG 이슈에 대한 정보 공개를 요구한다.

4. 금융 산업의 PRI 준수와 이행을 위해 노력한다.

5. PRI 이행에 있어서 그 효과를 증진할 수 있도록 상호 협력한다.

6. PRI 이행에 대한 세부 활동과 진행 상황을 공개한다.

우리나라 국민연금을 포함 주요 투자 기관들이 이 원칙에 서명했다. 현재 약 3천 개 기관이 서명했고 이들의 자산 규모는 100조 달러에 이른다.[51] 이 원칙 투자 기준을 충족 못하면 2년간 재평가하고 탈락되기도 한다. 따라서 ESG는 투자 기관을 움직이는 원칙이 되었고 투자를 받아야 하는 기업에서도 이런 원칙을 적용받아야 하는 환경이 조성되어 가고 있다.

유럽의 최대 투자 자산 운용 회사인 아문디는 플래닛 이머징 그린 펀드를 세계 은행을 포함한 여러 기관 투자가의 지원을 받아 2018년에 출시했다. 15억 달러 규모의 그린 펀드는 이머징 마켓에 그린 본드 투자를 목적으로 설립되었다. 그린 본드는 기후나 환경 관련 프로젝트를 지원하기도 하고 지속 가능성 향상을 목적으로 한다. 에너지 효율성, 오염 방지, 지속성 있는 농수산, 임업 분야에 관심이 높다. 그 외에도 깨끗한 물 자원의 개발과 관리를 확대하고 수생 및 육상 생태계 보호에도 관심을 둔다. 그리고 환경 친화적인 기술과 기후 변화에 도움이 되는 프로젝트에 투자한다. 이머징 그린 펀드는 7년 내 모든 투자를 그린 본드화하는 것을 목표로 하고 있다. 이런 투자는 바로 ESG를 실천하고 구체화하는 투자 기관 이니시어티브의 한 예다.

기업의 지속 가능 경영에서 ESG는 기업의 미션처럼 방향성을 뚜렷이 제시해 준다. 물론 ESG 기준을 만족시키는 일은 근본적인 경영 방식과 기업 문화의 변화를 의미한다. 그래서 실행이 쉽지 않고 시간이 걸린다.

- ESG 주요 주제

ESG 주요 주제는 다음 표에서 보듯이 범위가 방대하고 실행에 투자가 수반되며 조직원들뿐만 아니라 고객, 직원, 공급자, 지역 사회, 그리고 주주들의 이해와 공감대가 요구된다. 기업의 역사나 업종에 따라 그동안 유지해왔던 경영 철학과 운영 방식의 근간을 바꾸는 일이 될 수 있기 때문이다.

오른쪽 표에서 보듯이 ESG 경영 프레임은 환경, 사회, 거버넌스 즉 기업 지배구조 등 매우 다양한 요소들을 포함한다. 각각의 항목과 이해 관계자, 즉 주주, 고객, 직원, 지역 사회, 환경 그리고 공급업체들은 유기적인 연결성을 갖고 있다. 예를 들면 환경 부분의 자원 및 폐기물 관리는 모든 이해 관계자가 포함된다.

2019년에 발생한 한 광산에서의 사고를 예로 들어보자. 브라질 남동부 브루마지뉴에서 발생한 광산 폐기물 저장 댐 붕괴 사고로 수많은 사상자와 이재민이 발생한 것은 물론 인근 마을은 토사에 파묻히고 오염수가 강과 지하수에 흘러들어 대규모 물 부족 사태가 일어났다. 사고 지역을 흐르는 파라오페바 강물 사용을 금지하면서 주변 중소도시 수백 곳의 주요 식수원과 농업용수원이 없어지게 되었다. 이런 사고는 모든 이해 관계자들 특히

ESG 주요 주제

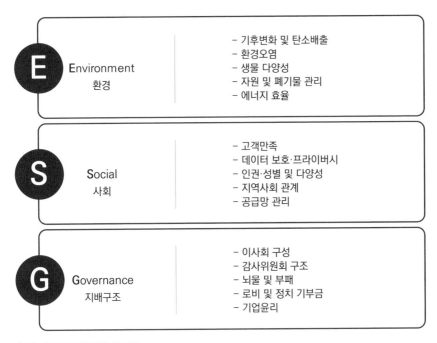

출처: 삼정KPMG 경제 연구원

지역 사회에 심각하고 장기적인 피해를 초래한다.

미국 보잉사는 최근 미국 정부와 25억 달러의 벌금 납부에 합의했다. 이로써 보잉사의 737 MAX 기종의 2018년과 2019년에 발생한 동 기종 2건의 추락 사고 형사 소송은 종결되었다. 하지만 보잉사는 사망한 236명 승객들의 가족이 제기한 민사 소송을 진행하고 있다. 2019년 에티오피아에서 이 기종이 추락하면서 보잉의 가치는 이틀 만에 27억 달러가 증발했다. 결과적으로 보잉은 2019년에 6억 3,600만 달러의 손실을 기록했다. 2018

년 105억 달러 이익과 크게 대비된다. 2019년 실적이 손실로 기록된 이유에는 코로나19 사태로 전 세계 여행이 급격히 감소한 이유가 크지만 737 MAX의 추락 사고 조사가 진행되고 미국 연방 항공국이 사고 방지에 대한 충분한 대책이 마련 될때까지 이 엔진을 장착한 항공기의 운행을 정지시키면서 이 기종에 대한 주문 취소가 이어졌기 때문이다. 주문 취소와 항공사들 손실의 보상 등으로 보잉은 큰 손실을 보게 되었다.

항공사의 조종사가 인지하고 훈련받아야 하는 업그레이드된 비행기의 중요한 안전 기능인 MCAS^{Maneuvering Characteristics Augmentation System}라는 자동 시스템을 도입하면서 비용을 절약하기 위해 조종사 설명서나 훈련을 포함하지 않은 결정이 문제의 핵심이었다. 이런 잘못된 조치가 최고 경영진이나 이사회뿐만 아니라 항공기 안전을 보장하는 미국 연방 항공국의 인증 과정에서도 검증되지 않아 대규모 사고가 발생한 것이다. 현재까지도 737 MAX는 운행하지 못하고 있으니 사고로 인한 인명 손실은 물론이고 재무적 손실과 시장에서의 명성과 신뢰의 하락에서 오는 피해는 실로 막대하다고 할 수 있다. 이런 경우에서도 고객은 물론 직원, 공급자, 지역 사회와 주주 모두 직접적인 피해자가 된다.

환경 주제인 기후 변화와 탄소 배출은 주로 지역 사회, 주주, 공급업체의 관심사가 된다. 사회 주제인 고객 만족은 주로 직원과 공급자의 관심사가 된다. 지배구조의 주제인 이사회 구성원들의 다양성 등에 대한 과제는 주로 주주와 지역 사회의 관심사라 할 수 있다.

이런 다양한 ESG 주제들은 관련 과제나 프로젝트의 실행으로 실현된다. ESG 실행 목표가 정해지고 성과를 측정하고 점수화하여 평가하는 기업 운영 전략과 실행력이 여타 다른 사업 목표처럼 관리되어야 하는 환경이 조성되어 가고 있다.

투자가 외에도 정부의 기업 정책 방향이나 시민단체, 비정부 단체들의 관심과 어젠다도 영향을 주고 있다. 국내 기업들도 ESG 경영위원회를 신설하여 ESG 경영을 구체화하기 시작했다. SK그룹은 ESG 경영으로 그룹 지배구조의 투명성 높이고 기후 변화 등 다양한 환경 이슈들에 대한 적극적인 전략적 의사 결정 구조를 만들고 있다. 최고 의사결정 협의 기구인 SK수펙스추구협의회에 거버넌스위원회를 신설했다. 거버넌스위원회는 향후 계열사의 의사결정 투명성 제고뿐만 아니라 지배구조 선진화 방안 등을 논의하게 된다고 한다. 또 환경사업위원회도 신설하여 기후 변화 대응 등 환경 관련 이슈들을 다룰 것이라고 한다.[52] 삼성 거버넌스위원회도 기업의 사회적 책임을 다하고 주주 가치를 제고하기 위하여 구성되었다. 사회적 책임 관련 사안을 감독하고 주주 가치를 제고하고 주주 권익 개선 등 관련 사안들을 심의하고 감독할 것으로 알려졌다.

향후 많은 기업이 ESG 경영을 실천하기 위해 조직 역량을 강화하는 노력을 가속화할 것으로 예측된다. 결국 경영의 정도란 생존을 넘어 지속성의 길을 가야만 하기 때문이다. 다양한 이해 관계자들과 파트너십을 구축하여 ESG를 실천하는 것은 지속성의 길로 가는 여정의 지표가 될 것이다.

4장

벤처 투자자들의
관심 대상 기술과
기업

800개 글로벌 기업의 IT 매니저와 책임자급을 대상으로 진행된 뮬소프트사의 2019년 조사 결과에 의하면 다수의 기업에서 투자하고 있고 진행되고 있는 중점적인 디지털 관련 분야는 다음 표와 같다.

디지털 트랜스포메이션을 통해 이루고자 하는 조직의 목표

디지털 트랜스포메이션을 통해 얻고자 하는 목표?

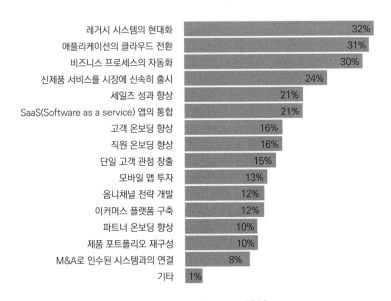

목표	비율
레거시 시스템의 현대화	32%
애플리케이션의 클라우드 전환	31%
비즈니스 프로세스의 자동화	30%
신제품 서비스를 시장에 신속히 출시	24%
세일즈 성과 향상	21%
SaaS(Software as a service) 앱의 통합	21%
고객 온보딩 향상	16%
직원 온보딩 향상	16%
단일 고객 관점 창출	15%
모바일 앱 투자	13%
옴니채널 전략 개발	12%
이커머스 플랫폼 구축	12%
파트너 온보딩 향상	10%
제품 포트폴리오 재구성	10%
M&A로 인수된 시스템과의 연결	8%
기타	1%

출처: MuleSoft's Connectivity Benchmark survey 2020

디지털 기술 분야 투자 순위

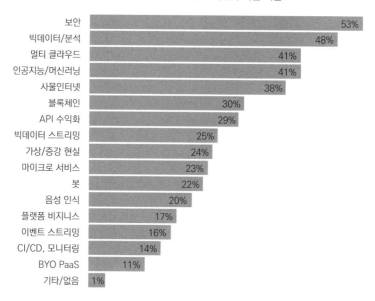

조직에서 현재 또는 미래에 투자해야 하는 기술?

기술	비율
보안	53%
빅데이터/분석	48%
멀티 클라우드	41%
인공지능/머신러닝	41%
사물인터넷	38%
블록체인	30%
API 수익화	29%
빅데이터 스트리밍	25%
가상/증강 현실	24%
마이크로 서비스	23%
봇	22%
음성 인식	20%
플랫폼 비지니스	17%
이벤트 스트리밍	16%
CI/CD, 모니터링	14%
BYO PaaS	11%
기타/없음	1%

출처: MuleSoft's Connectivity Benchmark survey 2020

1. AI: AI는 만병통치약인가?

인공 지능은 인간의 지능과 분별력을 가진 기능을 컴퓨터 시스템과 로봇 같은 기계 등에 접목한 디지털 기술을 말한다.

프랑스의 철학자이자 수학자인 데카르트는 "나는 생각한다. 고로 존재한다."라고 인간의 가장 근본적인 속성과 가치에 대해 말했다. 인간과 대비해 "AI는 스스로 생각하지 않는다. 다만 데이터 훈련을 통해 임무를 수행한다."라고 말할 수 있을 것이다. 물론 이런 표현은 향후 AI의 발전 속도와 방향에 따라 바뀔 수 있다.

OpenAI라는 기업은 최근 영어 기반으로 글이나 문서를 이해하고 작성할 수 있는 GPT-3Generative Pre-trained Transformer - 3rdgeneration이라는 AI 프로그램을 발표했다. 이 프로그램은 알파고처럼 특정한 응용 분야를 위해 훈련된 AI 프로그램이 아니라 전혀 훈련되지 않은 응용 분야에 적용할 수 있다. 미국의 수능이라 할 수 있는 SAT 시험 문제 중 비유 질문항에 대해 이 알고리즘은 평균 응시생 정도의 정답률을 보였다고 한다.**53** 이 알고리즘은 유명한 사람들이 쓰는 스타일이나 문체로 글을 작성할 수도 있으며 반만 완성된 문서의 나머지 절반을 스스로 완성할 수도 있다고 한다. 심지어 원하는 프로그램을 우리가 통상 사용하는 표현으로 입력하면 특정 소프트웨어 코딩을 해 주는 능력을 갖추고 있다고 한다. GPT-3은 다른 AI 시스템과 마찬가지로 방대한 데이터와 매개 변수를 통해 이 알고리즘을 훈련한다. 웹사이트와 위키피디아 등의 데이터 소스에서 무려 1,750억 매개 변수를 디지털 데이터 세트로 훈련한다고 하니 한마디로 세상의 거의 모든 정보를 통해 훈련된 알고리즘이다.

이 기사에 따르면, 이 프로그램에 1796년 미국 초대 대통령 조지 워싱턴이 재선 후보로 본인이 고려되지 않기를 바란다는 의미를 담은 매우 긴 발표문을 입력했다고 한다. 거의 100단어에 달하는 발표문을 입력한 결과 이 알고리즘은 "나는 대통령에 출마하지 않겠다."라고 간단명료하게 해석했다고 한다. 이 알고리즘은 영어 표현을 입력하면 수학 수식을 만들어 준다. 아직은 몇 개의 예를 알고리즘에 훈련하는 과정이 필요하다. 이 알고리즘이 발전하면 기자나 작가, 변호사들이 글이나 문서를 작성하던 작업에서 벗어나 알고리즘이 작성한 글과 문서를 수정하는 편집자의 역할로 전환될 수도 있다.

문제는 이런 전환이 데카르트가 말한 생각과 창의성을 갖춘 존재였던 인간이 기술적인 편집을 하는 기능인으로 전락할 수 있다는 점이다. 마치 인공 지능을 가진 실시간 내비게이션이 길을 찾는 수고와 피곤함을 덜어주는 스마트한 도구이기도 하지만 길을 찾고자 판단하고 방향 감각을 유지하고 교통량을 유추하는 감각과 능력을 퇴화시키는 결과를 초래하는 것과 같다. 정답을 추구하는 교육이 새로운 문제를 접할 때 스스로 사고하는 역량과 습관을 학생들에게서 빼앗아 가듯이 말이다. 세상의 이치가 그러하듯이 편리함과 효율성을 제공해 주는 AI에도 이런 양면성이 있음을 인식할 필요가 있다.

AI는 디지털 기술 분야 중 가장 높은 관심과 투자의 대상이다. 아래의

기업형 벤처 캐피털(CVC) 투자 가속화(단위: 건, 10억 달러)

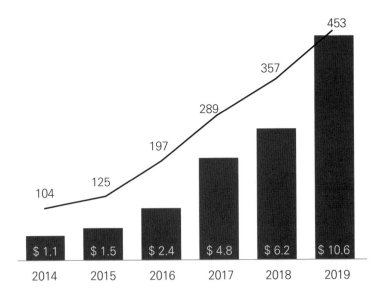

출처: The 2019 Global CVC Report CB Insights

표에서 보듯이 기업형 벤처 캐피털 투자의 지속적인 증감률을 보면 인공 지능에 대한 활용성과 가능성의 기대가 높은 것을 알 수 있다.

기업형 벤처 캐피털은 일반 벤처 캐피털과는 달리 대기업들이 향후 인수나 파트너십을 목적으로 투자하는 경우가 많다. 즉 내부 혁신과 연구보다는 외부 스타트업 기업을 대상으로 미래의 기술 확보와 새로운 비즈니스 성장을 모색하는 전략이다. 기업 자체적으로 혁신적인 사업을 추진하는 것보다 외부 스타트업 업체들을 발굴하여 투자를 통해 발전과 성장의 발판을 마련한다. 이런 과정을 통해 기업 내부 역량을 강화시키거나 혹은 독립적인 포트폴리오로 운영하는 선택을 할 수 있다. 일반 벤처 캐피털들이 상장이나 피인수 과정을 거쳐 고수익을 내고자 하는 투자 전략과 차이가 있다. 기업형 벤처 캐피털은 일반 벤처 캐피털과 비교해 규모가 크다. 2019년 기업형 벤처 캐피털의 건당 투자 규모는 약 2,360만 달러였고 일반 벤처 캐피털은 약 1,590만 달러로 건당 규모가 30% 큰 것으로 나타났다.

AI는 헬스케어부터 리테일, 금융, 보험, 보안, 건설, 교통, 미디어, 교육, 제조업, 에너지, 법률, 광산, 부동산에 이르기까지 그야말로 전 산업에 걸쳐 활용의 범위가 넓어지고 있다. 인텔에서 설립한 기업형 벤처 캐피털인 인텔 캐피털 회사는 2019년 총 19개 AI 스타트업에 투자해 이 분야의 미래에 높은 기대를 나타내고 있다.

구글의 기업형 벤처 캐피털 회사인 구글 벤처는 16개 AI 스타트업에 투자하고 있다. 구글은 인공 지능을 전자 제품 전략의 핵심으로 추진하고 있다. 구글은 하드웨어보다는 구글 어시스턴트와 같은 소프트웨어에 집중한다. 특히 구글의 맵과 어시스턴트와 안드로이드의 융합으로 TV, 웨어러블, 음성 어시스턴트, 그리고 자동차에까지 구글은 판도를 흔들 수 있는 역량을 가지고 있다. 구글 어시스턴트는 애플 시리를 포함 그 어떤 음성 도움 프로그램보다 월등한 성능을 자랑한다. 볼보, GM, 피아트크라이슬러, 닛산 등 자동차 회사들은 구글 어시스턴트, 구글 맵, 구글 플레이 스토어를 그들의 인포테인먼트 시스템에 적용했거나 하려고 작업 중이다. 구글은 이렇듯이 자체 상표 제품을 만드는 것보다 다양한 제품들을 작동시키는 소프트웨어 개발에 집중하고 있다.

컨설팅 업체 가트너는 2020년까지 약 30%의 기업들이 제품과 서비스 판매 과정에 인공 지능을 적용할 것으로 예측했다. 마케팅이나 판매에 인공 지능을 결합하면 고객 유지나 충성도를 높일 수 있다. 고객들의 성향 분석을 통해 맞춤형 광고를 할 수도 있고 스마트 챗봇을 활용해 고객의 만족도를 높일 수도 있다. 고객의 평생 가치에 대한 정확한 분석을 바탕으로 매출과 이익을 증가시킬 수 있으며 고객과의 다양한 채널의 효율성을 최적화할 수 있다. 어떤 마케팅 캠페인이 가장 효과적인가를 알아낼 수도 있다. 예를 들면 2016년 미국의 한 할리 데이비드슨 모터사이클 판매 매장이 알버트라는 AI 소프트웨어를 활용하여 29배 정도의 매출 증가세를 보인 것이 이런 사례에 해당한다.[54] 고객의 관심을 유도하는 마케팅 채널 등 잠재 고객에 대한 심층 분석을 통해 구매를 촉진하는 판매 메시지나 광고의 변환을 통해 이런 성과를 이룬 것이다.

마케팅이나 판매에서 인공 지능은 고객이 원래 구매 의사가 없었더라도 관심을 둘 만한 제품을 소개하거나 추천하여 교차 또는 상향 구매를 유도할 수 있다. 고객이 구매하는 데 불편해하는 과정을 빨리 파악하여 개선할 수 있다. 월마트가 모바일 익스프레스 반품 앱을 개발하고 도입한 것이 이런 예라 할 수 있다. 번거롭고 긴 시간이 걸리는 환불 프로세스 개선을 통해 고객이 빠르고 쉽게 반품을 하고 환불을 받게 만든 것이다. 이렇게 작게 보일 수 있는 혁신적 노력이 모여 고객이 월마트 에코 시스템 안에서 재구매 기회를 하도록 만든다.

- AI와 직장, 고용 문제

이전부터 AI의 고용 문제에 대한 영향과 우려는 꾸준히 제기되어 왔지만 최근 코로나19 사태는 이런 우려가 실제로 일어나고 있는 사회 문제라는 인식을 강화하고 있다. 컨설팅 회사 KPMG가 2020년 4월 1천 명을 대상으로 진행한 조사 결과에 의하면 미국 테크놀로지 업종에서 일하는 직원들의 67%, 그리고 비테크놀로지 업종에서 일하는 직원들의 44%가 AI와 로봇 등의 디지털 역량에 밀려 직장을 잃을지 모른다는 우려를 하고 있다고 한다.[55]

다음 페이지 표를 보면 단순하고 반복적이거나 기계적인 작업이 쉽게 AI나 자동화로 대체될 수 있다는 결론에 도달한다. 하지만 이는 좁고 위험

자동화 위험이 높은 직업군과 낮은 직업군

자동화 위험이 높은 상위 20대 직업		자동화 위험이 낮은 하위 20대 직업	
직업	대체 확률 (퍼센트)	직업	대체 확률 (퍼센트)
통신서비스 판매원	99	영양사	0.4
텔레마케터	99	전문 의사	0.4
인터넷 판매원	99	장학관/연구관 및 교육 관련 전문가	0.4
사진 인화 및 현상기 조작원	99	교육 관리자	0.7
관세사	98.5	보건의료관련 관리자	0.7
무역 사무원	98.5	중고등학교 교사	0.8
전산 자료 입력 및 사무 보조원	98	학습지 및 방문교사	0.9
경리 사무원	97	컴퓨터시스템 설계 및 분석가	1.1
상품 대여원	97	특수교육 교사	1.2
표백 및 염색 관련 조작원	97	약사 및 한약사	1.2
신발제조기 조작원 및 조립원	97	기타 전문서비스 관리자	1.4
고무 및 플라스틱 제품 조립원	97	컴퓨터 강사	1.4
가구 조립원	97	기타 종교 관련 종사자	1.7
목재 및 종이 기계 조작원	97	성직자	1.7
구두 미화원	97	화학공학 기술자 및 연구원	1.7
출납 창구 사무원	96.5	섬유공학 기술자 및 연구원	1.7
운송 사무원	96	가스에너지 기술자 및 연구원	1.7
섬유제조 기계 조작원	96	연구 관리자	1.8
회계사	95.7	건축가 및 건축공학 기술자	1.8
세무사	95.7	환경공학 기술자 및 연구원	1.8

출처: LG 경제 연구원, 디지털프랜스포메이션 전략, 김종식 박민재 양경란 지식플랫폼 2019에서 인용

한 시각이나 결론일 수 있다. 향후 AI가 거의 모든 분야에 광범위하게 적용되면서 거의 모든 영역의 일자리는 위협받을 수밖에 없다. IBM의 왓슨은 아직까지는 기대했던 AI 의사의 역할은 하지 못하지만 장기적으로 암 진단과 치료 방법을 의료 전문인보다 더 정확하게 하게 될 수도 있다. 자율 항법 장치 기술을 선도하는 군용 드론은 이미 조종사 없이 정교한 작전을 수

행할 수 있다. 자율 항법이나 주행 기술은 머지않은 미래에 선박과 상용차 운행에서 선장이나 운전자를 필요로 하지 않을 가능성이 높다.

- AI 편견

노벨 경제학상을 수상한 대니얼 카너먼 교수는 사람이 가지고 있는 편견이 얼마나 비합리적이거나 잘못된 판단을 하는지에 관한 연구로 유명하다. 그의 저서 『생각에 관한 생각Thinking fast and slow』을 통해 왜 인간이 이런 사고를 하게 되는지 설명하고 있다.

인간의 편견은 180개 항목 이상으로 정의하고 분류한다고 한다. 다양한 이런 편견은 사람이 내리는 결정에 영향을 줄 뿐만 아니라 사람이 만든 AI 알고리즘에도 영향을 미치게 된다. 그래서 AI가 광범위하게 활용되면서 이런 편견이 이슈가 된다. AI는 기본적으로 기계 학습으로 알고리즘이 작동되기 때문에 학습 과정에 활용되는 데이터나 이미지에 영향을 받게 된다. 인종, 성별, 국가, 사회, 정치적 편견이 포함될 수 있다.

예를 들어 특정 피부색이나 인종을 범죄와 관련지어 기계 학습을 시킨다면 AI는 그런 편견에 의해 학습된 판단을 하게 된다. 그것은 마치 우리가 어떤 물건을 온라인으로 구매하게 되면 그 업체 제품의 디지털 광고가 팝업으로 나타나 지속해서 재구매를 유도하는 과정과 같다. 우리가 흔히 쓰는 자동차 내비게이션 프로그램이 내가 선호하는 길을 학습해 다른 길보다는 학습된 '즐겨찾기' 길로 안내하는 것과 유사하다.

따라서 AI 편견은 인간과 학습하는 기계 간의 신뢰를 약화하거나 불신을 초래할 수도 있다. 이런 관점에서 '쓰레기가 들어가면 쓰레기가 나온다.' 라는 말처럼 AI 시스템의 데이터는 양뿐만 아니라 질 또한 중요하다. 즉 편견을 최대한 배제한 중립적인 데이터가 가장 양질의 데이터가 되는 것이다. 2장에서 논의한 데이터의 질적인 속성 중 Veracity진실성와 Validity정확성가 바로 이런 이유로 중요하다.

이런 AI 편견 사례로 아마존의 인재 채용 AI 알고리즘이 있다. 수많은 지원서를 AI가 심사하여 회사가 원하는 배경과 경험을 가진 최종 면접 대상을 찾아준다면 기업의 인사 담당들은 크게 환영할 일이다. 이런 발상으로 2015년에 개발된 이 알고리즘은 2018년 결국 개발팀이 해체되고 폐기되었다. 그 이유는 AI 알고리즘이 서류 심사과정에서 여성이라는 단어를 지원서에 쓴 지원자에게 불리한 평가를 했다고 한다. 성별이 여성인 경우도 있지만 여성 단체에 일했던 사람들도 이런 불이익을 받았다고 한다. 이런 AI 편견은 아마존이 사용한 학습 데이터가 과거 10여 년간 아마존에 지원한 사람들의 지원서였기 때문이다. 지원자의 다수가 남성이었기 때문에 이 데이터로 학습한 알고리즘이 남성과 여성에 대한 편견적 판단을 한 것이다.

이런 문제에 대한 대책으로 IBM은 독립적인 AI 평가 시스템을 도입하여 중립성과 공정성을 결정하고 있다고 알려져 있다.

- AI 윤리

최근 캐나다의 얼굴 인식 전문 기업 Clearview AI가 인터넷상에서 공개적으로 수집한 일반인들의 사진이나 동영상을 법 집행 정부 기관에 판매하여 범죄자들을 빠른 시간 내 확인하고 검거하는 도구로 활용해 논란이 되고 있다. 이 기업에 대해서는 사이버 보안 부문에서 좀 더 자세하게 다룰 것이다.

AI의 윤리 문제는 구글이 미국 국방성의 AI 기반 최첨단 무기 개발 메이븐 프로젝트를 2018년 계약 종료 후 더 이상 진행하지 않기로 한 결정으로 주목받았다. 메이븐 프로젝트는 원자탄 개발 경쟁에 비유될 정도로 강대국들이 전략적으로 개발 중인 AI 기반 공격 무기 개발 프로그램의 일환이다. 예를 들면 정확한 목표 타격을 위해 이미 활용되고 있는 살상용 드론 등에 AI 기능을 강화하고자 구글을 참여시킨 것이다.

이런 결정을 하기까지 구글 직원들은 공개적으로 회사 경영진에게 더 이상 구글의 AI 기술이 사람들을 살상하는 무기 개발에 이용되면 안 된다는 의사 표현과 공개 항의를 지속했다. 결국 이런 우려가 구글에 직원 노조가 생긴 이유 중 하나다.

구글은 AI 기술 사용에 대한 법적, 윤리적 우려를 고려해 기술 적용에 대한 타당성을 평가하기 위해 다양한 구성원으로 내부 윤리 검토 위원회를 설치해 운영하고 있지만 윤리 기준에 대한 관점의 차이는 논란의 대상이 된다. 이런 AI 윤리 문제를 심사하고 평가하는 제도는 구글 외에도 마이크로소프트나 IBM과 같은 AI 관련 기업들에 의해 채택 운영되고 있다. 즉 향후 AI의 주요 과제 중 하나는 어떻게 AI에 인간의 가장 소중한 공유 가치들을 학습시킬 것인가이다.

미국 연방 정부는 AI를 규제하는 법적 효력을 가진 정부 기관이 준수해야 할 AI 십계를 발표했다. AI에 대한 공공의 신뢰 확보, 공공의 참여와 의견 수렴, 과학적 기반과 정보의 질, 위험 평가와 관리, 혜택과 비용, 융통성, 공정함과 비차별성 준수, 공개와 투명성, 안전과 보안, 관계 기관들의 소통과 조정이 그 원칙들이다. 초기 트럼프 행정부가 기업들의 혁신에 무게를 실어 AI에 대해 연방 정부 차원의 기준을 제시하지 않았던 정책이 바뀐 결과다.

2020년 6월 첨단 기술 선도 기업인 아마존, 마이크로소프트와 IBM은 안면 인식 기술을 경찰에 판매하지 않겠다고 발표했다. 아마존은 2016년에 출시된 컴퓨터 비전 플랫폼인 레코그니션이라고 부르는 안면 인식 기술을 일 년간 판매 중지하기로 했고 미국 의회에서 이 문제에 관한 법령을 어떻게 제정하는가를 지켜보고 일 년 후에 입장을 정하기로 했다. 그동안 논란의 대상으로 민간인들의 우려가 꾸준히 제기되었음에도 큰 변화가 없던 안면 인식 서비스 문제가 최근 미국에서 흑인 조지 플로이드가 경찰의 체포 과정에서 사망한 사건 이후 크게 주목받았다. 안면 인식 알고리즘이 특정 얼굴을 잘못 인식하거나 인종 차별을 부추기는 결과를 증폭시킬 수 있다는 문제 제기가 기업들의 서비스 중단 결정을 끌어내게 된 것이다.

미국 샌프란시스코는 미국 최초로 2019년부터 안면 인식 AI 기술 활용

금지를 시행한다고 발표했다. 물론 공항이나 항만처럼 연방 정부의 관할 구역은 제외되지만, 시 관할 구역에서의 안면 인식 활용은 불법이 되었다. 이런 법안의 배경에는 개인 정보 보호 외에도 안면 인식 기술의 오류나 정확성에 대한 우려도 영향을 준 것으로 알려졌다. 특히 여성이나 어두운 피부 색깔을 가진 사람들에 대한 오류가 높다고 주장한다. 안면 인식 기술이 범죄 검거에 도움이 된다는 의견도 있지만 도시 차원에서 안면 인식 기술 오용의 위협으로부터 시민들을 자유롭게 하자는 인식이 샌프란시스코 등 여러 도시로 파급되고 있다. 중국 등에서 안면 인식 기술이 국민을 감시하는 데 활용되고 있듯이 정치, 사회적 통제 시스템에 대한 우려도 이런 법안 결정에 영향을 준 것으로 보인다.

- AI 기반 헬스케어

헬스케어 분야는 AI를 가장 적극적으로 활용하고 있는 업이다.

암은 전 세계적으로 성인병 중 가장 치명적인 질병이다. 인공 지능을 사용하여 암을 이해하고 퇴치하는 기술을 개발 중인 신생 기업으로 Paige 가 있다. 암 병리학 분야에서 기계 학습과 같은 AI 기반 방법을 적용하여 수많은 돌연변이를 가진 암의 기원과 진행 상황을 이해하는 데 필수 구성 요소인 바이오 마커 및 예측 능력 분야의 선두 주자 중 하나다. 이 회사가 개발 중인 제품에 대한 미국 식품의약국 승인이 곧 이루어질 것으로 업계 는 예상한다. 이 회사는 진단을 넘어 궁극적으로 암을 퇴치하는 방법을 개발하고 있다.

Eko는 의사들이 진료 시 가장 흔히 사용하는 청진기에 AI 알고리즘을 적용해 심전도 검사의 정확도를 94% 수준으로 올려 최근 미국 식품의약국 승인을 획득한 기업이다. 전통적 의료기기인 청진기가 고도의 정밀한 디지털 의료기기로 재탄생하게 된 원천은 바로 AI 기능이다.

Health.io라는 기업은 여러 의료 서비스 중 상처 관리 시스템에 AI를 접목했다. 전통적인 상처 관리는 의사의 주관적이고 시각적인 진단을 기초로 한다. 상처 상태에 대한 표준화가 없고 종합적인 데이터가 부족하다 보니 객관적인 진단을 하기가 어려웠다. 이 회사는 스마트폰의 카메라를 의료 분야에 접목했다. 카메라로 상처 부위를 촬영하고 이 결과를 컴퓨터 비전 알고리즘과 평가 방법으로 상처의 치료뿐만 아니라 치유 상태와 과정을 정확하고 일관되게 알려주는 서비스를 제공한다.

한때 IBM 왓슨은 헬스케어의 트랜스포메이션을 일으킬 것으로 기대를 모았다. 1996년 IBM의 체스 전용 컴퓨터 딥 블루는 당시 세계 체스 챔피언 그랜드 마스터로 군림하던 가리 카스파로프와의 시합에서 이겨 사람들을 놀라게 했고 2011년에는 미국의 인기 TV 퀴즈 프로그램인 〈Jeopardy!〉에서 IBM이 개발한 인공 지능 왓슨이 두 명의 퀴즈 프로그램 챔피언들과 겨루어 이겼다. 이 이벤트를 계기로 IBM은 헬스케어 산업의 트랜스포메이션 비전을 제시한다. 즉 왓슨이 인공 지능에 기반한 슈퍼 닥터로 의료계의 혁신을 이끌 것이고 이런 완성도 높은 제품을 2년 내 출시하겠다고 약속했다.

그로부터 10년이 지난 현재까지 IBM 왓슨 헬스케어 사업부는 이런 비전을 실현시키지 못하고 있다. 왓슨이라는 AI 닥터가 의료계의 혁신을 일으킬 것이라는 비전은 현재 의사들이 수행하는 진료의 보조적인 역할에 그치고 있다는 현실에 비추어 아직까지는 성공했다고 보기 힘들다는 평가를 받고 있다.

그동안 저명한 병원들이 IBM과 파트너십을 맺고 왓슨을 사용해 암 치료 등 다양한 분야에 대한 투자와 연구를 진행해 왔다. 그러나 암 치료 전문 병원으로 유명한 텍사스 대학교 MD 앤더슨 암 센터와 뉴욕에 있는 메모리얼 슬론 케터링 암 센터, 메이요클리닉, 존슨엔존슨 등 약 50여 개의 의료 기관이나 기업들과의 협업 결과는 대부분 의미 있는 성과를 도출하지 못했다. 우리나라에서는 가천대 길병원에서 2016년 최초로 도입하기 시작하면서 여러 병원들이 경쟁적으로 왓슨을 도입했다. 문제는 왓슨이 기대한 성과를 내지 못한 데 있다. 예를 들면 길병원의 경우 초기 656명의 대장암 환자들에 대한 의사의 암 치료 처방과 왓슨의 치료 처방 추천 결과 일치율이 49%로 나타났다. 미국 메모리얼 슬론 케터링 암 센터에서 왓슨이 거의 90%가 넘는 일치율을 보인 것과는 매우 다른 결과다. 한국어를 제대로 이해하지 못하는 문제나 의사의 추상적이거나 주관적인 표현을 제대로 이해하지 못하는 기술적인 한계도 영향을 주었다고 볼 수 있다.[56]

왓슨이 처음 도입될 때 비의료기기로 정부에서 분류되었고 보험 적용 문제, 병원에서 활용하는 전자의무기록과의 연동성 문제 등 의료 인프라가 상이함으로 발생하는 문제들도 왓슨의 평판을 떨어뜨리는 데 영향을 주었다고 볼 수 있다. 여러 병원들이 경쟁적으로 도입했던 왓슨은 암 전문가들에게 인정받지 못하는 수준의 일치율을 보임으로써 기대 가치를 창출하지 못하고 있다.

IBM은 왓슨에 많은 연구와 투자를 했다. 그러나 인공지능의 강점인 패턴을 인식하고 이런 인식을 바탕으로 강화 학습을 하는 머신 러닝적 접근 방법은 과학적인 증거와 사실 그리고 의사의 경험과 판단에 입각해 환자 치료에 접근하는 의료계 기준에 왓슨이 충족하지 못한 구조적인 한계가 있었다고 보인다.[57]

– AI 기반 리테일과 물류

Aifi는 2016년 창업한 스타트업 기업인데 '리테일 매장의 자율화'를 위한 AI 기반 시스템을 비즈니스 핵심 기술로 추진하고 있다. AiFi는 AI, 에지 컴퓨팅, 그리고 확장 가능한 센서 융합 기술을 통해 무인 매점을 실현한다.

즉 고객은 신용카드를 문 앞에 설치된 센서에 대고 들어와 원하는 물건을 집어 나가기 전 키오스크 화면에서 총 구매 액수만 확인하면 된다. 별도로 물건의 바코드를 계산대에서 스캔할 필요가 없다. 그야말로 '플러그 앤 플레이' 개념의 무인 시스템이다. 개인 데이터는 저장되지 않고 모든 서버는 현지 매장에 위치한다.

미래 대부분의 소규모 매장은 이런 기술을 기반으로 무인화로 운영될 것으로 예상된다. 인건비를 절약할 수 있음은 물론이고 고객들은 계산대에서 길게 줄을 서는 불편함과 시간 낭비를 하지 않아도 된다. 특히 시간에 쫓기는 공항이나 기차역 주변의 소규모 상점에서 이런 서비스는 고객들의 호평을 받고 있다. 아마존 Go 매장에서도 계산대에서 무인 결제가 실현되고 있다. 고객은 앱을 스마트폰에 설치하고 QR 코드를 스마트폰에 입력하면 자동 결제가 된다.

OSARO는 AI 기술로 산업 자동화를 주업으로 하는 기업이다. 이 회사는 공장이나 물류센터에서 필요한 정적 로봇 시스템을 동적 솔루션으로 전환하는 자동화를 구현하고 있다. 그리고 다양한 물류 관련 기술 보유 회사들과 시스템 운영을 통합하여 물류 자동화 비즈니스 소프트웨어를 고객들에게 제공한다.

특히 이 회사는 로봇이 부품이나 물건들을 들어 올리고 원하는 위치에 이동해 내려놓는 것과 같은 작업의 자동화를 위한 소프트웨어를 개발 중이다. OSARO의 소프트웨어는 다루기 까다로운 물체를 감지하고 조심스럽게 픽업한다. OSARO Pick 시스템은 약 100만 개 이상의 재고 관리 단위Stock Keeping Unit, SKU를 다룰 수 있도록 설계되었으며 사전에 재고 관리 단위 정보 등록이 필요 없다. OSARO Pick은 모든 주요 로봇과 혼용되며 로봇 팔 끝에 달린 장치들과 센서를 사용하여 식료품 유통 시설 및 전자 상거래와 물류 창고 및 처리 센터의 작업을 자동화할 수 있다.

- AI 자율 주행

요즘 온라인 배송은 그야말로 대세다. 온라인으로 주문하면 배송업체가 문 앞까지 배달해 주는 시스템에 익숙해지는 사람들이 점점 많아지고 있다. 원하는 상품을 쇼핑하러 시간을 들여 굳이 매장에 갈 이유가 없어지고 있다. 배송업체들이 물류 창고에서 고객 집 앞까지 배송해 주는 과정을 라스트마일 배송이라고 한다.

자율자동차가 일부 제한된 지역에서 운행되고 있지만 복잡한 대도시에서 사람들이 안심하고 탈 수 있는 자동차의 두뇌인 자율 주행 기술은 아직도 시간이 걸릴 듯하다. 기술의 문제뿐만 아니라 제도와 법적인 문제도 해결해야 하고 사람이 기계에 생명을 완전히 위임하는 심리적 불안감을 해소하는 데도 적응 시간이 걸릴 것이다.

컨설팅 기업 딜로이트에 의하면 2017년에는 81% 사람들이 자율 주행 자동차가 안전하지 않다고 생각했는데 2019년에는 46%가 그렇다고 답했다. 불과 3년 만에 큰 인식 전환이 일어난 것이다.

이런 문제로 자율 주행의 단기적인 활용 방향 중 하나는 라스트마일 배송이다. 수많은 배달 차량이 집마다 물건을 일대일로 배달하는 지금의 시스템은 효율성 측면에서 최적화가 필요하다. 라스트마일은 전체 물류비용의 약 30% 정도를 차지하기 때문이다. 예를 들어 자율 전기 자동차가 지역 물류센터에서 고객 거주지나 계약된 근처 편의점들에 주문된 물건들을 배달하고 이런 정보를 고객에게 실시간으로 전달해 픽업하게 할 수 있다.

주문한 물건을 사람의 도움 없이 문 앞까지 자율 배달을 할 수는 없겠지만 편의점처럼 24시간 영업하는 지정 픽업 장소를 활용한다면 이런 시스템 실현이 가능하다. 실제로 우리나라 기업 티몬의 편의점 픽업 서비스로 전국 7천 개 C&U 편의점 매장에서 주문한 물건을 픽업할 수 있다.

미국의 경우 크로거라는 대형 슈퍼마켓은 Nuro라는 로보틱스와 자율 주행 전문 업체와 협업하여 미국 애리조나주 스코츠데일시의 주민들에게 이런 배달 시스템을 2018년부터 시험적으로 운행했고 2019년 텍사스주 휴스턴시로 확대 운행 중이다. 이런 접근 방법은 주행 및 고객들에게 대한 문제점을 파악하고 데이터를 축적하여 향후 스케일업 하는 데 학습 기반이 된다.

포드 자동차와 미국의 피자체인점인 도미노피자는 2017년부터 피자를 포드의 무인 자동차로 배달하는 시범 케이스를 운행했다. 포드는 무인 차에 대한 고객들의 반응을 이해하고 무인 차 운행에 대한 경험과 데이터를 축적하는 기회로 이런 시범 운행을 한다. 도미노 피자는 현재 자전거, 스쿠터 등의 다양한 배달 수단을 활용한다.

문제는 현재의 배달 방식은 주로 한 고객만을 위한 방식이라 매우 비효율적이다. 자동차를 사용하는 배달 방식은 한 번에 여러 고객들에게 주문한 피자를 전달할 수 있기 때문에 훨씬 효율적이다. 이런 시범 운행을 통해 자동차 회사와 피자 회사는 향후 배달 시스템을 최적화하는 데 필요한 자료나 정보를 공유하고 데이터화할 수 있다.

자율 주행 분야의 대표 주자 중 하나인 Aurora라는 기업의 자율주행플랫폼은 하드웨어, 소프트웨어 및 데이터 서비스를 결합하여 사람과 상품을 안전하게 이동할 수 있도록 한다. 이 회사는 Aurora 드라이버, 클라우드, 모빌리티, 물류 서비스, 업무용 차량 관리 서비스 등의 통합 시스템을 구축해 자율 주행 플랫폼을 완성하고자 한다. Aurora 드라이버 시스템은 안전하고 효율적으로 차량을 주행할 수 있게 해 준다. 센서를 통해 시야를 확보하고 소프트웨어로 안전한 경로를 파악하고 이 두 가지 기능을 차량과 통합하는 컴퓨터로 구성된다. Aurora 클라우드는 Aurora 드라이버를 장착한 차량을 운송 네트워크 및 차량 관리 시스템과 결합하는 공통 인터페이스를 제공한다. Aurora의 플랫폼은 사람들을 움직이고 모빌리티 생태계 파트너와 협력하여 화물을 전달한다. Aurora의 물류 서비스는 클라우드와 통신하여 차량을 파견하거나 재배치하여 항구, 물류센터, 가정 및 기업 간에 화물을 배달한다. 이런 서비스에 사용되는 차량은 화물용 밴이나 대형 상용차와 같은 대형 플랫폼에서 맞춤 설계된다. Aurora 모빌리티 서비스는 공통 응용 프로그램 프로그래밍 인터페이스, API를 통해 Aurora 드라이버에서 차량 서비스를 요청할 수 있다. Aurora 클라우드는 차량과 탑승자에 대한 모니터링 및 지원을 제공한다. 이런 서비스에 사용되는 차량은 세단, 미니밴 및 SUV 등이 된다. 업무용 차량 운영관리 서비스는 클라우드와 연동되어 Aurora 드라이버가 차량의 주차나 충전, 그리고 보관이나 유지 관리를 할 수 있게 해 준다.

AI와 딥러닝 기술을 바탕으로 자율 주행 시대에 대한 기대가 큰 것은 사실이지만 완전한 자율 주행 시대가 전개되기까지는 많은 시간이 필요할 것이다. AI 기계 학습 훈련으로는 매번 달라지는 교통 흐름과 다양한 운전 패턴을 이해하고 사람이 운전하듯이 바로 대응하려면 해결해야 할 기술적인 문제가 많기 때문이다.

여러 기업이 상용차의 자율 주행을 실현하기 위해 연구 개발에 힘쓰고 있다. 상용차 메이커인 벤츠나 볼보는 물론 여러 기업이 이 분야에서 경쟁하고 있다. 복잡한 도심에서 안전하게 자율 운전을 실현해야 하는 승용차보다 주로 고속도로에서 정해진 구간을 장거리 운송하는 상용차의 자율 운전은 기술적으로나 경제적으로 가치가 있다. 미국에서는 특히 며칠 혹은 몇 주 동안 대륙을 횡단하는 고속도로를 달리며 화물을 운송해야 하는 상용차 운전자들을 구하기가 힘들고 이직률도 높은 편이며 급료 등 비용도 높은 편이다. 따라서 상용차의 자율 주행은 화물 운송 물류 기업 입장에서는 경제적인 가치를 실현할 기회가 될 수 있다. 따라서 상용차 자율 주행 개발업체들은 이런 기대감을 등에 업고 완성도 높은 시스템을 개발하기 위한 치열한 경쟁을 하고 있다. 예를 들면 1억 2천만 달러의 투자를 받은 TuSimple은 상용차 자율 주행 시스템을 개발하고 있는 업체다. 이 기업은 약 1 킬러미터까지 전방 시야를 확보하여 안전과 주행성을 높이고 밤에도 운행할 수 있는 기술을 보유했다고 한다.

Embark는 상용차 자율 운행 소프트웨어를 개발하는 업체다. 7천만 달러의 추가 투자를 받은 이 회사는 미국 캘리포니아주 로스앤젤레스 도심 근처에 있는 회사 화물 집하장에서 컨테이너를 달고 운전자 없이 애리조나주 피닉스에 있는 집하장까지 약 480 킬로미터 자율 주행에 성공했다. 교통량이 그리 복잡하지 않은 구간이지만 운전자가 탑승하지 않고 자율 운행으로 화물을 운송해 미래 상용차 운행의 비전을 실현했다.

모든 자율 주행 개발업체들이 투자자들의 관심을 받는 것은 아니다. 상용차 자율 주행 소프트웨어를 개발하고 있던 Starsky Robotics라는 기업이 최근 문을 닫았다. 2015년 창립한 이 회사는 처음 원격 조종 상용차 운전을 실현하는 것이 목표였다. 상용차 운전자가 사무실에서 원격 조정으로 상용차를 운행할 수 있다는 기대감으로 이 회사는 2018년 1,600만 달러의 투자를 유치했었다. 그리고 2019년 이 회사가 개발한 소프트웨어는 실제 고속도로에서 자율 상용차 주행을 실현했다. 하지만 원격 조정 차량보다는 완전 자율 차량에 대한 투자자들의 관심과 기대가 커지면서 이 회사도 자율 주행으로 방향을 틀었지만 자율 주행 개발업체와의 경쟁력 상실로 추가 투자를 받지 못해 문을 닫았다.

- AI 계약서 관리 솔루션

음성 기반 작동 지능형 도우미 서비스를 제공하는 인공 지능 스타트업인 Lexion은 계약 관리를 위한 AI 기반 솔루션을 출시했다. Lexion은 시간이 오래 걸리고 비용이 많이 드는 문서 및 계약서 작성과 검토 과정을 도와준다. 계약서 작성과 관리 문제는 해야 하지만 매우 번거로운 문제다. 고객마다 조건이나 요구 사항이 다를 수도 있고 계약서가 많아지다 보면 담당자가 세세한 내용을 기억하고 추적하는 일은 쉽지 않다. 그리고 외부 변호사 등 전문가들의 자문을 받아야 하는 등 계약서 관리 비용도 많이 든다. Lexion은 이런 문제점에 대한 솔루션에 착안해서 설립된 기업이다.

이 회사의 첫 번째 제품 LexiconMD는 헬스케어 전문가가 전자 의료 기록에 그들의 메모를 지시하는 것을 도와주는 역할을 한다. LexiconAI는 변호사, 의료 서비스 및 기타 전문가를 위한 지능형 음성 기반 플랫폼 제품이다. 이 회사의 음성 인식 소프트웨어는 사람의 인식 능력에 크게 떨어지지 않는 수준의 정확도를 가지고 있다. LexiconAI는 변호사, 의사 및 서류 작성에 귀중한 시간을 써야 하는 전문가들을 위해 만들어졌다. 이 서비스는 직관적이고 사용하기 쉬운 사용자 인터페이스를 제공하여 전문가들의 손과 눈을 자유롭게 한다. 입력 속도의 두 배 속도로 문서를 처리하여 시간과 비용을 절약할 수 있다. Lexion의 플랫폼은 회사의 모든 계약을 검토하여 수십 개의 주요 조항을 자동으로 추출하고, 몇 시간 만에 필터링, 정렬, 검색할 수 있는 체계적인 접근 방법을 구현한다. 이 회사의 독자적인 자연어 처리 엔진은 보험 계약부터 상업용 부동산 문서에 이르기까지 이전 계약서에는 없었던 조항이나 새로운 유형을 추출하여 알려준다. 모든 조직은 계약서 관리에 많은 어려움을 겪고 시간과 비용을 지불한다. 이 회사의 AI 기반 솔루션은 시간과 비용, 그리고 실수를 크게 줄여줄 수 있는 새로운 서비스다.

- AI 보안 서비스

Onfido의 디지털 신원 확인 서비스는 요즈음처럼 각종 신원 증명 위조나 변조 문제가 발생하는 시점에 도움이 된다. 이 회사의 서비스는 스마트폰 앱으로 신원 증명을 확인하고자 하는 사람의 운전 면허증이나 사원 신분증의 앞뒷면 사진을 찍는 것으로 시작한다. 그리고 본인의 얼굴 앞과 좌우 동영상을 찍어 휴대폰 앱을 통해 이 회사의 서버로 보낸다. 이 회사의 인공 지능 시스템은 이 두 가지 얼굴 이미지를 비교하여 짧은 시간에 제시된 신분증의 2차원 사진이 실제 3차원 영상과 차이가 있는지를 생체인식 판독 기술로 분석하여 확인시켜준다. 이를 통해 신분 도용을 차단할 수 있다. 그리고 맞춤형으로 신뢰할 수 있는 신원 프로필을 구축할 수 있다. 이 기술은 신분증뿐만 아니라 서류의 위조나 변조 확인에도 적용될 수 있다.

- AI 스마트 홈, 스마트 리빙

스마트 홈, 스마트 리빙은 인텔리전트 또는 스마트 공간이라고 부르는 영역으로 기기의 연결과 원격제어, AI를 기반으로 삶의 질과 편의성, 그리고 에너지 효율을 올리는 시스템을 말한다.

스마트 공간은 집뿐만 아니라 일하는 곳, 공항, 일하는 사무실, 자동차 내부까지 사람이 활동하는 영역을 포함한다. 예를 들면 인천공항이나 많은 외국 공항에서는 사전 등록 승객들이 여권과 지문 인식, 안면 인식으로 입출국 절차를 밟을 수 있다. 인텔리전트 키오스크가 신분 확인을 사람보다 더 빨리 정확하게 수행한다. 이런 시스템에 익숙해지면 사람이 앉아 있는 입출국 데스크가 있는 해외 공항을 출입하는 것이 매우 불편하게 느껴진다.

자동차는 스마트키를 지닌 운전자를 인식하여 원격으로 시동이 걸리거나 차 문을 열어준다. 집이나 병원의 조명을 거주자나 환자의 감정, 상황에 맞게 다양한 색으로 변화시킬 수 있는 필립스의 휴와 같은 스마트 조명은 공간의 분위기를 가변적이고 창의적으로 만들어 준다. 사무실에 일하는 사람이 없으면 자동으로 소등해주는 기능도 이런 스마트 공간 기술을 활용한 것이다.

가전 업체들이 집중하는 분야 중 하나인 홈 오토메이션 산업을 중심으로 트렌드를 살펴보자.

구글의 네스트나 LG의 싱큐 등이 홈 어시스턴트 기능을 기반으로 이런 분야의 선두에 있다. 이들 제품은 거주 공간의 온도, 습도 등을 자동으로 학습하여 거주자에게 최적화된 환경을 제공해 준다. 스마트폰으로 집 온도나 미세먼지 수준을 알 수 있고 필요할 때 원격으로 에어컨이나 공기 청정기 등의 가전 기기들을 작동시킬 수 있다. 물론 집에 설치한 스마트 카메라를 통해 휴대폰에서 집에 혼자 있는 가족이나 반려견 상태를 확인하고 필요할 때 음성으로 의사소통을 할 수도 있다.

Caspar라는 스타트업 기업은 다양한 IoT 장치 플랫폼을 통해 스마트 홈을 넘어 스마트하고 안전한 리빙을 위한 지능형 운영 체제를 제공한다. 이 회사의 독자적인 인공 지능 기술은 거주자의 습관을 학습해 자동으로 다양한 기능을 작동시켜준다. 에너지, 조명, 엔터테인먼트, 안전과 보안 등 거주자를 위한 기능을 음성 인식 기술과 인공 지능을 활용하여 제공한다. 거주자의 습관이나 행동 패턴을 AI가 학습하여 집 안의 습도를 최적의 상태로 유지해 주고 일어나는 시간에 맞추어 자동으로 조명을 켜주며 스마트 블라인더나 커튼을 작동하여 창밖의 세계를 보여준다. 집 안에서 노약자가 넘어지는 사고가 나거나 노약자의 움직임이 일정 시간 없는 경우에 비상 연락 시스템을 통해 잠재적인 사고에 대처할 수 있다. 요리하다 불 끄는 것을 깜박 잊어버리는 경우나 욕실 등에 물을 틀어 놓고 잠그지 않는 경우를 인식하여 경비실이나 관리실에 자동으로 긴급 연락을 취해 줄 수도 있다.

사람이 거주지에 맞추어 산다는 개념이 아니라 거주자에 맞추는 거주 공간을 만들겠다는 개념이 이 기업의 핵심 전략이다. 홈 오토메이션의 종결자를 추구하는 이 회사는 이런 다양한 기능을 구현하고, 다양한 기존 전자 제품들을 통합적이며 안전하게 운영하는 플랫폼을 만들어 지능형 운영 체제를 갖춘 다양한 스마트 홈 앱으로 사람들의 삶의 질을 한 단계 올리고 이런 시스템을 갖춘 집이나 콘도 등 부동산의 가치를 향상할 수 있다고 믿는다.

– 스마트 시티

유엔은 2050년까지 전 세계 인구의 68%가 도시 지역에 거주할 것으로 예상한다. 코로나19 사태로 도시 지역 집중화가 둔화하였지만 장기적으로 도시 인구는 늘어날 것으로 예상된다. 스마트 시티는 이런 도시 집중화에서 비롯되는 환경, 사회적, 경제적인 도전 과제를 극복할 방법을 제공한다. 스마트 기술을 활용하면 교통, 건강, 안전 같은 주요 삶의 지표를 10~30% 정도 개선할 수 있다고 한다.

서울시나 인천자유경제구역인 송도, 청라, 영종 국제도시가 국내에서 대표적인 스마트 시티라 할 수 있다. 스마트 시티는 기본적으로 다양한 센서나 카메라들을 연결해 각종 데이터를 취합하여 24시간 가동되는 도시통합 운영센터에서 원격으로 주민들에게 공공 서비스를 제공한다. 이런 서비스에는 교통량 흐름, 방범과 안전, 재난 방지, 환경 이슈와 관심사를 포함한 다양한 생활 정보 등이 포함된다.

구글의 모회사인 알파벳의 스마트 시티 스타트업인 Sidewalk Labs는 도시 인프라 개선 기술을 개발하는 사업을 하는 것으로 알려져 있다. 이 회사가 추진하는 프로젝트 중 하나는 토론토시 온타리오 호수 해안선의 한 지역을 도심 유토피아라고 부르는 매우 효율적이고 혁신적인 지역으로 바꾸는 것이다. Sidewalks 토론토라 부르는 이 프로젝트는 경전철 확대로 교통 편의성을 높이고 눈이 많이 오는 지역 특성상 눈을 녹이는 열선이 깔린 도로, 무인 자동 배달을 위한 도로망, 탄소 배출을 마이너스로 유지하는 방안들로 구성되어 있다. 혁신적인 공법과 건설 비용 절감으로 시세보다 훨씬 저렴한 가격으로 콘도와 아파트를 건설해 중산층 주민들에게 경제적으로 혜택을 준다는 아이디어도 포함되어 있다.

스마트 시티는 초연결성이 기본인 사회다. 거주자들뿐만 아니라 그 지역 내 거의 모든 활동과 움직임에 대한 데이터와 정보가 수집된다. 물론 이런 정보와 데이터는 안전하게 보관되어야 하고 본인의 허락 없이 개인 정보가 공개되지 않는다. 하지만 많은 사람은 개인 정보의 보호 안전성에 대해 큰 우려를 나타낸다.

특히 토론토 스마트 시티 개발 프로젝트는 구글의 자회사가 진행하는 것으로 일부 시민단체들은 수집된 방대한 개인 정보를 구글이 어떻게 활용할 것인지 또 어떻게 개인 정보를 확실하게 보호할 수 있는 것인지에 대한 의구심과 우려를 지속해서 제기했고 그런 이유로 이 프로젝트 진행을 반대했다. 또 개인 회사가 투자에 참여한 대가로 시 소유의 알짜배기 공유지에서 징수하는 세금 일부분을 시와 나누어 운영한다는 아이디어 또한 많은 반대에 부닥쳤다. 스마트 시티를 공공성을 중요시하는 시 정부가 아닌 구글이라는 사기업이 주체가 된다면 결국 이 지역의 운영은 사기업화가 될지도 모른다는 불안감에 따른 반대의 목소리도 커졌다. 게다가 코로나19 사태로 구글의 재무적 부담이 커지면서 구글은 혁신적이고 야심적인 이 개발 프로젝트를 중단하겠다고 2020년 5월 발표했다.

시스코도 야심차게 신사업으로 추진하던 스마트시티 사업을 접는다고

2020년 말 발표했다. 코로나19의 영향과 스마트 시티 프로젝트에 대한 대규모 투자, 지역 정부 및 시민과 복잡한 이해관계를 풀어 나가야 하는 과제는 글로벌 기업들에게도 쉽지 않은 일임에 틀림없다.

2. 디지털 헬스케어: 장수보다 건강한 삶을 위하여

디지털 헬스케어란 건강 개선 및 건강 관리 서비스를 위해 컴퓨터, 인터넷 및 모바일 장치와 같은 디지털 기술 및 통신을 사용하는 분야를 말한다.

디지털 헬스케어 분야는 5천억 달러가 넘는 시장이 될 것이라고 전문가들은 전망한다. 2018년에만 약 8십억 달러 규모의 벤처 캐피털 투자가 이루어졌다. 이 투자는 약 350개 정도의 디지털 건강 관리 기업들을 탄생시키거나 성장시키고 있다.

여기에서 말하는 벤처 캐피털 투자는 일반과 기업형 투자로 나눌 수 있다. 이 중 기업형 벤처 캐피털 투자의 추세는 오른쪽 상단 표와 같다.

디지털 헬스케어 분야는 매우 광범위하다. 예를 들면 Proteus라는 기업은 복용하는 약과 함께 먹는 센서를 개발했다. FDA의 승인을 받은 Proteus Discover라는 이 제품은 모래알 정도 크기의 내복할 수 있는 작은 센서인데 허리 부근에 붙이는 패치를 통해 위장에서 센서가 보내는 디지털 신호

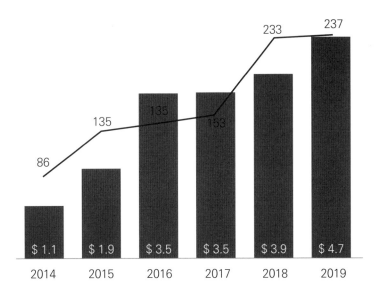

출처: CB Insights Research Report 2019

를 수신한다. 이 신호는 휴대폰을 통해 사람에게 전송되며 의사나 의료진
과도 공유할 수 있다.

한 조사 결과에 의하면 약 50%의 환자들이 의사가 처방한 약을 제대
로 먹고 있지 않다고 한다. 이 센서는 특히 고혈압이나 당뇨 환자들이 제때
약을 먹는지, 처방된 약이 제대로 작용을 하는지에 대한 자료를 수집해 준
다. 이런 정보를 통해 환자는 자신을 스스로 돌볼 수 있고 의료진들은 더
확실한 데이터와 정보를 바탕으로 환자를 상담하거나 치료할 수 있다. 물
론 환자들의 민감한 병력에 대한 프라이버시 침해 우려도 제기되었고 전자

신호를 보내는 센서를 삼키는 것에 대한 거부감 등의 문제점도 제기되었다. 이 회사의 기술은 혁신적이지만 상업적인 성공으로 가기 위해 이런 문제들을 해결해야 한다.

불면증은 많은 사람이 겪는 문제다. 한국에서는 2018년 기준으로 약 57만 명이 수면 장애로 의료 기관을 방문한 것으로 알려졌다. 미국에서는 약 1억 명의 사람들이 여러 가지 이유로 숙면을 하지 못한다고 한다. 미국 인구 30%가 수면 장애를 경험하고 있다는 말이다. 따라서 사람들의 수면 패턴을 측정한 데이터를 바탕으로 숙면을 가능하게 하는 방법을 찾게 도와주는 웨어러블 기기 시장은 증가하고 있다. 하지만 대부분의 웨어러블 기기는 디지털 손목시계 뒷면 센서로 숙면을 몇 분 정도 했는지 측정하여 알려주는 수준이다. 애플 워치는 미국 식품의약국 승인을 받은 우수한 웨어러블 기기지만 수면 전용 제품이 아닌 여타 건강 측정 디지털 기기라 할 수 있다.

최초의 디지털 수면 클리닉을 표방하는 Beddr라는 기업은 수면 패턴 측정에서 수집된 데이터를 바탕으로 숙면 코칭과 의학적 컨설팅 서비스를 제공한다. 수면 시 Beddr 튜너라고 부르는 작은 센서를 이마에 붙여 수면 시간, 혈중 산소 농도, 심장 박동 수, 수면 자세, 수면 호흡 등의 데이터를 측정하여 스마트폰으로 확인할 수 있다. 미국 식품의약국의 승인을 받을 정도로 정교한 센서로 수집된 데이터를 활용하여 수면 코치의 상담과 도움을 받을 수도 있다. 이런 상담의 효과는 센서로 측정된 데이터로 지속해서 확인할 수 있다.

Dreem이라는 기업은 이마에 붙이는 센서 대신 머리에 밴드를 쓰고 수면 상태와 두뇌 활동, 심장 박동과 자세 등을 정밀 측정하고 수면 데이터를 바탕으로 수면 전문가들의 상담을 받는다는 점에서 Beddr와 유사한 서비스를 제공한다. AI를 활용한 것으로 측정 정확도는 전문 연구소 수준이라고 한다. 이 밴드 스피커를 통해 명상이나 호흡 방법을 제시해 주기도 하고 숙면을 위한 음파를 들려줄 수도 있다.

– 인공 끼능과 영상 의학

병원에 가서 건강 진단을 하게 되면 대부분 영상 의학과에서 엑스레이 사진을 찍는다. 환자는 의사를 통해 어떤 증상이 있는지만 간단히 듣게 된다. 그야말로 의료 전문가들의 판단에 목숨을 맡기는 셈이다. 엑스레이 사진을 판독하는 일은 전문가들에게도 시간이 오래 걸리는 일이다. 사진의 이미지를 자세히 분석하고 의학적 판단을 하는 것은 시간도 걸리지만 어쩔 수 없는 오류도 발생하게 된다. 환자가 밀리는 경우, 이런 오류는 증가할 수밖에 없다.

2016년 발표된 미국 존스 홉킨스 대학 연구 결과에 따르면 미국에서 한 해에 약 25만 명 정도가 의료 사고로 죽는다. 미국 전체 사망자의 약 10%에 해당된다. 심장병과 암 다음으로 많은 사망 원인이 의료 사고이니 살고 싶으면 역설적으로 병원에 가지 말아야 한다고 말할 수도 있다. 의료 분야가 그동안 놀라운 기술적 진보를 했음에도 불구하고 아직 가야 할 길이 멀다는 것을 보여주는 증거다.

따라서 사람들의 건강을 지켜주고 치료해 주는데 AI를 활용하는 것은 당연하다고 하겠다. 인공 지능은 이미 전문가 수준의 이미지 분석 능력을 갖추고 있기 때문이다. 인공 지능을 보완적으로 활용하면 의료진의 생산성도 올라가고 진단과 치료의 정확도도 올라가 오진 등의 의료 사고를 줄일 수 있다.

약 100여 개 스타트업 기업들이 의료 진단과 분석 분야에서 활발하게 연구 개발과 사업을 하고 있다. Heartflow라는 기업은 미국에서 사망 원인 1위인 심장병의 심장 스캐닝과 이미지 분석을 돕는 회사다. 이 기업은 환자의 심장 어느 부분에 문제가 있는지 컬러 이미지로 보여주고 분석해 준다. 스텐트 등의 시술을 정확히 심장 어느 부분에 해야 하는지 알려주고 시술 부위에 컴퓨터 시뮬레이션을 실현하여 의사가 최적의 선택을 하게 도와준다. 이런 과정은 환자와 공유할 수 있어서 환자도 정확히 어느 부분에 시술받는지 이해하게 되어 시술에 대한 믿음도 더 갖게 된다.

중국의 기업 텐센트는 자궁 경부암 진단 관련 인공 지능 기반의 소프트웨어 사업을 진행하고 있다. 중국에는 대략 3억 명 정도의 여성들이 이 부분의 테스트를 받아야 하는 것으로 알려져 있다. 텐센트는 특히 이 부분의 전문 지식이 없는 지방 병원들에 첨단 의료 기술 지원을 한다는 방침이다. 대장 내시경 검사를 분석해서 자궁 경부암 여부를 판단하는 텐센트 기술은 유용하게 쓰일 수 있다. 하지만 이런 기술의 정확성을 높이려면 많은 시간과 확인 작업이 필요하다. 텐센트는 이런 시스템의 개발에 약 1년 반의 시간을 들인 것으로 알려져 있다.

딥러닝에서 필요한 합성곱 신경망CNN을 훈련하려면 약 천만 장의 이미지가 필요하다고 한다. 이런 방대한 이미지가 없으므로 그보다 훨씬 작은 규모 데이터의 한계로 정확성 저하라는 문제가 생기는데, 이는 지속해서 극복해야 할 과제 중 하나다. 텐센트 시스템으로 얻는 가장 중요한 가치는 15분 걸리던 기존 판독 시간을 10초 내로 줄여준다는 것이다. 수많은 병원에서 판독 시간을 이런 수준으로 대폭 줄이게 된다면 의료계의 혁명적인 발전으로 이어질 것이다.

구글의 AI 연구 그룹은 당뇨병으로 인한 안구 질환을 선별하는 데 AI를 활용할 수 있다는 연구 결과를 2018년 발표했다. 망막 질환 전문의가 판독한 이미지의 부분 집합을 인공 지능 소프트웨어에 입력하여 질병 판별 능력을 전문가 수준과 비슷하게 향상했다. 미국에서만 약 2,900만 명 정도가 당뇨병을 앓고 있는데 당뇨로 인한 망막증은 초기에 진단하지 않으면 자칫 시력을 잃을 수 있다. 따라서 이 질병 치료에서 가장 중요한 부분이 초기 발견이다. 구글 연구진들은 수천 장의 손상된 망막 스캔 이미지를 딥러닝의 합성곱 신경망을 통한 훈련 과정에 도입했다. 인공 지능은 이런 훈련 과정을 거쳐 출혈 및 기타 병변을 잡아내게 된다.

컨설팅 회사인 프로스트 앤 설리번의 전망에 의하면 2022년까지 인공 지능을 기반으로 한 의학 이미지 분야는 1조 달러 이상의 시장이 될 것이라고 한다. 인공 지능을 활용한 의료 분야의 거대한 기회이며 의료 사회 비용을 크게 절감할 수 있다. 이 분야에 대한 관심과 기대로 2019년 60억 달러 이상의 벤처 투자가 이루어졌다. 인공 지능 활용으로 예상되는 비용 절감액은 1,500억 달러 규모로 추정되었다. 가히 천문학적인 숫자다.

하지만 인공 지능 의료 기업 Concerto HealthAI 회사 최고경영자 제프 엘튼은 AI 활용에 대해 다음과 같은 조언을 한다. "우리가 원유를 직접 주유하지 않듯이 헬스 데이터는 많지만, 환자들에게 가치를 주는 데이터의 정제 과정이 필요하다"는 것이다. 인공 지능은 이런 데이터 정제 작업을 하는 데 강력한 힘을 발휘할 수 있다. 이 기업은 이런 인공 지능을 활용해 유전학, 환경 및 치료와 관련된 통합적 접근 방법으로 암 진단과 치료에 대한 깊은 이해를 할 수 있도록 가치를 만들어 제공한다.

– 증강 현실 기술로 수술

이제 환자의 두뇌, 심장 등의 스캐닝 이미지를 삼차원 모델 이미지로 전환하여 컴퓨터에서 복잡한 신체 내부의 구조를 자세히 볼 수 있다. 조종사가 비행기 시뮬레이터로 비행 훈련을 하듯이 의사는 수술하기 전에 스마트 글라스를 쓰고 환부를 보면서 정확히 어느 방향으로 수술을 진행하고 어떤 수술 장비가 어느 부분에서 필요할 것인가를 연습할 수 있다. 증강 현실 기술로 신체 내부의 특정 부위를 확대할 수도 있고 특정 색으로 표시할 수도 있다. 이 기술로 수술의 오류와 비용을 줄일 수 있다. 경험이 많지 않은 의사는 이런 기술을 통해 필요한 훈련과 연습을 할 수가 있다.

Augmedics는 로봇 수술 과정을 증강 현실 기술과 인공 지능 소프트웨어를 활용해 도와주는 ViZor라는 서비스를 제공한다. 현재의 로봇 수술은 의사가 로봇을 이용해 수술을 진행하지만 수술 중 의사가 필요한 정보나 제안을 해 주지는 않는다. 수술 의사가 증강 현실을 구현하는 센서가 달린 스마트 글라스를 쓰고 수술에 임하게 되면 센서들은 수술의 데이터를 처리하고 딥러닝 기술을 이용해 분석한다. ViZor는 환자의 환부 등의 이미지를 바로 의사의 망막으로 전송해 주는 기술을 바탕으로 한다. 즉 의사는 환자 장기들의 이미지를 피부를 통과하여 볼 수 있다. 이런 기술을 바탕으로 앞으로 수술 과정은 더 쉽고 안전하게 진행될 수 있을 것이다.

이렇듯 많은 기업이 디지털 헬스케어 분야의 깊이와 넓이를 확대해 나가고 있다. 디지털 헬스케어 시장의 확대는 거액의 벤처 투자가 지속해서 이루어지고 있어서 가능하다. 그만큼 이 분야 미래에 대한 기대가 크다. 디지털 기술적 진보는 의료진, 환자, 보험, 보건 당국, 의학계 모두의 관심과 참여를 유도한다.

특히 이런 기술은 과거 의사에 의존하던 가벼운 질환을 환자 스스로 정확하게 진단할 수 있는 서비스의 가능성을 보여주고 있다. 환자가 자신의 건강을 주도적으로 지키는 의사 결정권자가 되는 것은 결국 사회적 의료와 건강 보험 비용을 줄이는 혜택을 가져오게 된다. 이런 이유로 미국 식품의약국도 디지털 헬스케어 허가 과정의 속도를 높이려는 움직임을 보인다고 한다. 디지털 치료 얼라이언스^{DTA}라는 이 분야 협회 외에도 디지털 의학 학회^{DiMe}가 창립되었고 학계에서는 Nature Digital Medicine과 Lancet Digital Health 등의 학술지가 결성되었다.

디지털 헬스 기업의 파트너십과 인수 합병 등이 활발하게 진행 중이고 향후 이런 기업들의 다양한 제휴나 인수 활동은 더욱 가속될 전망이다. 2019년에는 100개 이상의 디지털 헬스 회사가 인수되었다. 몇 가지 주목할 만한 거래를 살펴보자.

구글의 모기업 알파벳은 최근 건강 데이터 기업인 핏비트를 21억 달러에 인수한다고 발표했다. 2007년에 창업한 핏비트는 걸음이나 심박 수, 수면 상태 등 개인 건강 지표 데이터를 측정하는 스마트 밴드 등 웨어러블 기기를 만드는 기업이다. 구글은 이런 인수를 통해 경쟁력 있는 스마트 워치를 개발 출시할 것으로 전문가들은 예상한다.

아마존은 신생 기업 Health Navigator를 인수하여 아마존 케어 그룹의 자회사로 편입할 예정이다. 아마존 케어 그룹은 아마존 직원들에게 비디오나 필요한 경우 가정 방문을 통한 의료 혜택 서비스를 제공하는 것을 주 업무로 한다. 온라인채팅이나 비디오를 통해 직원들과 가족들의 원격 건강 상담과 진료를 진행함으로써 시간과 비용을 절약할 수 있다.

생리학적 데이터를 수집하는 웨어러블 센서에서부터 질병을 개발하는 알고리즘에 이르기까지 다양한 디지털 헬스 혁신이 진행되고 있다. 그러나 유망한 디지털 혁신은 종종 생태계와의 격차라는 도전에 부닥친다. 그래서 외부 생태계와의 협력관계는 중요하다.

글로벌 기업 노버티스는 노바티스 바이옴이라는 혁신 플랫폼을 만들었다. 즉 스타트업 및 혁신 기업과 함께 참여하고 협력할 수 있는 도전 과제를 해결하고, 혁신적 기술을 찾기 위해 노바티스 네트워크를 활용하는 등 다양한 방법으로 외부 혁신 생태계와 연결할 수 있다. 이런 기업들과 노바티스는 같이 혁신적 아이디어를 테스트하기 위한 유효성 검증 연구를 설계하고 실행할 수 있다. 노바티스는 이런 검증 결과를 평가 후 가치가 있는 기술에 투자할 수도 있다. 노바티스 바이옴은 선정된 스타트업 인큐베이터로서 최첨단 작업 공간, 멘토링 및 자원들을 제공한다. 스타트업들은 신기술 검증 연구에서 방대한 노바티스의 데이터를 사용하여 실제 임상 실험을 수행할 수도 있다. 노바티스와 같은 글로벌 기업도 파괴적인 혁신은 기업 자체적인 노력보다는 스타트업과의 이런 적극적인 협업에서 나온다는 사실을 인식하고 있다고 할 수 있다.

미국의 유명한 전자 제품 판매 업체인 베스트바이는 전통적으로 TV, 컴퓨터, 스마트폰 등 전자 제품을 판매하는 매장을 운영한다. 그런데 이 기업은 원격 조정으로 노약자들을 지켜보는 서비스를 제공하는 회사인 Critical Signal Technologies[CST]를 인수했다. CST의 서비스는 비상 상황에서의 긴급 대응 시스템, 웰빙 코칭, 원격 모니터링, 만성 질환 관리, 전화나 챗봇으로 건강 상태를 상담하는 원격 헬스 등을 포함한다. 노령 인수가 증가하면서 향후 이런 원격 의료 서비스의 필요성이 증가하면서 베스트바이 같은 기업이 이런 신사업에 뛰어든 것이다. 베스트바이가 각종 전자 제품 설치나 작동 등 원격 기술 상담 서비스에 대한 경험과 노하우를 접목하여 노령층들에 원격 의료 서비스를 제공하겠다는 전략으로 이미 동종 기업을 인수한 바 있는데 이번에 두 번째 기업 인수를 한 것이다.

노령층들을 위한 홈 헬스 모니터링 서비스는 베스트바이 외에도 필립스와 컴캐스트와 같은 기업들도 관심을 두고 있는 성장하는 신사업 중 하나로 꼽히고 있다. 코로나19 사태로 이런 원격 의료 서비스의 중요성이 증가하고 있다.

– 가상 임상 시험

가상 임상 시험은 디지털 헬스의 한 분야다. 병원을 방문하지 않고 모바일 기술을 사용하여 임상 시험을 시행한다. 임상 시험은 안전성과 효과를 입증해야 한다. 당연히 보건 당국의 승인을 받아야 판매할 수 있다. 임상 시험은 그만큼 과정이 복잡하고 인증까지 성공률이 매우 낮은 과정이다. 독성 여부에 대한 실험과 동물 실험을 거쳐 사람을 대상으로 하는 실험은 당연히 시간이 오래 걸리고 해당 기관의 까다로운 인증과 승인을 받아야 한다.

이런 시간과 비용, 리스크는 대기업에도 부담스럽다. 따라서 기업들은 이런 과정의 효율성을 높일 수 있는 대안을 찾게 된다. 가상 임상 시험은 초기에는 수동적으로 환자 정보를 수집하는 데 사용되었고 그 다음으로 모바일 진단 기능을 구현하는 것에 초점을 맞추었다.

2017년 미국 스탠퍼드 의과 대학은 애플의 협조를 통해 지원자 약 40만 명의 건강 데이터를 수집했다. 애플 워치와 아이폰을 기반으로 애플 워치의 심장 박동 센서가 심장 세동, 즉 심장의 불규칙한 박동을 감지할 수 있는가를 확인하는 시험이었다. 이 시험 주요 결과를 보면 애플 워치를 통해 심장 불규칙 박동 통보를 받은 사람들의 84%가 전문 심전도 측정기에서 심장 세동이 있다는 결과가 발표되었다. 이 시험 결과는 혁신적인 디지털 기술이 예측 및 예방 헬스케어 분야에 더 활용될 가능성을 보여주었다고 할 수 있다.

미국 기업 존슨엔존슨도 애플 워치와 아이폰을 가진 65세 이상의 자원자들을 상대로 뇌졸중 예방에 관한 연구를 수행하고 있다. 이 회사는 15만 명의 지원자를 대상으로 시험을 진행하고 있다. 이 회사는 심부전 환자에서 당뇨병 약물 인보카나를 평가하는 것을 목표로 가상 임상 시험 계획을 발표했다.

헬스케어의 디지털 트랜스포메이션은 인공 지능과 가상 임상 시험과 같은 혁신적인 기술과 접근 방법으로 지속적인 발전이 예상된다. 이런 혁신은 환자 스스로 건강 인식 수준을 높이도록 돕는다. 투자자들의 관심, 의료계 관련 기관들의 디지털 기술 혁신에 대한 인식 전환과 이해, 스타트업 기업들과 기존 헬스케어 관련 대기업 사이의 협력관계 강화를 통해 향후 지속적인 발전과 성장이 기대된다.

3. 사이버 보안: 모두가 사이버 범죄 타깃이다

사이버 보안은 컴퓨터 네트워크, 장치, 프로그램 및 데이터를 공격하여 훼손하거나 무단 접근하는 행위로부터 보호하도록 설계된 기술과 프로세스 및 시스템을 말한다.

2023년에는 약 200억 개의 IoT 기기들이 전 세계적으로 운영될 것이라는 예상에 따라 사이버 보안 문제는 그 중요성이 증가하고 있다. 사이버 보안 전문기업 Gemalto에 의하면 IoT 기기 증가에 따른 보안 문제의 심각성과 그에 따른 투자에도 불구하고 기업들의 절반 정도는 보안 문제가 생겨도 감지조차 못한다고 한다. IoT 보안 문제가 기업 윤리 규정의 한 부분이라고 믿는 인식이 1년 전과 비교해 3배 정도 높아졌다고 한다. 소비자들은 IoT 기기들을 통해 개인 정보 유출 가능성과 해킹을 가장 염려하는 것으로 조사되었다.[58]

사이버 보안의 CVC 투자 추이<small>(단위: 건, 10억 달러)</small>

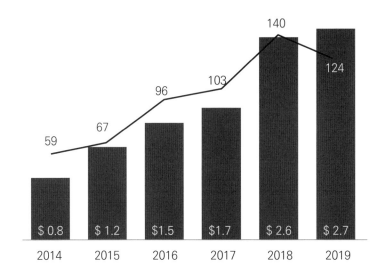

2014	2015	2016	2017	2018	2019
59	67	96	103	140	124
$ 0.8	$ 1.2	$1.5	$1.7	$ 2.6	$ 2.7

출처: CB Insights Research Report 2020

델 테크놀로지스의 기업 대상 벤처 펀드인 Dell Technologies Capital[DTC]은 2019년 7건의 사이버 보안 스타트업에 투자하여 가장 활발한 투자 활동을 하고 있다. 세일즈포스닷컴 벤처와 구글 벤처가 그 뒤를 이어 각각 6건의 사이버 보안 스타트업에 투자했다.

– 안면 인식 기술과 프라이버시

앞서 언급한 캐나다 스타트업 기업 Clearview AI가 경찰이나 FBI 등 법 집행 600여 개 기관을 고객으로 두고 일반인들의 안면 인식 기술을 제공하고 있다고 한다. 회사는 무려 30억 장의 안면 이미지를 데이터로 확보하고 있는데 경찰 등 수사 기관에서 이 서비스를 이용하여 범죄자들을 검거하는 데 활용한다.

예를 들면 2020년 초 미국 인디애나폴리스시 한 공원에서 두 사람이 싸우다가 한 사람이 상대방의 복부에 총을 쏜 사건이 발생했다. 사건 근처를 지나가던 사람이 휴대폰으로 총을 발사한 사람의 모습을 촬영한 이미지를 이 기업이 확보한 안면 데이터와 대조하여 20분 만에 용의자를 검거했다는 것이다. 흥미로운 사실은 이 용의자는 운전면허도 없고 전과 기록이 없어 경찰의 데이터베이스에서 찾을 수 없는 인물이었다는 점이다.

Clearview AI 알고리즘은 용의자가 아닌 제삼자가 SNS에 올린 사진 속의 인물이 용의자임을 찾아냈다. 그 사진으로 용의자의 이름까지 파악하여 경찰은 손쉽게 빠른 시간에 사건 용의자를 체포할 수 있었다. 이제 본인이 SNS 활동을 하지 않아도 친구나 지인과 같이 단체 촬영한 사진만으로 다른 사람들이나 심지어 수사 기관의 AI 감시망에 노출되는 것이다. 이 회사 알고리즘은 이미지가 어느 경로에서 수집된 것인지에 대한 정보도 가지고 있기 때문에 표적 인물이 사회에서 어떤 활동을 하는지에 대한 개인 정보를 파악할 수 있다. 이런 정보는 정치적으로 악용될 수 있다. 이 회사가 모은 안면 이미지 데이터는 페이스북, 인스타그램, 유튜브 등 공공 사이트에서 수집한다고 알려져 있고 AI와 증강 현실 글라스를 활용하여 매우 정확하게 수사 기관에서 찾는 인물들 이미지를 찾아낼 수 있게 해 준다.

문제는 이런 AI 기반의 안면 인식 프로그램이 개인 프라이버시를 침해하고 오용될 소지가 있다는 점이다. 다른 사람들과 같이 찍은 사진이 나도 모르는 사이 이런 기업의 데이터베이스의 한 부분이 되어 수사 기관의 표적이 될 수도 있고 특정한 의도를 가진 사람들에 의해 오용될 수 있다는 가능성이 존재한다.

최근 안면 인식 알고리즘 오류로 무고한 시민이 경찰에 연행되는 사건이 미국 최초로 발생했다고 보도되었다. 미시간주 디트로이트 근처 파밍턴 힐스에 사는 한 주민은 2020년 1월 집 앞에 도착하여 주차하려는 순간 경찰차가 막아서는 상황에 부닥친다. 가족이 집에서 지켜보는 상황에서 이 흑인 남자는 디트로이트 경찰에 체포되어 30시간 넘게 구치소에서 심문을 받고 풀려났다고 한다. 최근 흑인들에 대한 경찰의 편견과 폭력적인 공권력 행사가 문제시되고 있는 상황에서 안면 인식 알고리즘이 이 사람을 근처 시계 판매점에서 발생한 도둑 사건의 용의자로 엉뚱하게 지목한 것이다. 보안 비디오에 찍힌 흑인 절도 용의자 얼굴과 이 시민의 얼굴이 같을 확률이 높다고 알고리즘은 분석했고 이를 바탕으로 경찰은 이 시민을 용의자로 체포한 것이다. 미국 시민 자유 연맹은 이 사람을 대변하여 디트로이트 경찰을 고소했다고 한다. DataWorks Plus라는 보안 관련 업체가 미시간주 경찰에 판매한 안면 인식 알고리즘의 이 오류 발생 사건은 지금 미국에서 논란의 한 중심에 있다.

각 도시나 주마다 경찰과 같은 수사 기관의 안면 인식 사용에 대한 적용 법이 달라서 혼란이 가중되고 있다. 이런 기술을 개발한 사람들의 의도가 어떻든 일반인들을 불안하게 만들 소지가 많다는 점은 향후 이런 유사한 기술과 서비스, 즉 사이버 보안의 중요성을 말해주는 한 예다.

– 원격 도형과 프라이버시

최근 이스라엘 벤구리온 대학의 연구자들은 Lamphone이라고 부르는 장치와 알고리즘을 통해 25미터 거리의 실내에서 이루어지는 사람의 대화를 엿들을 수 있다는 연구 결과를 발표했다.[59]

이 놀라운 실험 결과에 비해 그 방법은 상대적으로 간단하다. 이 연구의 핵심은 사람의 대화가 전구에 전달되어 전구에서 반향하는 미세한 진동과 음파를 전기, 광학 센서를 통해 잡아내어 이 전기 신호를 알고리즘을 통해 음향으로 재생하는 것이다. 이 실험은 외부에서 망원렌즈를 이용해 전기 광학 센서를 3층 사무실 천장에 달린 일반 전구를 향해 놓고 실내에서 행해지는 노래나 대화를 도청해 재생하는 것을 목표로 진행되었다. 물론 실내에 있는 사람은 전혀 본인이 도청당하고 있다는 사실을 인식하지 못한다. 시중에서 쉽게 구할 수 있는 랩톱 컴퓨터, 망원경, 전기 광학 센서, 그리고 전기 신호를 음성으로 전환하는 소프트웨어가 전부인 매우 간단한 장치로 25미터 밖에서 원격으로 남의 대화를 도청할 수 있는 세상이 된 것이다. 지금은 약 25미터 미만의 거리에서 대화를 도청할 수 있는 기술을 보여주었지만, 디지털 기술의 발전 속도가 기하급수적인 것을 고려하면 머지않아 수백 미터 떨어진 건너편 건물에서 표적인 된 사람의 방에서 일어나는 대화를 도청할 수 있다는 이야기다. 그리고 이 연구에서는 전구가 이용되었지만, 음파를 잘 반향하는 물체, 심지어 감자 칩 포장이나 핸드백 등을 활용할 수도 있다고 한다.

도청은 상대방 몰래 아주 작은 도청 장치를 설치하는 것이라는 인식의 전환이 필요한 시대가 되었다. 이제 원격으로 남의 사생활이나 사업상 또는 국가의 중요한 대화 내용을 도청할 수 있다는 이야기다. 디지털 기술이 오용되거나 남용될 수 있다는 사실은 디지털 트랜스포메이션이나 디지털 혁명의 흐름에서 제기되는 사이버 보안의 중요성을 다시 한 번 일깨워준다. AI 기반의 안면 인식 프로그램이 개인의 프라이버시를 침해하고 오용될 소지가 있다는 점이나 다른 사람들과 같이 찍은 사진이 나도 모르는 사이 기업의 데이터베이스의 한 부분이 되어 수사 기관의 표적이 될 수도 있고 특정한 의도를 가진 사람들에 의해 오용될 수 있다는 가능성은 점점 커지고 있다.

최근 미국의 마이크로소프트, IBM, 아마존이 안면 기술을 경찰에 판매하지 않겠다고 발표한 사실은 이런 개인의 프라이버시에 대한 우려가 반영된 결과다. 미국 샌프란시스코는 2019년 안면 인식 기능을 경찰이 사용하는 것을 금지한 첫 도시가 되었고 캘리포니아주도 유사한 법을 제정했다.

– 기업들의 고객 정보 보호
기업들의 고객 정보에 대한 보호 능력도 시험대에 올라있고 그 책임도 무겁게 주어지고 있다. 브리티시 항공사와 메리어트 호텔은 각각 2억 2천만 달러와 1억 2천만 달러의 벌금을 부과받았다. 승객이나 투숙객들의 정보가 누설된 사건에 책임을 물은 경우다.

보안 전문 컨설팅 기업 Risk Based Security 보고서에 의하면 2019년 상반기에 3,813건의 보안 위반 문제가 발생해 41억 건의 각종 정보가 노출되었다고 한다. 보안 노출 건수는 2018년 대비 50%가 증가했다고 한다.

보안 위반의 첫 번째 대상은 기업과 비즈니스 부분으로 전체 67%를 기록했다. 의료 분야가 14%, 정부가 12%, 그리고 교육 기관이 12%를 기록했다. 2019년 상반기에만 전체 78.6%에 해당하는 32억 건의 데이터가 노출되었는데 이는 8건의 보안 위반 사고의 결과였다.

보안 사고는 해킹에 의한 침입이 가장 높은 원인이고 웹을 통한 기록과 정보 유출이 가장 높았다. 이메일과 패스워드가 침입자들이 노리는 가장 중요한 개인 정보로 분석되었다. 이런 빈번한 대규모 보안 사고로 고객들 4명 중 한 명 정도만이 기업들이 고객 정보를 제대로 보호할 수 있다고 생각한다.[60]

─ 봇넷Botnets

봇넷이란 로봇과 네트워크의 합성어로 인터넷에 연결되어 있으면서 사이버 공격을 받은 컴퓨터들의 집합을 말한다. 사이버 범죄자가 악성 소프트웨어를 이용해 침입한 좀비 컴퓨터로 구성되는 네트워크이다.

이런 보안 문제는 IoT 기기들을 연결하고 통제하는 시스템을 다운시킬 목적으로 대량으로 가짜 요청을 하는 디도스 공격 등을 통해 발생한다. 이런 디도스 공격으로 트위터와 아마존과 같은 사이트가 2016년 일시적으로 인터넷에서 보이지 않게 된 사건이 발생했다. 이때 공격자들은 약 1만 개의 IoT 기기들을 통해 봇넷을 실행했다.

이런 공격을 방지하기 위해 블록체인 기술이 활용되고 있다. 2018년에만 사이버 보안 문제에 대처하기 위해 블록체인 기술의 활용이 근 2배 정도 증가했다고 한다.[61]

– 금융업의 사이버 보안 문제

2019년 3월과 7월 미국 은행 캐피털 원이 사이버 공격을 받았다. 미국 매체 CNBC 보도에 따르면 이 사건으로 1억 명 이상의 고객 기록, 미국 사회에서 가장 중요한 정보라 할 수 있는 사회 보장 번호 14만 개 및 8만 개의 연결된 은행 정보가 사이버 도난을 당했다. 이 범죄는 사이버 범죄 조직이 아닌 한 사람에 의해 이루어진 드문 사례다. 아마존에서 일한 경력을 가진 한 엔지니어가 아마존웹서비스 클라우드 서버에 저장된 애플리케이션 방화벽의 결함을 악용하여 이 은행 데이터베이스에 접근하여 정보를 빼내간 것으로 알려졌다.

캐피털 원 은행과 아마존은 이 사건이 아마존웹서비스 클라우드 인프라의 문제가 아닌 잘못 구성된 응용 프로그램 방화벽과 관련이 있음을 확인했다. 이 사건은 클라우드 서버 자체의 취약점이 아니라 은행이 클라우드 서버에서 관리하는 웹 애플리케이션의 방화벽 설정을 잘못 구성한 것이라고 알려졌다. 클라우드가 보편화되면서 이런 사건에서 보듯이 엄청난 양의 민감한 정보가 한 사람에 의해 도난당할 수 있다는 사이버 보안의 취약점이 드러난 예다.

우리나라 기업 안랩은 2020년에 예상되는 보안 위협을 정리해 사이버 보안 위협 다섯 가지를 발표했다. 주요 예상 보안 위협 요소들은 표적형 랜섬웨어 공격, 클라우드 보안 위협, 특수 목적 시스템이나 운영 기술 보안 위협 증가, 정보 수집 및 탈취 공격 고도화, 그리고 모바일 사이버 공격 방식 다변화 등이다.[62]

국내에서도 특히 은행권을 중심으로 여러 건의 사이버 보안 문제가 발생했다. 그중 농협 전산망 마비 사태는 사이버 보안이 얼마나 중요한지를 일깨워 준 사건이다. 2011년 4월 농협 전산망에 있는 자료가 대규모로 손상되어 총 18일에 걸쳐 전체 또는 일부 서비스 이용이 마비된 사건이다. 검찰은 이 사건이 북한의 사이버 테러였다고 결론지었다. 문제는 이런 전문적이고 조직적인 사이버 테러나 위협이 갈수록 지능화되어 가고 피해도 증가한다는 점이다.

증가하는 사이버 보안 피해를 줄이기 위한 사이버 보안 시장 규모는 현재 1천억 달러 이상이 되는 것으로 알려져 있으며 2024년경에는 3천억 달러

가 넘으리라고 예상된다.[63]

– 자동차 업계의 보안 문제

자동차 업계의 보안 문제와 기회를 살펴보자. 앞서 언급한 대로 ACES autonomous, connectivity, electrification, and ridesharing가 미래 자동차 업계의 특성이 될 것으로 예상한다. 즉 자율 주행, 커넥티드, 전기차, 공유라는 특성이 이 업계를 움직이는 동력이 될 것으로 전문가들은 생각한다.

커넥티드란 자동차 내부와 외부의 다양한 기기나 타 자동차, 시스템 등에 연결된 자동차의 기능을 말한다. 1996년 GM사가 온스타라는 비상시에 활용하는 연결 시스템을 도입한 후 많은 자동차 회사들은 유사하지만 진보된 기능의 온콜 시스템을 설치하고 있다. 스마트폰으로 자동차 시동을 걸 수도 있고 온도 조절도 할 수 있다. 운전자가 차에 없어도 주문한 물건을 주차한 차에 배송받을 수 있다. 한 번만 사용 가능한 디지털 키를 생성하여 배송업체에 인증 후 제공하면 배송업체는 디지털 키를 전송받아 차에 주문된 물건을 실어 놓을 수 있다.

애플이나 안드로이드 오토 앱을 통해 휴대폰과 자동차의 인포테인먼트 시스템을 연결하여 휴대폰의 여러 앱을 자동차 디스플레이에서 구현할 수 있다. 와이파이와 클라우드 연결로 운전자나 자동차는 외부 세계와 실시간으로 필요한 정보에 접속할 수 있다. 와이파이는 이 모든 소통과 연결을 가능하게 해 준다. 문제는 우리가 이미 종종 경험하듯이 와이파이가 사이버 해킹 등의 공격에 취약할 수 있다는 점이다.

차량에는 CAN^{Controller Area Network} 버스라고 부르는 시스템이 있다. 엔진과 트랜스미션, 브레이크와 수많은 기능을 제어하는 시스템이다. 해커들은 CAN을 통해 침입하여 개인 정보를 빼내거나 심지어 차량을 원격으로 조정할 수도 있다. 개인뿐만 아니라 특히 상업용 차량의 경우 피해는 막대할 수 있다.

이런 위험성 증가에 대한 인식 전환으로 차량 생산업체나 부품 공급업체, 보험사, 그리고 자동차 관련 기관들은 사이버 안전 문제를 심각한 이슈로 받아들이고 있다. 미국에서는 모든 자동화 기능을 가진 차량은 반드시 사이버 안전장치를 설치해야 한다는 법령이 제안되었고 EU도 유사한 법령의 지침을 제안했다. 특히 대규모 물류 수송을 담당하는 상용차의 경우 이런 해킹 위협은 더욱 심각하다. 운송업에서 연료비, 운전자 급료, 유지 부수비용이 전체 비용의 약 62%를 차지한다. 커넥티드 기술이 바로 이런 비용을 절감하게 해 준다. 컨설팅 업체 Goldstein Research에 따르면 글로벌 상용차 시장은 2024년에 1,920만 대 규모로 예측한다. 따라서 물류 흐름의 중추적인 역할을 하는 운송업에서 막대한 규모의 운송품과 비용을 통제하는 커넥티드 기술은 개인 승용차보다 전문해킹 집단의 표적이 될 확률이 높다. 상용차는 텔레매틱스 게이트웨이 유니트^{Telematics gateway unit, TGU}라는 시스템이 인터넷을 통해 방대한 양의 텔레매틱스 데이터를 외부와 교환한다. 그만큼 해킹 기회가 많다는 뜻이다.

Argus Cyber Security라는 기업은 차량 내 네트워크 보호 시스템으로 이런 잠재적인 위협 시도를 감지하고 탐색하는 서비스를 제공한다. 해킹 예방 및 탐지 기술을 사용하여 네트워크 통신을 모니터링하고 분석하여 의심스러운 활동과 차량 내 네트워크 커뮤니케이션의 이상 징후를 감지하고 방지한다. 운송 회사의 보안 분석가는 사이버 보안의 이상 징후를 실시간 수신함으로써 원인과 영향을 평가하고 효과적으로 대응할 수 있다. 대규모 운송 회사 상용차 보안 관리를 위해 설계된 Argus 차량 보호 시스템은 빅데이터 엔진에 기반하여 작동된다. 이를 통해 광범위한 잠재적 공격 시나리오에 대한 통찰력을 얻을 수 있다. 이 회사의 기계 학습 엔진은 전용 알고리즘, 통계 모델 및 자연어 처리 기술을 사용하여 사이버 환경에서는 거의 예측할 수 없는 공격을 발견할 수 있다.

- 24시간 사이버 보안 관리

CTM360이란 기업은 바레인 기업이다. 이 회사는 사이버 공간에서 발생하는 위협을 탐지하고 대응하기 위한 24시간 사이버 위협 관리 서비스를 제공한다. 이 스타트업 기업은 은행, 석유, 가스, 의료, 국부 펀드, 항공사에게 보안 서비스를 제공하고 있다. 이 회사는 위협 탐지 및 대응, 디지털 위험 관리, 위협 정보, 기업 및 VIP 보호, 피싱 방지 등 사이버 보안 솔루션을 클라우드에 구축된 시스템을 통해 제공한다.

오늘날의 사이버 위협은 매우 빠르게 움직이기 때문에 몇 분 만에 전체 데이터 센터를 무너뜨릴 수 있다. 이런 위협과 공격이 날로 발전하고 디지털 비즈니스의 규모와 복잡성이 증가함에 따라 사람 중심의 보안 팀은 신속하게 대응할 수 없다.

영국 기업 Darktrace의 자율 대응 기술인 Darktrace Antigena는 사이버 AI를 사용하여 최단 시간 동안 사이버 공격에 효과적으로 대응하기 위해 취할 최선의 조치를 계산하고 분석한다. 사이버 공격은 바이러스가 사람을 공격하는 것과 같다. 사람에게 백신이 필요하듯이 사이버 위협을 감지하고 격퇴할 수 있는 면역 체계가 필요하다. 면역 시스템의 디지털 항체처럼 자율 대응은 위협적인 사용자나 장치의 패턴을 분석하고 공격을 무력화시켜 보안 팀이 추가 조치를 취할 수 있는 시간을 벌어줄 수 있다. Darktrace의 자율 반응 AI 기술은 전문가들에 의해 선도적인 혁신 기술로 인정받고 있다.

- 양자 컴퓨팅 보안

양자 컴퓨터는 최근 많은 관심을 받고 있는 신기술이다. 양자 컴퓨터의 놀라운 연산 파워는 현재 통용되고 있는 인터넷 암호화 코드의 열쇠를 열 수 있을 것이라는 주장을 가능하게 한다. 영국 기업 Post-Quantum은 양자 위협에 대한 보호 시스템을 개발하고 다양한 상업 및 정부 기관용 솔루션을 제공하는 선도 업체다. 이 회사의 암호화 알고리즘은 현재 새로운 글로벌 표준을 생성하기 위한 미국 국립 표준 기술 연구소 선정 대상 후보 명단에 올라 있다. 이 회사는 안전한 다자간 컴퓨팅 및 디지털 서명 체계를 포함한 혁신적인 사이버 보안 도구들을 개발하고 있다.

– 사이버 은행 금고

캐나다 기업인 1Password는 2019년 2억 달러 투자를 받은 기업인데 사이버 보안의 대표 주자이다. 쉽게 말하면 이 회사는 개인이나 기업 회원들에게 모든 암호를 관리하게 해 주는 서비스를 제공한다. 마스터 암호 하나만 알고 있으면 수많은 프로그램이나 웹사이트 접속 시 필요한 암호를 일일이 기억할 필요 없게 해 준다. 이 회사 관리자들은 이용자의 1Password 데이터를 볼 수 없고 당연히 사용, 공유 또는 판매할 수 없다. 로그인 정보와 비공개 문서는 비밀번호 금고에 안전하게 보관된다. 은행의 금고와 같은 안전 시스템을 사이버 공간에서 구현한 사업이다.

4. 일반 소비재:
소비자의 입맛이 변화했다

일반 소비재 산업이란 고객이 자주 사용하고 교체하는 상품을 대상으로 하는 산업을 말한다. 식품, 음료, 화장품 등 다양한 제품이 이런 산업군에 속해 있다.

일반 소비재도 변혁의 시기를 겪고 있다. 이제 우리 사회에서 온라인 구매와 문 앞까지의 배송과 배달 기능 없이는 지속적인 소비재 비즈니스를 할 수 없는 시대에 접어들었다. 작게는 통닭이나 피자 배달에서부터 자동차 구입에 이르기까지 이런 서비스에 대한 기대치의 변화는 단발성이라기보다는 근본적이고 구조적인 변화라 하겠다.

세계적으로 중산층들의 구매력은 증가할 것이다. 중산층의 구매력은 2030년경에는 지금보다 약 3배 정도 될 것이라고 예측한다.[64] 개발도상국가의 경제 성장이 개발국가들의 그것보다 높기 때문에 중국이나 인도 등의 국가의 중산층과 구매력은 커지게 된다. 높아지는 구매력은 일반 소비재 사업의 원동력이 된다.

– 고객 의식의 변화

WHO의 예측에 의하면 2050년경에는 60세 이상의 인구가 약 20억 명이 될 것이라고 한다. 80년 초에서 90년 중반 사이 태어난 밀레니얼 세대가 소비재 구매력과 흐름에 큰 영향력을 행사한다면 60세 이상의 소비자 또한 큰 영향력을 보이게 될 것이다.

이 두 연령 그룹의 구매 패턴이나 채널이 다르고 제품과 서비스에 대한 기대치가 다를 수 있기 때문에 기업은 마케팅과 포지션을 분명히 해야 한다. 여성들의 활발한 사회 활동에 의한 구매력 증가는 향후에도 지속될 것으로 예상된다. 인구는 전 세계적으로 증가하겠지만 핵가족화도 증가할 것이다. 도시화의 지속적인 진행은 도심 인구 밀도의 증가로 나타날 것이다.

소비자들은 본인의 취향과 개성을 만족시키는 단순하지만 편리한 제품이나 서비스를 선호하게 될 것이다. 동시에 웰빙과 웰리빙을 추구하고 개인과 사회의 건강과 환경에 대한 의식이 수동적에서 적극적으로 변화될 것이다. 소비자들은 생산자들과 직접적인 소통과 연결을 원하게 되어 중개인들의 역할 변화가 예상된다.

즉 전통적으로 거래를 원활하게 해 주던 다양한 중개인들의 역할이 불필요해지는 시대로 진화하고 있다고 할 수 있다. 코로나19로 일시적으로 공유경제 기업들이 타격을 받고 지역적으로 규제 등에 묶여 성장통을 겪고 있지만 공유경제로의 전환은 지속될 것으로 예측된다. 공유경제가 개인 소비자들에게 경제적 가치를 제공하는 한 이런 진화는 지속될 것이다.

- 기업들의 디지털 이니시어티브

소비재는 이미 AI와 소비자의 구매나 온라인 서치 데이터 분석을 활용하여 고객의 취향과 선호도를 파악하여 온라인 맞춤형 광고를 실행하고 있다. 많은 소비재 관련 기업들은 기술의 혁신을 넘어서는 고객 체험을 위한 시스템을 구축하고 있다.

월마트는 월마트 랩스@Walmart Labs라는 조직을 운영하고 있다. 방대한 월마트 고객과 운영에 대한 혁신적 아이디어를 접목하는 R&D 센터라 할 만하다. 예를 들면 구매한 상품을 반품하는 과정은 구매 과정에 비해 복잡하고 환불을 받는 시간도 길다. 만일 구매자의 반품 과정이 구매 과정처럼 쉽게 그리고 빨리 진행된다면 당연히 고객 충성도는 올라갈 것이다. 월마트는 이런 생각을 바탕으로 2017년에 모바일 익스프레스 반품 앱을 개발했다. 앱을 열고, 반품할 항목을 선택하고, QR 코드를 스캔한 다음, 월마트 매장의 반품 코너에 물품을 가지고 가면 된다. 환불은 즉시 고객의 월마트 앱 계정에 표시된다. 이런 새로운 기능으로 월마트 쇼핑은 모바일 기기 중심으로 이루어진다. 반품 과정의 대기 시간을 줄여주는 이런 기술의 적용으로 고객뿐만 아니라 매장에서 일하는 직원들도 일에 대한 스트레스를 덜 받게 되어 일에 대한 만족도가 향상된다.

월마트는 또 월마트페이를 통해 고객들의 구매 패턴을 분석하고 기계 학습 알고리즘을 사용하여 개인에 특화된 서비스를 제공하고 있다. 월마트뿐만 아니라 코카콜라, 허쉬 등의 기업들은 미국 실리콘 밸리의 싱귤레리티 대학 부설 SU Labs에 투자하여 신기술과 혁신적 프로세스를 소비재 사업에 적용하고자 노력하고 있다. 소비재 분야의 대기업들에게도 경쟁력을 지속적으로 유지하기 위해서는 혁신에 대한 투자와 역량 확보는 반드시 필요한 조건이기 때문이다.

뷰티 업계의 혁신적 변화도 이미 여러 기업에서 시도하고 있다. 이 업계의 강자 로레알은 2018년 뷰티 업계의 증강 현실과 인공 지능 분야의 선도 기업 중 하나인 캐나다의 ModiFace를 인수했다. 로레알이 이 회사를 인수함으로써 디지털 서비스 팩토리의 역량 향상이 기대된다. 로레알은 디지털 서비스 팩토리라는 조직을 만들어 고객들에게 다양한 디지털 서비스를 제공하는 노력을 하고 있는데 이는 바로 로레알의 디지털 가속 전략의 한 부분이다. 로레알은 이런 디지털 기술과 혁신을 자사 34개의 글로벌 브랜드에 접목하여 다양한 서비스와 뷰티 체험의 혁신적인 기술을 제공하고자 한다. ModiFace는 30개 이상의 특허를 통해 얼굴 특징과 색상을 추적하는 독자적인 기술을 활용하여 3D 가상 메이크업, 컬러 및 피부 진단 서비스의 첨단 기술을 개발했다.

거의 모든 뷰티 브랜드에서 이 기술이 사용되고 있다. 이 회사는 이런 기능을 갖춘 증강 현실 구현 거울도 개발하여 판매하고 있다. 즉 스마트 거울로 피부 진단과 메이크업의 도움을 받을 수 있다.

- 까가 상품Private Brand, PB의 픙가

이 분야의 또 다른 변화는 많은 리테일 기업들이 PB 제품들을 적극적으로 출시하는 전략을 추진하고 있다는 것이다. 제품 자체 브랜드보다 물건을 구입하는 플랫폼의 브랜드를 신뢰하기 때문에 가능한 현상이다.

우리나라에서도 이미 이마트 등에서 이런 제품을 노브랜드 제품이라 부르며 상대적으로 저가 정책으로 마켓을 확대하고 있다. 특히 요즈음처럼 불경기에 브랜드에 민감하지 않은 상품을 저렴한 가격이라는 포지션으로 소비자들의 관심을 끌고 있다.

지난 2015년 새로운 물티슈 제품을 이마트가 노브랜드로 출시하여 100장에 800원이라는 파격적인 가격으로 판매했다. 이 제품은 6개월 만에 270만 개가 팔렸으니 그야말로 대박을 친 셈이다. 2015년에 시작해 3년 만에 1,000개 정도의 제품을 출시했으니 '브랜드가 아니다. 소비자다.'라는 슬로건을 걸고 시작한 노브랜드 전략은 성공했다고 볼 수 있다.

세계 온라인 거래의 최강자 아마존은 의류, 신발, 액세서리 분야에만 4,904개의 PB를 판매하고 있다. 홈과 부엌용품에 852개의 PB를 출시했다. 총 6,800개가 넘는 자체 브랜드 제품을 판매한다. 그만큼 아마존의 브랜드 신뢰와 파워가 구축된 것이라 볼 수 있다.

- 자연적인 것에 대한 선호

Chobani는 건강한 그리스 스타일의 요구르트와 기타 자연 건강식 재료를 판매하는 업체다. 미국의 건강전문 잡지 헬스는 2006년 세계 5대 건강식품으로 한국의 김치, 일본의 낫토, 스페인의 올리브 오일, 인도의 렌즈콩 그리고 그리스의 요구르트를 선정했다.[65]

그리스 요구르트는 인공 첨가물을 사용하지 않고 유당이 적어 위에 부담이 되지 않는 건강식으로 알려진 음식이다. 글루텐도 함유하지 않는다고 한다. 글루텐은 밀가루나 귀리를 찰 지게 만드는 천연 요소인데 위장 알레르기를 유발하기도 하여 위가 민감한 사람들은 기피한다. Chobani는 무려 7억 5천만 달러의 투자를 받아 건강한 음식에 대한 시장의 기대치를 반영하고 있다.

2017년 글로벌 기업 P&G는 네이티브라는 자연 향수 업체를 1억 달러에 인수했다. 이미 다른 향수 제품들을 보유한 P&G가 이 회사를 인수한 이유는 친환경 제품이라는 점과 이 제품 판매가 온라인으로 이루어지고 있다는 가치 때문이다. 전통적으로 오프라인으로 이루어지는 P&G의 판매 모델을 이런 온라인 판매를 통해 소비자들과의 직접적인 관계 구축이라는 새로운 비즈니스 모델로 활용하고자 하는 전략적 관점에서 이 기업 인수가 이루어졌다. P&G의 디지털 이니시어티브 전략의 일환이다. P&G의 뷰티 브랜드인 올레이가 AI를 활용해 사용자에게 피부 노화에 따른 치료 방법을 알려주는 올레이 피부 어드바이저를 출시한 것처럼 P&G는 온라인 역량과 포트폴리오를 확대하는 전략으로 사업 구조를 조정하고 있다.

- 육류 식생활의 변화

Impossible Burger는 5억 6백만 달러의 투자를 받았다. 이 회사는 실험실에서 배양한 인조고기를 만들어 햄버거 회사에 공급한다. 미국의 버거킹과 다른 브랜드의 햄버거 체인점에서 이 회사가 가공한 인조고기를 넣은 햄버거를 팔고 있다. 단백질, 지방, 메틸셀룰로오스라는 접합제, 맛의 네 가지 핵심 성분으로 된 인조고기는 콩과 감자, 단백질의 혼합물이다. Burger2.0이라고 부르는 새 버전 햄버거에는 글루텐이 없다. 이 햄버거 패티는 요리 시 실제 고기처럼 육즙이 나오고 지글거리기도 한다. 코코넛 오일과 해바라기 기름을 사용하여 이런 효과를 낸다. 이 인조고기 패티는 식품점에서도 구입할 수 있다.

사실 이런 배양육이 관심을 끄는 이유는 개인의 건강을 고려하는 것 외에도 환경적인 이유도 있다. 가축에서 고기를 생산하는 경우 식물의 재배에 비해 온실 가스 배출량이 10~40배가 된다. 육류 제품에 필요한 가축 농업 공정은 분뇨, 연료 및 농약, 그리고 가스를 방출한다. 전체 가축을 먹이는 곡물로 사람 8억 명을 먹일 수 있다고 한다. 따라서 이런 혁신적 식품은 인간의 건강뿐만 아니라 환경 지속 가능성과 지구 자원의 보존이라는 큰 문제를 해결하는 데 도움이 될 수 있기 때문에 시장이 관심을 보이고 있다.

5. 핀테크/테크핀:
핀테크인가 테크핀인가?

핀테크란 첨단 디지털과 온라인 기술을 기반으로 한 금융서비스를 말한다. 핀테크는 금융회사가 디지털 기술을 접목한 서비스를 말하고 테크핀은 디지털 기업들이 금융서비스를 접목한 서비스를 말한다.

우리가 핀테크라고 간단히 부르는 산업 분야는 다음 페이지 상단 표처럼 매우 광범위하다.

핀테크의 글로벌 벤처 투자는 다음 페이지 하단 표에 보듯이 2018년까지의 급성장 추세가 2019년에 둔화되는 모습을 보여준다.

- 금융 웰빙

미국 가정의 47%는 급히 필요한 비용 400달러를 감당할 수 없다고 한다. 많은 사람들이 그야말로 월급이나 주급 날을 기다리며 살고 있다. 직장이 비교적 쉽게 구해지는 사회이기도 하고 신용카드로 먹고 사는 데

핀테크 응용 분야

출처: CB Insights

핀테크 글로벌 투자 추이(단위: 건, 10억 달러)

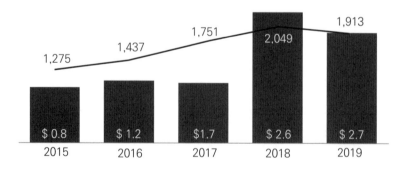

출처: CB Insights

필요한 소비를 할 수 있다. 주급이나 월급으로 신용카드 청구서에 적힌 비용을 메꾸어 나가는 그야말로 돌려 막기 식 소비 패턴을 가진 사람들이 적지 않다. 그래서 비상시에 필요한 현금을 저축하고 사는 사람들이 적다.

Albert라는 기업은 이런 기회에 착안하여 주로 저임금 고객을 위한 금융 자문을 제공한다. Albert는 고객의 잔액, 청구서 및 지출을 모니터링해 준다. 과다 지출의 위험이 있는 경우 고객에게 경고 메시지를 보낸다. 이 기업은 직장이 있는 고객에게 수수료를 받고 10분 내로 100달러까지 바로 현금 서비스를 제공하거나 수수료 없이 3일 내로 현금 서비스를 제공한다. 이 액수는 다음 달 고객의 급료 입금 액수에서 공제한다.

Albert가 낮은 수입의 그룹을 주 고객으로 한다면 Cube Wealth는 소득이 비교적 높은 고객을 대상으로 각종 금융 서비스를 제공한다. 주식이나 펀드 등 다양한 투자를 자문하거나 관리해 준다. 즉 이 기업은 고객의 돈을 불려주는 역할을 미션으로 한다. 스마트폰을 통해 다양한 시장 변동 정보를 제공해주고 고객의 포트폴리오 투자를 추적할 수 있는 응용 프로그램으로 실시간으로 자산의 변동 상황을 파악할 수 있다. 이 회사의 자산관리 코치들은 고객 개개인에 최적화된 투자 상품을 추천하고 관리해 주는 서비스를 제공한다. 물론 기존 금융 회사들도 이런 서비스를 제공해 왔지만 Cube Wealth는 모든 기능을 스마트폰 응용 프로그램으로 실시간 맞춤형 자산 관리 시스템을 최적화한 서비스를 가치로 제공하면서 새로운 계층의 고객들을 확보해 나가고 있다.

SoFi는 학생 대출 플랫폼으로 유명해진 온라인 금융 회사다. 무려 30만 명 이상이 이 서비스를 통해 융자금을 리파이낸스를 했는데 그 액수는 180억 달러 정도의 큰 규모다. 이 회사는 개인과 중소기업 고객들에게 융자 서비스도 제공한다. 이 회사의 융자 플랫폼을 통해 융자를 제공하는 금융 기관을 통해 고객들에게 원하는 액수와 이율 등을 신용 등급에 따라 추천과 알선을 해 준다. 개인의 주택 융자 등도 알선해 주며 주식 등 다양한 투자 기회를 조언해 준다. 개인 고객들의 현금 계좌도 관리해 준다. SoFi는 2020년 초 또 다른 핀테크 기업인 Galileo Financial Technologies를 12억 달러에 인수하기로 합의했다고 보도되었다. Galileo는 큰 핀테크 기업들에게 거래 프로세스 서비스를 제공하는 회사다. 핀테크 기업들은 Galileo의 금융 인터페이스 소프트웨어를 사용하여 계좌 설정, 자금 조달 및 입금 등의 금융 전반 서비스를 활용한다. 이 회사는 연 530억 달러 이상의 금융 거래를 처리했다.

Credit Karma는 개인의 신용 상태를 종합적으로 관리해주는 개인 맞춤형 서비스를 제공한다. 개인의 신용 등급은 신용카드 발급에서부터 자동차 주택 등 융자 심사 과정에 중요한 평가 항목이다. 이 기업은 고객들이 체계적으로 신용을 쌓도록 도와주는 서비스를 제공한다. 고객의 현재 현금이 얼마인지, 신용 카드 지출 상태나 주택, 자동차 등의 융자금 상환 내역과 신용 점수 등을 분석하여 알려준다. 여유 자금의 운영에 대한 조언과 투자 기회를 소개해 주는 등 종합적인 금융서비스도 제공한다.

미국 세금 보고 프로그램 TurboTax를 소유하고 있는 Intuit는 Credit Karma를 2020년 초 71억 달러에 인수할 것이라고 발표했다. 금융 거래가 디지털 방식으로 변화함에 따라 소비자의 금융 데이터에 접근하는 것은 전략적으로 중요한 비즈니스의 접점이 된다.

소비자들에 대한 이런 전략적 경쟁력을 갖기 위해 2020년 초 Visa는 소비자 금융 데이터를 처리하는 또 다른 핀테크 스타트업인 Plaid를 53억 달러에 인수했다.

ADDI는 2019년에 창업된 소비자와 기업에 금융 솔루션을 제공하는 콜롬비아 핀테크 기업이다. 최근 미국 벤처 캐피탈 회사로부터 투자를 받아 주목을 받고 있다. ADDI는 신용 및 융자 등의 금융 솔루션을 제공하는 핀테크 회사로 혁신적인 기술을 바탕으로 대출 승인을 3분 정도에 마친다고 한다. 물론 신용 등급이 높은 경우다. 콜롬비아는 높은 이자율로 인해 일부 부유층 외에는 대출이 불가한 사회였다. ADDI는 평균 이자율보다 현저히 낮은 융자를 해 줌으로써 많은 사람들에게 혜택을 공유하고 있다. 콜롬비아는 신용카드 소지가 힘든 사회다. 인구의 14%만이 신용 카드를 가지고 있고 안정적인 일자리와 부채가 없는 사람들조차도 신용 카드는 보편화되어 있지 않다. ADDI는 단기간에 약 10,000명 정도에게 대출을 해 주었고 대출액은 일인당 평균 500달러 정도라고 한다. ADDI는 직장을 갖고 열심히 일하는 사람들에게 저렴한 이자율과 비용으로 대출을 받고 그들의 신용이 콜롬비아를 비롯한 라틴 아메리카에서 통용될 수 있도록 도와준다. 보통 사람들의 금융 웰빙을 실현하는 것이다.

6. 가상 비서 Virtual assistant :
당신의 가상 비서는?

가상 비서는 사용자의 명령이나 질문에 따라 작업이나 서비스를 수행할 수 있는 소프트웨어를 말한다.

가상 비서 또는 가상 도우미의 도메인에는 챗봇과 음성 가상 비서, 그리고 시각적 검색 서비스가 있다. 챗봇은 비디오 및 이미지 처리, 오디오 분석 및 자연어 처리와 같은 AI 기술을 사용하여 텍스트 또는 음성 언어로 인간의 대화를 모방하는 컴퓨터 프로그램이다. 간단한 고객들의 질문에 답을 하거나 정보를 안내해준다. 스마트폰에는 빅스비, 구글 어시스턴트나 시리와 같은 다양한 가상 비서나 챗봇들이 활동하고 있다. 내비게이션이나 자동차에서도 음성으로 지시하면 가상 비서가 정보를 찾아주거나 작동한다. 아직은 음성 인식 능력이 부족한 편이지만 향후 더 많은 기능을 가상 비서가 대체하게 될 것은 분명하다.

화장품 업체 세포라 챗봇과 채팅을 하면 다양한 메이크업 안내를 받을 수 있다. 이 챗봇은 개인 비서처럼 고객이 매장에서 쇼핑할 때 제품 리뷰와 평점을 제공하여 구매 결정에 도움을 준다. 신용카드 업체 마스터 카드의 페이스북 메신저 봇은 고객이 쉽게 계정 거래를 확인할 수 있게 도와준다. 예를 들어 고객이 어느 특정한 날이나 달의 지출 항목이 궁금하다면 챗봇에게 물어보면 된다.

챗봇은 24시간 근무할 수 있고 실시간 고객들의 간단한 질문에 답할 수 있는 수준의 기술적 발전을 이루어 많은 기업들의 홈페이지나 고객 서비스를 방문하는 고객들에게 이런 서비스를 제공하고 있다. 2020년까지 10개 중 8개 기업은 챗봇을 고객 서비스 기능으로 활용할 것이라고 한다. 2022년까지 챗봇은 이런 기능을 통해 연 80억 달러의 비용을 절감할 것으로 전망한다.[66]

시리는 애플 기기 사용자가 장치에서 작업 또는 쿼리를 명령할 수 있는 지능형 도우미다. 구글 어시스턴트와 비슷한 기능을 가지고 있는데 음성 쿼리를 사용하여 질문에 답하고, 작업을 수행하고, 추천을 해 주기도 한다. 아마존의 에코 스피커는 알렉사라는 음성 인식 가상 비서 시스템을 통해 요청받은 정보를 제공하거나 기능을 수행한다. 2011년 애플이 시리를 소개한 이후, 가상 비서는 빠르게 발전했고 스마트 스피커인 아마존의 알렉사, 구글 어시스턴트와 함께 가장 많이 사용되고 있다. 시리는 애플 기기에만 적용되지만 구글 어시스턴트는 안드로이드와 iOS 기기에 모두 사용된다. 알렉사는 현재 안드로이드 스마트폰에서만 사용할 수 있고 iOS의 알렉사 앱은 스마트 스피커 에코에 연결하는 데만 사용된다.

시리, 알렉사, 구글 어시스턴트는 대표적인 가상 비서 서비스인데 각기 나름의 장점과 특징을 갖고 있다. 예를 들면 구글 어시스턴트는 배가 고프다고 말하면 근처 식당에 테이블을 예약할 수도 있다. 그리고 당연히 그 식당까지 길을 내비게이션으로 안내받을 수 있다. 도미노 피자를 전화나 온라인 주문을 하지 않고도 소파에서 편안하게 음성 주문을 할 수도 있다.

가상 비서는 음식을 만들 때 레시피를 알려주는 기능으로도 유용한데 특정 레시피에 대한 반응은 구글 어시스턴트가 자세한 방법과 비디오까지 알려주는 기능으로 타 가상 비서보다 뛰어난 성능을 보인다.

구글 어시스턴트는 사람의 지시나 질문을 가장 잘 알아듣는 자연언어 처리 능력이 가장 뛰어난 것으로 알려져 있다.

알렉사에는 Skills라는 제삼자 응용 앱을 통해 아주 다양한 기능을 제공받을 수 있는데, 예를 들면 항공편이나 호텔, 택시를 예약하는 서비스가 가능하다. 시리의 인터페이스는 사용하기 쉽고 기본 정보 확인, 이벤트 예약, 인터넷 탐색, 앱 참여 등 광범위한 사용자 작업을 지원한다.

페이스북 메신저와 아마존 알렉사를 통해 공유 차량 업체인 리프트 차량을 콜 할 수 있다. 메신저 봇은 드라이버의 현재 위치를 알려주고 고객에게 자동차 번호판과 모델의 사진을 보여준다. 유기농 식료품을 판매하는 미국의 홀 푸드 마켓에서는 페이스북 메신저에서 봇의 도움을 받아 고객이 원하는 레시피를 검색할 수 있다.

모든 검색의 50%는 2020년까지 음성을 통해 이루어질 것이라고 예상된다. 2022년까지 미국 가정의 55%가 스마트 스피커를 소유하게 될 것으로 예상되며 이 시장은 현재 20억 달러 규모에서 2022년에 400억 달러로 급증할 것으로 보인다. 2018년 1분기와 2019년 2분기 사이에 글로벌 스마트 스피커 출하량이 936만 대에서 2,610만 대로 증가해 이런 예상을 가능하게 해 준다.[67]

사람들은 앞으로 문자보다 음성 검색을 훨씬 더 많이 사용할 것으로 기대된다. 많은 기업들이나 브랜드가 디지털 마케팅 전략에 음성 검색을 포함하고 있다. 고객에게 콘텐츠를 효과적으로 전달하는 수단으로 음성 검색은 문자 검색보다 빠르고 쉬우며 좀 더 인간적인 소통 수단이기 때문이다.

비주얼 검색 가상 비서 서비스 분야에서는 구글 렌즈나 핀터레스트 렌즈가 대표적이다. 스마트폰으로 사물의 사진을 찍으면 관련 항목의 정보를 검색해 준다. 아직은 항상 정확한 정보 검색이 가능하다고 할 수는 없으나 핀터레스트 렌즈는 현재 25억 개의 다양한 사물을 인식한다고 한다. 스마트폰에 시각적 검색을 도입하여 고객이 실제 환경에서 볼 수 있는 관련 제품을 사용하여 카탈로그를 검색할 수도 있다. 구글 렌즈도 스마트폰으로 찍은 사진을 인식하여 꽃이나 나무에 대한 정보 등을 검색해 줄 뿐만 아니라 의류나 가방 등이 어느 브랜드 제품인지를 검색해 주고 평가를 보여주고 구매가 가능하도록 해당 사이트에 연결해 준다. 명함을 찍어 저장하는 리멤버나 캠카드도 이런 시각 비서 서비스다. 한때 구글은 구글 글라스를 개발하여 이런 기능을 구현하려고 시도했지만 결국 번거롭고 무거운 안경을 끼는 수단보다는 스마트폰을 이용한 가상 비서 서비스로 전환했다.

7. 증강 분석과 비즈니스 인텔리전스^{BI}: BI는 기업의 AI

증강 분석은 데이터 분석을 향상시키기 위해 기계 학습과 자연어 처리를 사용하는 방법을 말한다. 비즈니스 분석은 통계 분석을 바탕으로 데이터를 반복적, 체계적으로 탐색하는 기법을 말한다.

업계 리더들 10명 중 9명은 마치 인터넷이 그러했던 것처럼 데이터가 비즈니스 운영 방식을 바꾸게 될 것이라고 믿는다고 한다. 향후 데이터의 증강 분석 역량을 갖지 못한 조직은 결국 경쟁력을 잃어 도태될 수 있다.

Allied Analytics 보고서에 따르면 증강 분석 시장의 글로벌 규모는 2025년까지 거의 3백억 달러에 이를 것으로 예상된다. 가트너에 의하면 2022년까지 증강 분석 기술은 보편화될 것이지만 소수의 분석가들만 그 잠재력을 활용할 것이라 한다. 2025년까지 전자 부품을 사용하는 소비재나 산업용 제품의 80%가 분석 기능을 탑재할 것이라고 한다. 2025년까지 데이터 스토리는 가장 널리 보급되는 분석 방법이 될 것이며, 스토리의 75%는 증강 분석 기술을 사용하여 자동으로 생성될 것이라고 한다.

정보 분석은 모든 디지털 비즈니스의 핵심이라 할 수 있다. 데이터 양은 매년 2배 정도 기하급수적으로 증가하고 있다.[68]

하지만 증가하는 데이터는 점점 비정형 데이터가 대부분을 차지한다. 조직의 데이터 중 80~90%가 구조화되지 않은 비정형 데이터라고 추정된다.[69] 비정형 데이터 형식은 텍스트와 멀티미디어 콘텐츠가 포함된다. 전자 이메일 메시지나 비즈니스 문서와 비디오, 사진, 오디오, 웹 페이지 등이 포함된다. 이런 형태의 비정형 데이터는 증가 속도가 정형 데이터보다 훨씬 더 빠르다.

아무리 다양하고 많은 데이터가 있어도 데이터에서부터 의미 있고 결정을 내리는데 도움이 될 데이터를 추출하는 작업이 자동화되지 않는다면 빅데이터는 기대 효과나 잠재적 파워를 발휘할 수 없다. 방대한 데이터에서 비즈니스나 조직에 실질적으로 도움이 되는 정보를 추출하고 적용하여 조직의 리더들이나 직원들이 올바른 결정을 내릴 수 있는 수단으로 활용하기 위해서는 조직 운영에 관련성과 정확성, 그리고 실행 가능성을 찾아야 한다.

증강 분석은 기계 학습 및 자연어 처리를 사용하여 데이터의 분석과 공유를 통해 비즈니스에 대한 통찰력을 자동화하는 것을 말한다. 예측 분석이 기계 학습을 활용하여 어떤 일이 일어날지 예측하는 것이라면, 증강 분석은 데이터 관리 성능을 개선하고 BI 솔루션을 제공하기 위해 통계 및 언어 기술을 활용한다. 예를 들면 스마트폰에 설치된 구글 어시스턴트, 삼성 빅스비, 또는 SK 티맵에게 말로 질문을 하거나 지시를 내리는 것에 이런 기술과 기능이 들어가 있다.

즉 증강 분석은 우리가 원하는 결정을 빠르고 스마트하게 할 수 있게 도와준다. 빅데이터를 더 작고 더 사용하기 좋은 데이터 집합으로 변환할 수 있는 기능을 통해 증강 분석은 최적의 데이터 공유 및 데이터 분석을 구현하게 해 준다. 데이터를 바탕으로 한 증강 분석은 더 자신감 있게 의사 결정을 내리는 데 도움을 준다. 사람의 약점이라 할 수 있는 편향 확증과 같은 편견이나 선입견을 배제하고 좀 더 객관적이고 이성적인 결정을 하고 환경 변화에 빠르고 정확하게 대응할 수 있기 때문이다.

컨설팅 회사 가트너는 2020년까지 데이터 분석 작업의 40% 이상이 자동화될 것으로 예측한다. 이를 통해 기업은 수집하는 방대한 양의 빅데이터에 대한 통찰력으로 생산성을 높일 수 있을 것이다.

업계 선도 기업들이나 스타트업 기업들이 이 첨단 기술에 대한 연구개발에 투자하는 것은 당연하다. 비즈니스 정보의 자동화된 분석 역량은 향후 기업들의 경쟁력을 유지하는 데 매우 중요한 역할을 할 것으로 예상되기 때문이다. 증강 분석은 사기 탐지 프로세스 및 운영 모니터링, 다양한 틈새시장에서 고객 손실을 방지하기 위한 서비스 품질 통제, 비즈니스 요구에 따른 전략 수립, 특정 비즈니스 내에서 브랜드 및 고객 충성도의 메커니즘 이해, 마케팅 운영 최적화, 높은 이직률을 줄이는 데 유용하게 쓰일 수 있다.

예를 들면 출시한 제품이나 서비스의 마케팅에 대한 판매 예측을 가능하게 해 준다. 또 판매를 촉진시킬 수 있는 마케팅 방법을 제시해 줄 수도 있다.

증강 데이터 분석 도구는 잠재적으로 비즈니스 성과와 디지털 전략 수립 과정을 향상시킬 수 있다. 증강 데이터 분석의 자동화는 전체 데이터 검색과 추출 시간을 50~80% 줄일 수 있기 때문이다.[70]

증강 분석은 빅데이터에서 스마트 데이터화로 가는 여정에 도움을 주는 도구다. 스마트 데이터로 기업들은 데이터 손실 위험을 줄일 수 있고 소비자 경험, 제품 개발, 운영, 혁신, 예측 유지 보수와 같은 다양한 활동을 지원할 수 있다.

BeyondCore는 미국 기업 세일즈포스닷컴 자회사로 인수되었다. BeyondCore는 AI, 딥러닝, 비즈니스 분석 분야의 역량을 가진 BI 데이터 기업이다. 이 기업 제품은 분석뿐만 아니라 예측 역량도 갖추고 있다. 이런 이유로 세일즈포스닷컴은 데이터 분석 트렌드의 요구를 충족하면서 스마트 데이터 검색을 확장하여 증강 데이터 분석 플랫폼을 향상시키기 위해 2016년 이 회사를 인수했다.

증강 분석은 데이터와 정보에 대한 사람들의 해석 능력을 향상시키고 데이터를 통해 비즈니스 센스를 찾는 데 보조적인 역할을 수행한다.

일반적으로 분석 프로세스는 공공 또는 허락받은 개인 데이터베이스에서 데이터를 수집하는 것으로 시작한다. 그리고 데이터로부터 관련 통찰력을 추출하기 위해 준비하고 구성한다. 그다음 분석 결과와 관련된 실행 계획을 사용자와 공유한다. 증강 분석의 잠재력은 아직 완전히 구현되지 않았다. 그럼에도 불구하고 사용자가 데이터 분석 결과를 특정 산업의 비즈니스 영역에 적용할 수 있다면 수익을 크게 증가시킬 수 있을 것으로 예상한다.

증강 데이터 분석 역량을 가진 마이크로 소프트, IBM, DataRobot, SAP 외 많은 스타트업 기업이 시장에 등장하고 있다. 알리바바클라우드는 중국 알리바바 그룹의 일원으로 중국 최대 클라우드 플랫폼 업체다. 이 플랫폼의 Quick BI 플랫폼을 통해 데이터를 준비하고 시각화해준다. 알리바바클라우드는 고객에게 중국에서의 비즈니스 성공에 필요한 기술 인프라와 마케팅을 제공한다. 기업이 제품 및 서비스를 성장시킬 수 있도록 전자 상거래, 클라우드 컴퓨팅, 디지털 미디어 등 여러 분야에 걸쳐 도움을 준다.

Birst는 클라우드용 BI 및 비즈니스 분석 플랫폼으로서, 기존 BI 솔루션보다 더 빠른 속도로 복잡한 프로세스를 이해하고 최적화하도록 지원한다. 이 기업은 고객에게 자동화 기술과 머신 러닝 기술이 적용된 이 회사의 네트워크 기반 BI 방식으로 분석 및 인사이트를 제공한다. 사내 네트워크를 통해 여러 팀과 애플리케이션을 연결하고 중앙 집중형 데이터와 분산형 데이터를 혼합하여 최적의 의사 결정을 내릴 수 있도록 지원한다.

이런 접근 방식으로 고객들은 수익성 향상, 비용 절감, 매출 증대, 비즈니스 수행 방식의 혁신과 같은 성과를 거두고 있다고 한다. 이 회사의 Birst Visualizer는 시각적 분석 기능을 제공하며 Smart Insights는 증강 분석 기능을 제공한다.

Board International은 BI 대시보드 도구와 포괄적인 분석 기능을 결합하여 비즈니스 사용자가 캡슐이라고 부르는 맞춤형 분석, 계획 및 시뮬레이션 애플리케이션을 쉽게 구축할 수 있게 한다. 캡슐은 보고서, 그래프, 스프레드시트, 폴더, 지도 등을 제공하는 일종의 컨테이너다. 이러한 기능은 사용자의 작업에 자동으로 반응할 수 있도록 각각의 데이터베이스와 즉시 동기화된다. 한 줄의 코딩 없이도 이런 서비스가 가능하다. 이 기업은 특히 재무적 분석을 전문으로 한다. 조직의 예산, 계획 및 예측 활동을 원활하게 연결하여 되풀이되는 프로세스를 자동화하고 통합 비즈니스 접근 방식을 통해 가시성, 정확성 및 협업을 추진하여 시간을 절약할 수 있게 해준다. 수익성 및 성과를 분석해주고 어떤 고객 가치가 비즈니스 결과에 어떤 영향을 주는지도 시뮬레이션해 준다. 정교한 분석 도구를 사용하여 데이터에서 얻은 통찰력을 활용하여 데이터에 입각한 의사 결정을 내릴 수 있다. 회계 마감과 경영진을 위한 리포트 작성에 이르기까지 재무 활동의 핵심 과정 작업을 도와준다. Board는 비즈니스의 모든 프로세스의 의사 결정 플랫폼으로서 자리를 구축하고 있다. 이 회사는 호스팅 클라우드 모델로 전환하여 현재 전 세계 라이선스 매출의 약 25%를 차지하는 미국에서 큰 성장을 하고 있다.

증강 분석과 BI 분야에서 마이크로소프트는 단연 선두 주자라 할 수 있다. 마이크로소프트 오피스 채널을 통해 선구적이고 포괄적인 제품 로드맵을 가지고 있으며 시장에서 인정받는 제품이 되고 있다. 마이크로소프트 비즈니스 분석 서비스는 Power BI라고 부르는데 데이터 준비, 시각적 기반 데이터 검색, 대화형 대시보드 및 증강 분석을 제공한다.

가트너에 의하면 오라클은 이 분야의 선구적 위치에 있다. 오라클 애널리틱스 클라우드OAC는 대화형 분석, 보고서 및 대시보드를 위한 통합 설계 환경을 제공한다.

8. 5G:
데이터 아우토반

    5세대 이동 통신인 5G는 2018년부터 채용된 무선 네트워크 기술로 6GHz 이하 중대역과 초고속 근거리망에 쓰이는 초고주파 대역인 28GHz 로 나뉘어져 있다. 과거 동영상을 볼 때 영상이 종종 끊기는 현상을 지금은 거의 경험할 수 없게 되었다. 5G의 시대 이런 통신의 제한은 해결될 것으로 예상된다.

    고성능 자동차로 좁은 비포장 도로 위에서 빠르고 안전하게 달릴 수 없듯이 5G는 통신의 고속도로화라 할 수 있다. 즉 통신의 속도, 용량, 지연 시간 등은 데이터가 기하급수적으로 증가하고 수많은 센서들이 연결되어 작동하는 디지털 시대에 반드시 극복해야 하는 기술의 한 부분이다. 그래서 5G는 진정한 모바일과 커넥티드 사회를 만들어 줄 것으로 기대된다.

    에릭슨에 의하면 글로벌 모바일 데이터 트래픽은 2024년 말까지 5배

3G, 4G, 5G 주요 성능 비교표

		3G	4G	5G
📅	적용 시기	2004-05	2006-10	2020
📶	대역폭	2mbps	200mbps	〉1gbps
🖥	지연 시간	100-500 밀리초	20-30 밀리초	〈10 밀리초
🕐	평균 속도	144 kbps	25 mbps	200-400 mbps

출처: 5G vs 4G: what is the difference? Raconteur May 2019

증가할 것으로 예상된다. 특히 밀집된 도시 지역에서의 모바일 트래픽은 4G 네트워크가 따라갈 수 없을 것으로 예상한다. 도심의 길들이 증가하는 차량 때문에 트래픽이 증가하는 것과 같다. 문제는 정보와 데이터가 기하급수적으로 증가하기 때문에 5G 기술이 요구된다. 벌써 5G를 넘어 6G의 필요성이 제기되고 있고 언젠가는 6G의 세상이 될 수도 있을 것이다.

1980년대 시작된 1G는 아날로그 음성을 그리고 1990년대 도입된 2G는 디지털 음성 송수신을 가능케 했다. 2000년대 도입된 3G로 모바일 데이터 송수신이 기능해졌고 4G LTE는 모바일 브로드밴드의 시대를 열었다. 그리고 이제 5G의 시대가 시작되었다. 에릭슨의 보고서에 따르면 2025년 말까지 5G 가입자 수는 26억 건에 이를 것으로 예측했다. 3명에 1명 정도가 5G를 사용할 것이라는 전망이다.

5G는 700mhz~2500mhz의 주파수를 사용하는 4G에 비해 28Ghz까지의 고주파수를 사용하기 때문에 더 빠른 속도와 낮은 대기 시간 구현이 가능하다. 밀리미터 단위의 스펙트럼을 사용하여 5G는 평방미터당 약 100만 대의 기기를 지원할 수 있다. 반면에 4G는 약 4,000대의 장치를 지원한다. 따라서 중단 없이 넷플릭스 스트리밍, 비디오 통화뿐만 아니라 스마트 시티처럼 수많은 IoT 기기에 접속하고 인공 지능과 가상, 증강 현실을 동시에 구현해야 하는 분야에서 5G는 정보 통신의 아우토반과 같은 역할을 하게 된다.

5G 무선 기술은 더 높은 피크 데이터 속도, 무시할 만큼 짧은 지연 시간, 더 높은 신뢰성, 대규모 네트워크 용량, 향상된 가용성으로 보다 새로운 사용자 경험과 기회를 제공하게 될 것이다. 이런 경험과 기회는 효율성과 편의성을 높이게 되고 산업과 산업을 연결하며 이 과정을 통해 새로운 생태계를 창출하게 될 것이다.

5G는 자율 주행을 현실화하는 데 필요한 기술이고, 점차 정교해져서 증강 현실 등의 기술을 기반으로 하는 헬스케어, 원격 의료 진단과 진료, 디지털 기술을 바탕으로 농업 생산 과정의 최적화로 정밀 농업, 스마트 물류 및 배송 시스템, 엔터테인먼트와 게임까지 거의 대부분의 산업에 큰 변화를 일으킬 것으로 예상된다.

5G의 경제적인 효과는 2035년까지 거의 전 세계적으로 실현될 것으

로 보이며, 이는 다양한 산업에서 최대 2,200만 개의 일자리가 창출되고 13조 2천억 달러에 달하는 상품과 서비스를 가능하게 할 것이라는 예상도 있다.[71]

EU는 2025년까지 주요 도로 및 철도에 대한 중단 없는 5G 커버리지를 포함하는 야심 찬 5G 계획을 가지고 있다.

-자율 주행 차량

자율 주행이 실현되려면 가장 높은 수준의 속도와 신뢰성을 가진 통신망과 기계 학습 알고리즘이 필요하다. 고속으로 달리는 자율 주행 승용차나 상용차 또는 드론 등에서 3차원 지도 데이터나 수많은 센서가 측정하는 엄청난 양의 데이터를 처리하고 전기나 유압 장치를 정교하게 작동시키려면 지금과는 비교가 되지 않는 통신망이 필요하다. 무결점 수준의 신뢰성과 무시해도 될 만큼 짧은 대기 시간이나 무대기 시간의 통신망이 바로 5G다.

미국 극 초고주파 전문 업체인 Maja Systems에 따르면, 미래의 자율 주행 자동차는 200만 기가비트에 해당하는 거의 2페타비트의 데이터를 생성할 것이다. 와이파이 연결을 통해 자율 주행 자동차에서 일주일 분량의 데이터를 전송하는 데 230일이 소요된다고 한다. 따라서 현재 시스템으로는 이런 방대한 양의 데이터 통신을 지연 없이 안전하게 처리할 수 없게 된다. 5G가 이런 문제에 대한 솔루션이 될 수 있다.

5G는 6GHz 이하 주파수 대역인 저속 광역망과, 초고속 근거리망에 쓰이는 초고주파 28GHz망으로 나뉘어져 있다. 우리나라의 경우 28GHz 상용 서비스는 출시 준비 중이고 3.5GHz로만 출시되었다. 현재 사용 중인 3.5GHz 대역은 LTE보다 속도가 2~4배 빠른 것으로 알려져 있다. 28GHz 대역에서는 속도가 최대 20배 정도 빨라질 것으로 예상된다. 28GHz 초고주파 대역은 파동의 특성상 저속 광역망에 비해 가장 사용량이 활발한 대도시와 같은 건물 밀집 환경에서 장애물의 영향에 민감하다. 이런 문제를 해결하려면 기지국의 밀도를 높여야 하기 때문에 인프라 설치 비용이 저속 광역망에 비해 상대적으로 더 많이 든다.

5G의 낮은 지연 시간 및 2기가비트 수준의 속도는 V2X 통신, 즉 차량 대 보행자, 차량 대 차량, 차량 대 대중교통 및 차량 대 인프라 등에 최적화된 성능을 보일 것으로 기대된다. 지연 시간은 한 지점에서 다른 지점으로 정보를 보내는 데 걸리는 시간이다. 258p 표에서 보듯이 4G 네트워크의 지연 시간은 20~30밀리인데 비해 5G 네트워크는 1~5밀리초 수준이다. 인간의 반응 속도는 200밀리초 이상으로 알려져 있다.

5밀리초 지연 시간이란 실제적으로 실시간의 전송을 의미한다. 이런 관점에서 보면 자율 주행 자동차의 반응 속도는 사람보다 훨씬 빠르기 때문에 교통사고를 획기적으로 줄일 수 있다는 주장이 제기되는 근거가 된다. 고속으로 자율 운행하는 자동차나 상용차에서 지연 시간은 안전에 큰 영향을 미친다. 지금도 상용화되고 있는 지능형 운전자

보조 시스템, 즉 ADAS^{Advanced Driver Assistance Systems}가 5G 통신망으로 그 기능의 완성도가 높아지게 되면 운전 사고 예방에 기여하게 될 것이다.

또 스마트 팩토리에서 설비들의 센서가 생성하는 빅데이터를 클라우드 등으로 올려야 하는데, 3.5GHz는 원격제어나 비전 검사 설비를 최대 17대 동시에 수용할 수 있는 반면에 28GHz는 최대 200대를 동시에 수용할 수 있다. 문제는 전파의 주파수가 높을수록 데이터 전송량은 많지만 직진성이 강한 대신 장애물에 대한 투과성이 떨어지고 도달 거리가 짧다. 따라서 기지국을 더 촘촘하게 깔아야 한다. 따라서 5G는 기지국을 안정적으로 구축하는 것이 실질적인 성공적 상용화를 좌우한다. 국내의 경우 KT는 2020년 1월 기준으로 전국적으로 7만 6,633대를 구축했으며, 이 중 개통 장비는 7만 956개에 달한다.[72]

- 기타 유관 산업과 분야

5G는 헬스케어 분야에도 큰 영향을 미칠 것으로 예상된다. 특히 원격 의료와 지속적인 모니터링이 효과적으로 진행될 수 있기 때문에 환자의 상태에 대한 데이터 수집 분석 능력을 향상시켜 환자 치료가 용이하게 진행될 것이다. 수많은 의료 센서들에 의해 생성된 데이터를 AI로 분석하고, 가상이나 증강 현실 기술을 접목한 의료 이미징을 처리하는 속도의 증가는 의료 생태계를 한 단계 진보시키게 될 것이다. 예측 분석 능력과 속도 또한

획기적으로 빨라져 환자 치료 효율성도 그만큼 높아지게 된다.

자동차와 헬스케어 분야 외에도 5G는 디지털 미디어 분야에서도 사용자들에게 새로운 경험을 보여줄 것이다. 고해상도 3D 외에도 가상 현실 및 증강 현실과 같은 기술이 접목되어 정보나 사물이 더 이상 정적인 물체가 아닌 동적이고 감정의 동반과 참여를 불러일으킬 수 있게 될 것이다.

스마트 시티나 대형 스마트 팩토리에 설치되어 있는 수많은 기기의 센서들과 교통 통행량 등의 정보, 그리고 설치된 많은 비디오 등에서 생성되는 방대한 실시간 데이터를 처리하고 인공 지능 분석 기능을 수행하는 데 있어 5G는 그 유용성을 발휘하게 된다. 4K 및 8K 수준의 고화질 비디오가 요구하는 업링크 대역폭과 서비스 품질을 지원하기 위해서는 5G가 필요하다.[73]

9. 빅데이터와 분석: 잠재 고객을 찾아서

빅데이터 분석이란 다양한 소스에서 방대하고 다양한 데이터 세트에 대해 고급 분석 기술을 사용하는 것을 말한다.

Forbes에 따르면 78%의 조직이 데이터를 관리, 분석 및 활용하는 데 도움이 되는 고객 데이터 플랫폼을 이미 가지고 있거나 개발하고 있다고 한다.

컨설팅 회사 Tracxn에 의하면 데이터 검색, 데이터 준비, 데이터 과학 및 예측 분석과 같은 서비스업에 1,700개 이상의 기업이 참여하고 있다. 빅데이터 분석 부문은 이 중 투자가 활발하게 진행되고 있는 분야 중 하나다. 이 분야에는 900개 이상의 회사에서 25조 달러 이상의 투자가 이루어졌다. 이 중 절반 정도가 2017년에서 2019년 사이에 이루어졌다.

이 분야 관련 기업들은 고객 솔루션, 엔드 투 엔드 분석 플랫폼, 데이터 과학 플랫폼 및 데이터 검색 및 시각화에 활발히 투자하며 사업 확장에 참여하고 있다.

빅데이터 기술은 복잡하다. 가장 중요한 기능 중 하나는 대용량 스트리밍 데이터를 분석해 이상 징후를 잡아내고 상황에 맞는 의사 결정을 내리는 시스템을 구축하는 것이다. 스파크 및 하둡과 같은 빅데이터 에코시스템 내에서 분석 수명 주기를 짧고 간소화할 수 있다면 데이터 과학 기술을 사용할 수 있고, 비즈니스 부서나 다른 조직과의 협업을 통해 전체 조직의 효율성과 생산성으로 연결될 수 있다.

데이터 양이 지속적으로 증가함에 따라 실시간으로 분석, 필터링, 요약 및 통찰력을 얻을 수 있게 되면 수집된 모든 데이터를 이동하고 저장할 필요가 감소하게 된다. 조직 내 데이터에 대한 접근과 고급 인텔리전스 분석을 통해 실행 가능한 유용한 정보와 통찰력을 기반으로 최상의 의사 결정을 내릴 수 있다. 고급 분석된 정보와 통찰력은 비즈니스에 접목, 통합되고 자동화된 의사 결정으로 성과를 개선하고자 하는 것이다.

일반 기업 업무에서 데이터와 데이터 분석을 위한 AI 기능을 적용하는 데 가장 큰 장애물 중 하나는 기계 학습 모델을 접목하는 것이 아니라 데이터를 활용하고 팀과 팀 사이 데이터가 투명하게 공유되는 데이터 관리다. 효율적인 데이터 관리 없이 데이터를 분석하는 데 투자를 한다는 것은 그리 현명한 일이 아니다.

6sense라는 기업은 B2B사업에서 고객의 구매 결정 과정 전체를 데이터 분석과 AI를 통해 예측 가능한 고객 관리와 판매, 마케팅 프로세스 전문

플랫폼을 만들었다. 전통적으로 고객은 특정 제품이나 서비스에 대해 전혀 모르는 단계에서, 광고나 기사 또는 지인들을 통해 접하게 되고 알게 되는 인지 단계를 거치게 된다. 이런 인지 단계가 구매 고려 단계로 이어지고 궁극적으로 구매 결정을 하게 된다.

이런 고객의 구매 결정 전체 흐름 과정을 퍼널Funnel이라고 부른다. 퍼널은 깔때기처럼 입구는 넓고 출구는 좁다. 넓은 입구는 특정 제품이나 서비스가 경쟁하는 시장이고 좁은 출구는 구매 결정으로 비유할 수가 있다. 문제는 입구에서 출구까지의 과정이 불분명한 경우가 많다는 점이다. 그래서 그런 과정을 불분명 또는 불투명 퍼널이라고 부른다. 불투명한 퍼널을 투명하게 만들려면 가장 중요한 정보 중 하나가 잠재 고객의 의도다. 고객이 어떤 정보를 언제 어떻게 검색하는지를 안다면 고객의 의도를 파악할 수 있다. 즉 고객의 의도 신호 데이터를 추적, 분석해야 한다. 고객이 자사의 웹 사이트를 방문하여 검색한 정보는 당연히 중요하지만 그 외 다른 유사 웹을 방문한 정보를 얻을 수 있다면 고객의 의도를 파악하는 데 큰 도움이 된다. 빅데이터 집계와 처리, 분석 과정을 통해 매일 엄청난 수의 웹 사이트와 키워드를 모니터링할 수 있다. 이를 통해 관심을 보일 만한 잠재 고객 회사를 알게 되면 지속적으로 이들을 모니터링하고 구매 의도를 식별할 수 있다. 6sense와 같은 기업들은 방대한 양의 의도 신호를 AI로 분석하여 고객에게 솔루션으로 제공한다.

출처: 6sense 홈페이지

- 데이터와 개인 프라이버시 보호

고객이나 개인의 데이터를 획득하고 사용할 때 개인 정보에 대한 규정이나 규제를 제대로 인지해야 하는 문제도 크다. 즉 데이터 수집과 관리에 대한 거버넌스가 분명해야 한다. 빅데이터의 적용 영역이 증가하고 그 효력이 강력해짐에 따라 기업이 소비자 데이터를 관리하는 방법에 대한 요구 또한 증가하고 있다. 데이터 프라이버시에 대한 우려는 많은 국가나 사회에서 법령화하고 있다.

우리나라에도 개인 정보 보호법이 있지만 캘리포니아는 2020년 1월 1일부터 아주 강력한 개인 정보 보호법인 캘리포니아 소비자 프라이버시법California Consumer Privacy Act, CCPA을 시행 중이다. 이미 유럽연합에서는 이와 유사한 일반데이터보호규칙General Data Protection Regulation, GDPR이 2018년부터 시행되고 있다. GDPR은 위반 시 글로벌 매출액의 4% 이내의 과징금 체계를 갖추고 있다. CCPA는 미국 내 프라이버시법 중 강한 규제법으로 알려져 있는데 고의적 위반에 대하여 소비자당 최대 7,500달러까지의 민사 벌칙금이 부과될 수 있고 소비자 1명당 750달러까지의 배상 및 집단소송을 보장하고 있다.[74]

CCPA는 개인정보와 관련하여 소비자에게 부여하는 5가지 종류의 데이터 프라이버시 권리를 열거하고 있으며 이러한 권리는 사업자에게 다양한 의무를 부여하게 된다. 소비자는 알 권리, 접근권, 삭제권, 거부권, 서비스 평등권 등을 보호받는다.[75]

10. 로봇:
로봇 외투를 입다

로봇은 컴퓨터 프로그램으로 제어하거나 작동할 수 있고 자동적으로 복잡한 일련의 작업을 수행하는 기계적 장치를 말한다.

미국 미디어 CNN은 최근 소렌슨이란 55세 여성이 로봇의 도움으로 다시 걸을 수 있었다는 기사를 보도했다. 이 기사에 의하면 소렌슨은 2018년 귈랑 바레 증후군이라는 바이러스 감염에 의한 급성 신경염 때문에 목에서부터 다리까지 마비되어 다시는 걷지 못할 것이라는 판정을 받았다고 한다.

이 여성은 로봇 회사 사이버다인이 개발한 착용형 로봇인 HAL Hybrid Assistive Limb의 도움으로 재활 훈련을 받아 간절하게 원했던 딸의 결혼식에 걸어 들어갈 수 있었다고 한다. 비록 보행 보조기에 의존해 걸었지만 얼마 전까지 마비된 신체 상태에서 상상할 수 없었던 일이 혁신적 기술로 가능하게 되었다. 그야말로 기적 같은 일이 벌어진 것이다.

HAL은 웨어러블 사이보그다. 착용형 로봇이라고도 한다. 척추 손상이나 근 위축증에 걸린 사람들이 이 웨어러블 사이보그 슈트를 입고 신경과 근육을 강화하는 재활 훈련 과정을 받을 수 있도록 설계된 로봇이다. 재활 훈련 과정을 거쳐 소렌슨의 경우처럼 다시 신체를 움직일 수 있도록 도와주는 역할을 한다. 이 슈트를 착용하면 관절에 해당되는 조인트 부분을 소형 모터들이 작동시켜 재활 운동을 하거나 또는 무거운 것을 드는 등 육체적으로 힘든 일을 할 때 근력에 힘을 보태어 준다.

그런데 이 로봇이 특별히 주목받는 이유는 모터를 움직이게 작동하는 시그널이 사람의 뇌파라는 점이다. 즉 이 슈트는 입은 사람의 생각과 의지에 따라 발생하는 뇌파를 근육과 관절을 작동시키는 모터에 시그널로 보내는 시스템을 장착했다. 피부를 통해 전달되는 아주 미약한 바이오 전기 시그널을 센서가 측정한다. 이 시그널을 통해 움직이고자 하는 사람의 의도를 감지하고 슈트의 기계적 시스템을 작동시킨다. 그리고 이런 움직임은 사람의 뇌에 피드백을 준다. 예를 들어 뇌에서 걷고 싶다는 시그널을 근육에 보내어 걷는 노력을 했다면 이 결과를 뇌에 전달해 걷고 싶다는 생각과 행동이 일치하도록 훈련하는 것이다.

물론 이 웨어러블 슈트를 입는다고 해서 바로 걷거나 뛰게 되는 것은 아니다. 모든 재활 과정이 그러하듯이 물리치료사의 전문적인 관리가 필요하고 치료를 받는 사람의 의지와 반복 훈련이 필요하다. 치료를 받는 사람의 움직임과 반응 등을 살피고 기록하며 슈트를 조정하는 작업 또한 필요하다.

앞서 소개한 소렌슨은 하루 한 시간 반 정도의 훈련을 40번 받고 나서 보행 보조기에 의존해 스스로 걸을 수 있게 되었다고 한다. 증세가 심하지 않은 사람들은 2번에서 10번 정도 훈련을 받고 나면 뇌와 센서가 서로 원활하게 소통하게 된다고 한다.

일본의 로봇 기술은 세계 최고 수준이다. 우리에게 익숙한 혼다의 로봇인 아시모, 소니의 아이보 등의 로봇이 등장하여 축구공을 차거나 군무를 추는 등의 섬세한 기술력을 인정받았다. HAL 기술은 일본의 로봇공학자인 요시유키 산카이라는 쓰쿠바 대학 교수가 개발했다. 사업가이기도 한 산카이 교수는 어린 시절부터 로봇에 관심을 둔 것으로 알려져 있는데 2004년 사이버다인이란 로봇회사를 창업했다. 그의 사업 비전은 사람과 기계 그리고 정보를 융합한 웨어러블 사이보그를 만드는 것이었다. 신체적 불편함을 극복하게 도와주는 혁신적인 로봇에 대한 시장의 반응은 뜨거워서 이 회사의 주가는 계속 올라 산카이 교수는 억만장자가 되었다.

초기 로봇은 주로 군사용으로 활용 가치를 인정받았지만 그런 만큼 시장 또한 상대적으로 크지 않았다. HAL과 같은 웨어러블 로봇들은 민간용으로 특히 신체적 불편함을 겪는 사람들의 문제를 해결하여 삶에 도움을 주는 응용 분야에 관심을 두고 있다. 2014년 하버드 대학에서 출시한 엑소슈트도 HAL과 유사한 기능을 가지고 있다. 옷감처럼 딱딱하지 않은 재질과 부드러운 연결 부위를 가진 이 슈트를 착용하면 힘을 덜 들이고 일을 하거나 재활 치료를 촉진시킬 수 있다.

이제 디지털 혁신 기술은 웨어러블 슈트 로봇으로 진화하여 많은 사람들에게 물리적, 신체적인 자유로움을 주는 단계로 발전하고 있다. 사고나 질병에 의한 신체적 제약이나 노령화에 따른 움직임의 퇴보를 극복할수 있는 수단이 이런 기술 진보를 통해 가능해진 시대가 열리고 있다.

전 세계적으로 노령 인구가 늘어가면서 이런 로봇의 활용도 또한 높아지고 있다. WHO는 2050년경에는 60세 이상의 인구가 약 20억 명이 될 것이라고 예측한다. 노령화의 큰 문제 중 하나는 관절의 퇴화다. 관절의 퇴화는 당연히 노령자들의 활동에 제약을 주게 되어 수술을 해야 하거나 휠체어를 이용해야 한다. 물리적인 활동의 제약이 있는 노령자들은 건강하고 독립적인 노년을 보내기 힘들다. 노령자의 건강상태는 개인뿐만 아니라 사회적인 비용으로 직결된다. 따라서 이런 물리적 어려움을 받는 사람들이 근육이나 관절 강화를 위한 운동이나 훈련으로 이 슈트를 활용하여 움직일수 있다는 의미는 개인뿐만 아니라 사회적으로 의미가 있다. 웨어러블 로봇이 관심을 끄는 이유 중 하나는 그 시장이 크다는 점이다. 한 마켓 리서치의 예측에 의하면 글로벌 웨어러블 로봇 시장 규모는 2023년에 28억 달러가 될 것이라고 한다.

Sarcos라는 로봇 전문회사는 산업용 외골격 로봇을 만든다. 이 웨어러블 슈트를 입으면 작업자들이 약 90킬로그램까지의 무거운 물건이나 장비들을 옮기거나 들어 올릴 수 있다. 공장이나 물류 센터 현장 등에서 아직도 무거운 물건이나 장비들을 이동하는 데 사람의 힘을 써야 하는 경우가 있는데 이런 로봇을 활용해 도움을 받을 수 있다.

이런 로봇은 종종 무거운 군용 장비들을 옮겨야 하는 군인들에게도 도움을 줄 수 있다. 일부 자동차 회사들은 이 슈트를 자동화 공정이 잘 갖추어지지 않은 현장에서 일하는 작업자들에게 제공한다. 전통적으로 산업 현장에서는 무거운 부품이나 장비를 다루는 작업자들이 종종 근골계 부상을 입게 된다. 이런 부상은 작업자들에게는 물론이고 공장 운영에도 적지 않은 부담으로 작용하기 때문에 이런 산업용 로봇의 용도는 커질 것으로 예상된다.

11. 양자 컴퓨팅 Quantum Computing : 양자 컴퓨터, 불가능을 뛰어넘다

양자 컴퓨팅은 간단히 말하면 기존 컴퓨터를 작동시키는 전기 신호를 생성해 주는 전자를 양자로 대체하는 시스템을 말한다. 양자 컴퓨터에 대한 기대 효과는 기존 컴퓨터보다 훨씬 연산 속도가 빠르고 안정적인 컴퓨터를 만들 수 있다는 것이다. 예를 들면 향후 자율 주행이나 복잡한 교통 흐름 분석과 예측, 날씨와 기후 변화 예측, 사이버 보안, 의약품 개발, 금융 시장의 모델링 등 복잡계의 난제들을 실현 가능하게 만들어 줄 수 있다고 기대된다. 아직 기술적으로 넘어야 할 도전 과제가 많지만 양자 컴퓨팅에 대한 관심은 높아지고 있다.

2019년 10월 구글은 기존 컴퓨터로는 불가능했던 문제를 양자 컴퓨터를 사용해 풀었다고 발표했다. 소위 '양자 컴퓨터의 우위'를 실현했다는 것이다. 세계에서 가장 빠른 컴퓨터 중 하나인 IBM의 Summit보다 3백만 배 이상 빠른 속도로 양자 우위를 달성한 것으로 보고되었다. 기존 컴퓨터로 수천 년 걸릴 문제를 해결했다는 구글의 주장이 과장되었다는 의견도 있지만 양자 컴퓨터가 상상을 초월할 만큼 빠른 연산 능력을 가진 새로운 영역의 기술인 것은 확실하다. 구글 최고경영자 산제이 피차이는 AI가 양자 컴퓨터 발전을 가속화할 것이고 양자 컴퓨팅이 AI를 가속화할 것이라고 말했다. 또 우주가 기본적으로 양자 방식으로 작동하기 때문에 분자 구조를 분석하고 시뮬레이션 하는 기능이 중요한 신약 개발 등에 양자 컴퓨터가 기여할 것이라고 했다.

단백질 치료법은 DNA 기술과 유전 공학에 기반하여 개발된 방법으로 특정 기능을 가진 단백질을 제조하여 암, 알츠하이머, 심장 질병 치료용 신약품을 만든다. 전통적인 저분자 신약에 비해 이 방법은 인체에 부작용이 적고 효율적이다.

캐나다 기업 ProteinQure는 단백질 치료제 설계를 위한 컴퓨팅 플랫폼을 구축하고 있다. 이 회사는 단지 신약을 발견하는 것을 넘어 설계하는 것을 미션으로 생각한다. 신약 개발을 위해 양자 컴퓨터의 선두 주자들인 IBM, 마이크로소프트, Rigetti, 그리고 신약 연구의 강자인 아스트라제네카 등과 협력하고 있다. 새로운 단백질 치료제를 개발하기 위한 분자 구조 연구 개발 모델링 과정에 천문학적인 연산 능력이 필요하다.

보스턴 컨설팅 회사에 의하면 페니실린 분자 구조를 모델링하는 데 10의 86승 비트가 요구된다고 한다. 양자 컴퓨터는 이런 모델링 연산을 상대적으로 매우 짧은 시간에 수행할 수 있다. 양자 컴퓨터는 기존 컴퓨터보다 머신 러닝을 용이하게 하는 속성이 있어 단백질 치료법 개발 등에 양자 컴퓨팅과 머신 러닝의 적용은 효과적인 응용 분야로 꼽힌다.

구글 맵에서 여러 곳을 경유지로 선택하여 거리와 시간을 계산할 수는 있다. 하지만 어느 경유지 순서로 연결해야 가장 시간이 적게 걸리는지는 계산하지 못한다. 이런 최적화 계산은 많은 조합을 계산해야 하기 때문에 컴퓨터에게도 쉬운 문제가 아니다.

폭스바겐은 캐나다의 양자 컴퓨터 기업인 D-Wave와 협업으로 베이징, 바르셀로나, 리스본의 교통 흐름을 최적화하는 양자 컴퓨팅 알고리즘을 시험하고 있다. 지금은 차량에 설치된 음성 인식 프로그램이 사용자의 억양이나 음성을 실수 없이 이해하도록 머신 러닝의 학습 과정이 필요하다. 양자 컴퓨터는 이런 학습 과정의 필요 없이 바로 사용자의 음성을 이해할 수 있는 능력을 보이게 될 것으로 전문가들은 예상한다.

마이크로소프트와 아마존은 2019년 실험 알고리즘을 테스트할 수 있도록 양자 컴퓨터를 클라우드 네트워크에 연결한다고 발표했다. 기업 고객들만을 대상으로 한다.

양자 컴퓨터 하드웨어에 진전이 이루어지면서 양자 컴퓨팅 애플리케이션을 구축하기 위한 스타트업들도 외부 투자를 받기 시작했다. 그만큼 투자가들은 이 신기술에 장기적인 기대를 갖고 있다. 작은 양자 칩에 슈퍼컴퓨터를 집적한 것에 비유되는 양자 컴퓨팅 파워와 머신 러닝을 결합한 슈퍼 AI로 지금까지의 연산 속도와 공간을 뛰어넘는 세계를 만들어 보겠다는 기대와 함께 여러 스타트업 기업들이 탄생했다.

　물론 초저온과 진공상태 등의 극단적인 환경 속에서 작동해야 되는 하드웨어 기술적 도전 과제가 많지만 이런 기업들은 이를 극복하기 위한 기초 연구를 진행하고 있다.　앞서 언급한 양자 컴퓨팅 회사 Rigetti Computing은 1억 1,900만 달러의 투자를 받았고 양자 광 기반 칩 제조업체인 Xanadu는 2,400만 달러의 투자 유치에 성공했다.

12. 클라우드, XaaS: 정보 저수지, 클라우드

센서를 통해 측정된 각종 데이터는 예전에는 각 기업 데이터 센터의 서버에 저장되었다. 그래서 과거 조직에서는 데이터 센터를 조직 내에 두고 IT 부서가 각종 데이터나 정보를 저장하고 관리하고 정기적으로 소프트웨어나 보안 프로그램들을 설치하거나 업데이트했다. 이런 운영 방식을 온 프레미스On-premise 방식이라고 부른다.

데이터 센터를 각 기업에 두기 위해서는 서버 설치 공간이 필요하고 서버에서 나오는 열을 식혀 줄 냉각 시스템과 공간이 필요하다. 처리해야 할 데이터가 급격히 증가함에 따라 서버의 용량을 최적화하는 일은 쉽지 않다. 서버 용량이 부족해도 안 되겠지만 용량이 필요 이상 크다면 자산의 낭비가 된다. 서버는 대부분 기업에서 제한된 설비투자 비용에서 구매해야 한다. 설비투자 비용은 대부분 기업에서 승인을 받는 과정도 길고 복잡하다. 적지 않은 현금을 일시에 투자해야 하는 부담과 다른 투자 기회와 비교하여 승인해야 하는 경영진의 선택과 판단이 필요하기 때문이다.

또 다른 어려움은 기술의 발전과 선택이 계속 변할 수 있으므로 투자한 기술과 하드웨어 소프트웨어 모두가 시간에 따라 최적화된 솔루션이 아닐 수 있다는 가변성이다. 적지 않은 설비투자 비용을 지불하고 나서 새로운 장비나 기술에 투자해야 하는 부담이 생긴다. 매몰 비용이 많이 들수록 혁신적 기술로의 전환이 그만큼 어려워지기 때문이다.

클라우드는 온디맨드, 즉 종량제 서비스이기 때문에 초기 설비투자 비용이 필요하지 않으며 데이터 센터와 같은 공간도 필요 없다. 직원 수나 데이터 처리 용량이 늘어나도 소프트웨어나 하드웨어를 변경할 필요가 없어 추가 비용을 최소화할 수 있다. 클라우드를 도입하게 되면 이런 재무적인 이익 외에도 운영 프로세스를 자동화하고 표준화할 수 있어 효율성을 향상할 수 있는 혜택이 있다.

컨설팅 회사 포레스터에 의하면 클라우드 시장은 2017년 1,460억 달러에서 2020년 2,360억 달러로 성장할 것으로 예측했다. 클라우드 서비스 산업은 향후 지속적인 성장이 예상된다.

클라우드 컴퓨팅 모델 서비스에는 IaaS^{Infrastructure as a Service}, PaaS^{Platform as a Service}, 그리고 SaaS^{Software as a Service}와 DaaS^{Desktop as a Service}가 있다. IaaS는 전체 컴퓨팅 직업의 약 12%, SaaS는 약 24%, 그리고 PaaS는 32% 정도를 차지한다. 2018년부터 2022년까지 IaaS는 연평균 18%, PaaS는 17.1%, SaaS는 12%의 성장률을 예상한다.[76]

클라우드 세 가지 서비스 모델인 IaaS, PaaS, SaaS를 피자를 만드는 과정에 비유하면 다음 표와 같다.

PaaS(Pizza as a service)

온프레미스	서비스에서의 인프라 IaaS	서비스로의 플랫폼 PaaS	서비스로의 소프트웨어 SaaS
테이블	테이블	테이블	테이블
음료	음료	음료	음료
전기/가스	전기/가스	전기/가스	전기/가스
오븐	오븐	오븐	오븐
불	불	불	불
피자 도우	피자 도우	피자 도우	피자 도우
토마토 소스	토마토 소스	토마토 소스	토마토 소스
토핑	토핑	토핑	토핑
치즈	치즈	치즈	치즈
집에서 만들어 먹음	재료 구입, 집에서 구워 먹음	피자 배달해 먹음	식당에 가서 먹음

■ 스스로 관리 ■ 벤더가 관리

출처: Albert Barron, Executive Software Client Architect – IBM Software LinkedIn July 31, 2014

- IaaS

IaaS는 스토리지, 네트워킹 및 가상화와 같은 서비스를 제공한다. 클라우드의 강자 아마존 웹 서비스는 Elastic Compute Cloud[EC2]라는 시스템을 통해 IaaS를 제공한다. 대부분의 IaaS 패키지는 스토리지, 네트워킹, 서버 및 가상화 구성 요소를 포함하며 고객은 일반적으로 운영 체제, 데이터베이스, 보안 구성 요소 및 응용 프로그램을 설치하고 유지 관리하게 된다.

- PaaS

PaaS 솔루션은 보안 패치 및 운영 체제 업데이트 관리와 같은 하드웨어 작업 대신에 응용 프로그램을 코딩하거나 테스트하고 배포하는 데 중점을 두는 개발자가 선호하는 모델이다. 마이크로소프트사의 애저를 통해 클라우드에서 제공되는 개발 및 배포 환경을 구축할 수 있다. 이 서비스를 이용하는 사용자는 개발하는 응용 프로그램과 서비스를 관리하게 되고 나머지 기능은 PaaS 공급자가 관리한다. 개발자는 인프라 관리에서 벗어나 다양한 언어와 프레임워크로 응용 프로그램을 만들 수 있다. 사용자는 종량제 방식으로 필요한 리소스를 구매하고 인터넷 연결을 통해 해당 리소스에 액세스하면 된다. IaaS처럼 PaaS에는 저장소나 네트워킹 등의 인프라뿐만 아니라 미들웨어, 개발 도구, 비즈니스 인텔리전스 서비스, 데이터베이스 관리 시스템 등도 포함되어 있다.

구글 클라우드 플랫폼은 앱 엔진에서 PaaS 옵션을 제공한다. PaaS 솔루션에는 개발자가 트래픽 분할, 모니터링 및 버전 제어 시스템과 같은 기능에 연결할 수 있는 응용 프로그램 프로그래밍 인터페이스 및 도구가 포함되어 있다.

- SaaS

SaaS 공급자는 브라우저 기반 인터페이스를 통해 응용 프로그램을 호스팅하고 인터넷을 통해 사용자에게 접속하게 한다. 우리가 흔히 사용하는 구글 드라이브, 드롭박스, 넷플릭스, 그리고 마이크로소프트의 오피스365가 이런 애플리케이션들이다. 고객은 개발, 유지 관리, 지원, 업데이트 또는 백업에 대해 걱정할 필요가 없다. 이 모든 기능은 공급자가 운영하게 되고 사용자는 이런 소프트웨어를 사용하게 된다. 인사관리나 고객관리 그리고 협업 등의 응용 프로그램은 이제 SaaS로 활용하는 것이 표준이 되었다.

물론 이런 편리함의 이면에는 모든 관리와 저장 기능, 특히 보안을 공급자에 전적으로 의존해야 한다는 문제가 있다.

- DaaS

DaaS는 인터넷을 통해 액세스할 수 있는 데스크톱 환경이며 클라우드 데스크톱이나 가상 데스크톱이라고도 불린다. 서비스 제공업체는 데스크톱 환경과 그 안의 모든 응용 프로그램을 실행하고 데이터를 저장하는 데 필요한 모든 리소스를 제공한다. 많은 조직에서 SaaS 대신 DaaS를 채택하고 있다. 서비스 공급자는 가상 데스크톱에 권한을 부여하는 물리적 인프라를 소유하고 운영하고 사용 조직은 사용하는 데스크톱의 관리 및 라이선스 등을 제어할 수 있다.

SaaS는 사용자 조직에서 사용하는 기존 애플리케이션과 혼합하여 사용하기가 쉽지 않다는 문제점을 가지고 있다. 이에 비해서 DaaS는 사용자가 데스크톱의 관리를 하므로 이런 문제가 없다. SaaS는 수많은 윈도우 기반의 애플리케이션을 모두 제공할 수가 없지만, DaaS는 이에 비해 훨씬 다양한 서비스를 제공할 수 있다. DaaS에서는 데이터를 사용자의 서버에 저장하지만, SaaS에서는 제공자의 서버에 저장한다. 따라서 디지털 보안의 문제가 생길 수 있다.

– 클라우드 시스템 리스크

클라우드 시스템은 디지털 시대의 대세라 할 수 있을 정도로 많은 조직과 기업들이 채택하고 있다. 앞서 논한 대로 클라우드 시스템은 많은 장점이 있다. 동시에 몇 가지 고려하고 인식해야 하는 위험 요소들은 다음과 같다.

1. 재무적 효율성 : 조직 내 IT 부서를 중심으로 프로그램이나 서버 등의 설비를 소유하여 자체적으로 관리하는 것과 클라우드 서비스 업체를 통해 매달 임대료나 서비스 비용을 지불하는 것에 대한 분석이 필요하다. 자동차를 소유할 것인가 또는 리스를 할 것인가와 같은 맥락의 재무적 분석 및 결정이다.

2. 호환성 : 클라우드로 전환하는 일은 기존 IT 시스템과의 호환성을 충

분히 검토하고 확인 후 진행하는 것이 중요하다. 대부분 기업은 내부적으로 축적된 IT 관련 소프트웨어나 하드웨어를 보유하고 있다.

이 결정은 가구나 전자 제품들이 딸린 아파트로 이사를 하는 일에 비유할 수 있다. 이런 경우 본인이 소유했던 가구나 전자 제품들을 모두 처분할 것인지, 일부는 가져가 새로운 아파트에 설치된 가구나 전자 제품과 조합하거나 연결하여 사용할 것인지를 사전에 잘 생각해 결정하는 것과 같다.

3. 서비스 신뢰도 : 모든 서비스 제공자가 그러하듯이 모두가 같은 수준의 서비스 역량과 신뢰도를 갖출 수는 없다. 서비스를 체결하기 전에 이런 부분에 대한 실사를 제대로 하는 것은 당연히 중요하다.

24시간 서비스를 받아야 하는 의존도가 매우 높은 소프트웨어나 데이터 관리 서비스는 그야말로 전기처럼 중단되면 안 되는 문제이기 때문이다. 서비스가 기대치에 맞게 적절하게 제공되는지, 문제가 생겼을 때 신속한 소통과 대응 역량이 있는지는 계약 조항을 포함하여 사전에 확인해야 할 사항이다. 문제가 생겨 서비스 제공업체를 교체해야 할 필요가 있을 때를 대비한 시나리오를 사전에 만드는 작업도 필요하다.

4. 기밀 유지 : 이 문제는 클라우드 서비스가 넘어야 할 큰 도전 과제다. 조직의 민감한 데이터를 제삼자에게 관리를 위임하는 결정은 경제성과 재무적인 효율성이 높더라도 완벽한 기밀 유지는 있을 수 없다는 상식을 뛰

어넘어야 하는 문제이기 때문이다.

더구나 은행의 금고처럼 데이터가 정적인 형태로 보관되는 것이 아니라 클라이언트와 서비스 제공자 사이를 쌍방향으로 오고 가는 경우 기밀 유출 문제의 책임 소재나 논란은 커지게 된다.

5. 법령 준수 : 국가들의 데이터 보호에 관한 법률이 증가함에 따라 관련 규정을 준수하는 일이 점점 더 어려워지고 있다. 기업은 어떤 데이터에 액세스할 수 있는 사람과 데이터를 사용할 수 있는 작업을 관리하는 분명한 규칙이 있어야 한다. 데이터에 접근할 수 있는 사용자에 대한 관리가 어렵고 데이터 또는 비즈니스 운영과 관련된 정책 및 계약상의 의무를 준수하지 않을 위험이 있다. 클라우드 서비스 공급자에 관한 의무 조항과 법적 책임은 신중하게 검토해야 한다.

6. 전체 시스템 보안 : 클라우드 데이터에 대한 보안은 물론이고 전체 시스템의 안전에 대한 평가가 필요하다. 데이터가 저장되는 곳이 어디인지 누가 정보에 액세스할 수 있는지, 데이터는 암호화되는지, 서비스 공급자가 제공하는 보안과 보호 조치는 무엇인지에 대해 검증을 할 필요가 있다.

– 초연결 네트워크 파워의 잠재적 위험

네트워크의 파워는 디지털 시대의 한 축이다. 디지털 시대의 가장 큰 특징 중 하나인 네트워크 파워는 아마존, 우버, 에어비앤비와 같은 플랫폼 비즈니스의 성장 원동력이 되었다. 특히 아마존의 클라우드 서비스인 아마존 웹 서비스는 디지털 경제를 기반으로 할 정도의 막강한 영향력을 갖고 있다.

2016년 인터넷 네임 시스템 업체 Dyn에 대한 디도스 사이버 공격, 즉 분산 서비스 거부 공격으로 수많은 기업의 온라인 서비스가 중단된 사이버 보안 사건이 발생했었다. 만일 이런 사이버 보안 문제가 다시 발생하여 코로나19로 그 어느 때보다도 중요해진 온라인 거래와 금융 그리고 웹 벡스나 줌과 같은 원격 소통 수단이나 카톡 같은 SNS에 지장을 준다면 그야말로 블랙홀에 빨려 들어가는 것과 같은 악몽이 될 것이다.

일부 전문가들은 이런 상호 연결된 네트워크에 대한 집중된 의존도가 마치 2008년 미국 금융과 경제를 강타했던 부채 담보부 증권, 즉 금융기관이 보유한 주택담보 대출 채권이나 회사채 등을 한데 묶어 판매했던 신용 파생상품처럼 연쇄적인 디지털 네트워크 사회 시스템을 마비시킬 수도 있다고 주장한다.[77]

즉 각각의 채권이나 담보부 증권들을 잘 묶어 상품화하여 투자가들에게 비교적 안전한 신용 파생상품이라고 포장하여 대량으로 판매했던 금융기관들은 이를 구매했던 투자가들이나 은행들에게 막대한 피해를 주게 된다. 상호 연결된 네트워크 파급 효과 때문이다.

만일 아마존 웹 서비스가 사이버 공격을 받는다면 디지털 사회를 지탱

해 주는 수많은 서비스망이 영향을 받아 서비스가 중단될 가능성이 있다. 아마존 웹 서비스와 같은 클라우드 서비스는 이런 위험을 대비해 분산된 네트워크를 구축했지만 금융 상품이 상호 연결되어 연쇄 작용을 일으키듯이 디지털 네트워크 또한 이런 연쇄 작용으로 위험에 노출될 여지가 있다는 것이다.

여러 기업이나 서비스가 상호 연결된 디지털 시대의 경제와 사회 시스템은 기업이나 사회의 효율성을 높이고 많은 기회를 창출한다. 초연결 시대가 가져다주는 이런 장점은 마치 전선 한 줄이 파손되면 컴퓨터가 작동하지 못하듯이 클라우드라는 거대한 시스템에 대한 보호 장치가 과연 충분한가에 대한 질문을 하게 된다.

참고 자료 및 출처

1. 1차 코로나도 버텼던 종각역 손님마저 0… 폐업 도미노, 한경닷컴, 2020. 8. 26.

2. The Guardian, 2020. 2. 4.

3. Digital DNA: A Road Map to Maturity, Wall Street Journal CMO Today 2017

4. 소비자가 만드는 신문, 2020. 1. 13.

5. Oil Industry Frets About Recruiting Its Next Generation of Workers August 18 2020 WSJ

6. Fracking Trailblazer Chesapeake Energy Files for Bankruptcy June 28 2020 WSJ

7. Encyclop æ dia Britannica's President on Killing Off a 244-Year-Old Product by Jorge Cauz March 2013 Issue of HBR

8. The Scary Truth About Corporate Survival, December by Vijay Govindarajan and Anup Srivastava HBR 2016

9. Stan Davis, Christopher Meyer, Blur: The Speed Change in the Connected Economy, Basic Books, 1998

10. How digital leadership is(isn't) different by GC Kane, AN Phillips, J Copulsky, G Andrus, MIT Sloan Management Review 2019 Spring Issue

11. Kathy Hipple et al, Institute of Energy Economics and Financial Analysis 2019

12. Digital Leadership Is Not an Optional Part of Being a CEO by Josh Bersin HBR 2016

13. MuleSoft's Connectivity Benchmark survey 2020

14. Nine Lies About Work by Marcus Buckingham and Ashely Goodall Harvard Business Review Press 2019

15. BCG Global Innovation Survey 2015

16. Delivering large-scale IT projects on time, on budget, and on value by Michael Bloch, Sven Blumberg, and Jurgen Laartz October 1, 2012 McKinsey Digital

17. The Surprising Power of Online Experiments Ron Kohavi and Stefan Thomke HBR 2017

18. Big Data: The management revolution Andrew McAafee and Eric Brynjolfsson HBR 2012

19. Google Flu Trends: The Limits of Big Data, Steve Lohr New York Times March 2014

20. The Elements of Value by Eric Almquist , John Senior and Nicolas Bloch, September 2016 HBR

21. Why Business Models Matter by Joan Magretta From the

May 2002 Issue HBR

22. 김종식 박민재 양경란, 디지털 트랜스포메이션 전략, 지식플랫폼, 2019

23. Edelman Trust Barometer 2019

24. Millions of Americans Have Lost Jobs in the Pandemic .And Robots and AI Are Replacing Them Faster Than Ever August 6 2020 Time

25. To emerge stronger from the COVID-19 crisis, companies should start reskilling their workforces now McKinsey May 7, 2020

26. Global Startup Ecosystem Report 2020 by Startup Genome June 25 2020

27. A New Era in Customer Engagement May 2020 Accenture

28. COVID19 Briefing materials: Global health and crisis response June 1 2020

29. ET CIO.com 70% firms see half of their workforce to be digital post Covid-19: Survey June 22 2020

30. A New Era in Customer Engagement May 2020 Accenture

31. The Work-From-Home Shift Shocked Companies?Now They're Learning Its Lessons WSJ, 2020. 7. 25.

32. Ray Kurzweil, The Age of Spiritual Machines, Viking 1999

33. Agile Organization by Capgemini Consulting

34. At Netflix, Radical Transparency and Blunt Firings Unsettle the Ranks Oct 25, 2018 WSJ

35. ING's agile transformation McKinsey Quarterly January 10, 2017

36. How Spotify Built One of The Best Engineering Cultures

37. Schwartz, Mark. War and Peace and IT IT Revolution Press

38. New Product Development Game by Hirotaka Takeuchi and Ikujiro Nonaka HBR Jan 1 1986

39. Manifesto for Agile Software Development 2001

40. Chris Gagnon, Elizabeth John, and Rob Theunissen, Organizational health: A fast track to performance improvement, McKinsey Sep 2017, 김종식 박민재 양경란 디지털 트랜스포메이션 전략, 지식플랫폼 2019 출판사의 허락하에 인용

41. Why People Believe in Their Leaders or Not by Daniel Han Ming Chng, Tae-Yeol Kim, Brad Gilbreath, and Lynne Andersson MIT Sloan Management Review 2018

42. How the Mighty Fall by Jim Collins 2009

43. How digital leadership is(isn't) different by GC Kane, AN Phillips, J Copulsky, G Andrus, MIT Sloan Management Review 2019 Spring Issue

44. 코로나19 유탄 맞은 외식업계… 배달서비스 가입 몰린다, 연합뉴스, 2020. 2. 16.

45. Walmart Flexes Its Scale to Power Through Pandemic WSJ August 18 2020

46. The CEO moment: Leadership for a new era Mckinsey Quarterly July 21, 2020

47. John Kotter and James Heskett Corporate Culture and Performance 1992 Free Press

48. The CEO moment: Leadership for a new era McKinsey Quarterly July 21, 2020

49. Innosight executive briefing, 2018 Corporate Longevity Forecast: Creative Destruction is Accelerating

50. Amundi asset management homepage

51. Sustainability Issue Papers 제80호 ECO200807 지속가능금융센터, ㈜에코프론티어

52. 수펙스에 거버넌스 · 환경委 신설…ESG 경영 밑그림 완성한 최태원, 서울경제, 2020. 12. 3.

53. An AI Breaks the Writing Barrier August 22 2020 WSJ

54. How Harley-Davidson Used Articial Intelligence to Increase New York Sales Leads by 2,930% by Brad Power MAY 30, 2017 HBR

55. Tech Workers Fear Their Jobs Will Be Automated in Wake of Coronavirus WSJ 2020. 5. 31.

56. How IBM Watson Overpromised and Underdelivered on AI-IEEE Spectrum, 2019. 4. 2.

57. 융합경영리뷰 2021 2월호 IBM과 AI 닥터 왓슨, 김종식 칼럼

58. Almost half of companies still can't detect IoT device breaches reveals Gemalto study, Thales Group

59. Lamphone: Real-Time Passive Sound Recovery from Light Bulb Vibrations Ben Nassi, Yaron Pirutin, Adi Shamir, Yuval Elovici, Boris Zadov, Ben-Gurion University of the Negev, Weizmann Institute of Science

60. Risk Based Security Cyber security analytics 2019 Midyear quick review Aug 2019

61. Almost half of companies still can't detect IoT device breaches reveals Gemalto study, Thales Group

62. 데일리시큐, 2020. 1. 3.

63. D Robb, eSecurity Planet, 2020. 1. 16.

64. The consumer sector 2030: Trends and questions to consider by Richard Benson-Armer, Steve Noble, Alexander Thiel, McKinsey & Company 2015

65. 단백질 풍부, 면역력 높이는 그리스 전통 음식 '요구르트', 헬스조선, 2016. 7. 21.

66. Single Grain? Digital Marketing? 42 Digital Marketing Trends You Can't Ignore in 2020 by NIDHI DAVE

67. Single Grain? Digital Marketing? 42 Digital Marketing Trends You Can't Ignore in 2020 by NIDHI DAVE

68. The future of big data: 5 predictions from experts: www.itransition.com/blog/the-future-of-big-data-5-predictions-from-experts

69. What is Unstructured Data by Vangie Beal, Webopedia

70. Augmented Analytics: Valuable Insights for Business by Yuriy Rybkin, CODEIT 2019

71. Qualcomm 홈페이지

72. 테크월드, 2020. 5.

73. Nokia Homepage

74. 법률신문, 2020. 1.

75. 미국 캘리포니아주 소비자 프라이버시법CCPA의 주요 내용과
    시사점, 한국소비자원, 2018. 9.

76. Public IT cloud services: five-year CAGR 2018-2022 by
    segment Published by Arne Holst, May 4, 2020

77. Too Interconnected to Fail By Jonathan Welburn and Aaron
    Strong by WSJ July 23, 2020

투자의 미래

초판 1쇄 발행 · 2021년 3월 20일

지은이 · 김종식
펴낸이 · 김동하

펴낸곳 · 책들의정원
출판신고 · 2015년 1월 14일 제2016-000120호
주소 · (03961) 서울시 마포구 방울내로7길 8 반석빌딩 5층
문의 · (070) 7853-8600
팩스 · (02) 6020-8601
이메일 · books-garden1@naver.com
포스트 · post.naver.com/books-garden1

ISBN · 979-11-6416-081-5 (03320)